論語365

秋之卷

越古而來的薰風　徐迎人生四季好修養

著——孫中興

秋之卷

目次

鄉黨

•

第十

1

孔子於鄉黨，恂恂如也，似不能言者。其在宗廟朝廷，便便言，唯謹爾。

孔子在家鄉，經常保持恭順老實的樣子，好像是不會說話的人那樣。他在祭祀的宗廟或論政事的朝廷時，說話就會辯才無礙，但是還是小心謹慎。

這章開始講〈鄉黨〉，是記載孔子日常生活的行為，是弟子的觀察紀錄，和各章極為不同。章節的區分各版本也很雜亂，我遵循「中國哲學書電子化計畫」的做法，分成十八章。

這章的主旨對比孔子在鄉黨和在宗廟朝廷時說話的態度是不同的。

「鄉黨」——皇侃的解釋是「天子郊內有鄉黨，郊外有遂鄙」，這是以「郊」（距離都城百里叫做「郊」）為準對國土的區分。用現在的話說，就是家鄉或老家。朱子說是「父兄宗族之所在」，根據的大概是〈子路20〉中「宗族」和「鄉黨」的並舉，其實如果再加入〈雍也5〉，應該還包括「鄰里」才是。孔子出生在「陬邑」，後來遷往「闕黨」，這裡就是孔子的「鄉黨」。

「恂恂如」——有兩種說法：一是「溫恭之貌」（王弼、陸德明和皇侃），這兩樣德行在〈學而10〉和〈述而38〉也都提到過。在〈季氏10〉中，孔子還特別提到「色思溫」和「貌思恭」作為「九思」的兩個部分，都跟外在表情神態有關。朱子說是「信實之貌」，根據的是《說文解字》：「恂，信心也。」

「似不能言者」——皇侃的解釋是：「既其溫恭，則言語寡少。」朱子認為是因為「謙卑遜順，不以賢知人也」，也就是不到處張揚自己的能力。

「宗廟」——邢昺說是「行禮之處」，朱子說是「禮法之所在」。「朝廷」——邢昺說是「布政之所」，朱子說是「政事之所出」。

「便便」——是「辯」（鄭玄）或「辨」（邢昺），劉寶楠認為這兩個字是相同的意思，都是「辯論之」。「便便言」就是說話發自內心的真誠，而且就事論事。「唯謹爾」是說雖然「便便言」但是還是謹守禮的分際。這也是〈季氏10〉提到「九思」中的「言思忠」。

這章要展示的應該就是孔子講話看場合，都合禮而且得體。

2

朝，與下大夫言，侃侃如也；與上大夫言，誾誾如也。君在，踧踖如也，與與如也。

孔子上朝時（如果邦君還沒出場），跟下大夫們講話，表現出和樂的樣子；與上大夫們講話，表現出嚴謹剛正的樣子。如果邦君在場，孔子會表現出恭敬嚴肅的樣子，以及保持不疾不徐的態度。

這章記載的是孔子在邦君上朝前後對待同事和邦君的不同言行表現。「朝」，是指「上朝」。朱子特別指出這是「君未視朝時也」。「侃侃」是「和樂之貌」（孔安國、皇侃和邢昺）；「誾誾」（音銀）是「中正之貌」（孔安國、皇侃和邢昺）。朱子引用《說文解字》說：「侃侃，剛直也；誾誾，和悅而諍。」（原書都只引一個字，見《說文解字》〈川部7449〉和《說文解字》〈言部1502〉。）兩派人的解釋剛好相反。皇侃從地位差異的倫理來解釋：「下大夫賤，孔子與之言，宜用和樂相接，故侃侃如也。上大夫，卿也。卿貴，不敢和樂接之，宜以謹正相對，故誾誾如也。」王夫之特別指出：「孔子時為下大夫。」我覺得皇侃的解釋比較符合我的想像。〈先進13〉同時用了「誾誾如」和「侃侃如」，前者用來指閔子騫，後者用來指子貢。這樣看來，子貢做生意，講究「和氣生財」，所以「侃侃如」似乎以「和樂」的解釋比較恰當。所以孔安國等人的解釋恐怕要比許慎的及朱子的解釋要來得好。

「君在」是指邦君開始視朝。「踧踖」（音促及）是「恭敬之貌」（馬融和皇侃），朱子多加了兩個字「恭敬不寧之貌」，強調的是戰戰兢兢的樣子；戴望則解作「行步敬而舒緩也」。「與與」是「威儀適中之貌」（馬融和邢昺），或是「猶徐徐也，恭而安」（皇侃），或是「徐行有威儀與與然」（戴望）。

這些是孔子在朝廷上的守禮的表現。雖然時代不同，現在職場上也還看得到和同事、主管和老闆因為不同身分而有類似的表現。

3

君召使擯，色勃如也，足躩如也。揖所與立，左右手。衣前後，襜如也。趨進，翼如也。賓退，必復命曰：「賓不顧矣。」

孔子在受到邦君的召命擔任迎接外來嘉賓的典禮主持人時，他的臉色會變得虔敬，走起路來也會輕快。他會對於站在一起的人或左或右躬身作揖，他的禮服也會因為作揖垂到地面。他向前行走時，整個人都是端正的。等到嘉賓離開了，他會回來告訴邦君說：「嘉賓已經離開了。」

這章描述孔子受命擔任主持國家典禮的過程中，不同階段的言行舉止。

「君召使擯」——鄭玄說是：「有賓客使迎之。」「色勃如也」——孔安國說：「勃如，必變色也。」也就是將表情調整到「嚴肅模式」。「足躩（音決）如也」——包咸說是「盤辟貌」，其他古注都這麼說。《辭源》將「盤辟」說成「盤旋，或曲折動作的禮節」，好像不合這裡的意思。黃懷信認為是「足速動之貌」。推敲起來，擔任儐相，需要移動位置時，應該腳步輕快才是。

「揖所與立，左右手」講的是古人作揖行禮的規矩，特別是一群人並排時向自己左右方的人作揖。皇侃、邢昺和劉寶楠的注解都有比較詳細的細節描述。

「衣前後，襜如也」，「襜」（音掺）有三說：「動」（皇侃）或「動搖」（劉寶楠）；「整」（朱子）；「衣張貌」（戴望）。我覺得躬身作揖，難免造成衣服隨體態而擺動。

「翼如」——皇侃說是：「端正。徐趨衣裳端正，如鳥欲翔舒翼時也。」這裡的「端正」指的恐怕不是衣服，而整個人的體態。「復命」——是送客之後回覆邦君。因為君送客到大門內，門外由擯繼續送客，等客人遠行了，才回來報告邦君。這也是任務完成的一種儀式。

現在如果我們去拜望年紀比自己大的人，告辭之時，主人通常會送到門口，客人會要求主人留步。有的人會說一些「下次再來」的客套話，就送到大門為止，看著客人遠去才關上大門；有的人會送客人到大門以外的地方。這樣的禮多少還是保留著。雖然我們都不是貴族，不過這其實也是「禮」在日常生活的展現。

4

入公門，鞠躬如也，如不容。立不中門，行不履閾。過位，色勃如也，足躩如也，其言似不足者。攝齊升堂，鞠躬如也，屏氣似不息者。出，降一等，逞顏色，怡怡如也。沒階趨進，翼如也。復其位，踧踖如也。

孔子上朝進到外門，就開始躬著身體，好像伸不直的樣子。站立的時候也避開君上開門後就可以看見的中間位置，走過門檻時也不踩在上面。經過君位時，表情也是端莊肅穆，腳步輕快通過，應答對話也特別小心翼翼，也會提著衣服下襬進入廳堂，還是躬著身體，大氣都不敢喘一下。等到離開以後，下了階梯，才開始表現出略為舒緩的表情，輕鬆一點。下完台階到平地的時候，也是腳步輕快，儀容端正。回到原來該有的位置上時，又表現出恭敬嚴肅的樣子。

這章描述孔子在朝廷上的表現舉止。

這章的幾個形容詞都在前面出現過：「色勃如」（〈鄉黨3〉）、「足躩如」（〈鄉黨3〉）、「翼如」（〈鄉黨3〉）和「踧踖如」（〈鄉黨2〉）。

「入公門」——皇侃解釋說：「公，君也，謂孔子入君門時也。」

「鞠躬」——解作「斂身」（孔安國）、「曲斂」（皇侃）或「曲身」（朱子）；都是形容身體的狀態。戴望和劉寶楠都說是「謹敬貌」，這是解是身體狀態的意義。「躬」——皇侃解釋就是「身」。「如不容」——朱子解釋得很好：「公門高大而若不容，敬之至也。」

「立不中門」是皇侃和邢昺的解釋，都是因為中門是人君所立之處。「行不履閾」，就是出入時不把腳踩在門檻上。皇侃認為理由有二：「一則忽上升限似自高矜；二則入行跨限，己若履之則污限，污限則污跨者之衣也。」總之，都是有象徵意義的。現在碰到古建築中有門檻處，大家也都知道不能踩在上頭，可是或許不了解背後的原因。

「攝齊（音資）」是「提起衣服的下襬」，衣服的下半身稱為「齊」。朱子解釋簡明扼要：「禮，將升堂，兩手摳衣，使去地尺，恐躡之而輕跌失容也。」「屏氣似不息者」，還是朱子解釋得好：「屏，藏也；息，鼻息出入者也。近至尊，氣容肅也。」

「降」是「下」（皇侃和戴望）。「等」是「階之級也」（朱子）。「逞」是「申也」（皇侃）或「放也」（朱子）或「解也」（戴望）。「盡階」是「下諸級盡至平地時也」（皇侃）。「怡怡」是「和樂」（劉寶楠），〈子路28〉也有這樣的描述。「趨」是「走就位」（朱子），「趨進」是「趨前就位」（戴望）。

懂了這章的幾個形容詞和整個過程，就好像看到孔子在整個過程中身體和表情的清晰畫面。

5

執圭，鞠躬如也，如不勝。上如揖，下如授。勃如戰色，足蹜蹜，如有循。享禮，有容色。私覿，愉愉如也。

孔子為魯君出使鄰國時，會拿著國君賜給的圭玉，躬著身體，好像拿不動會摔掉的樣子那樣的小心翼翼。邦君授圭玉時，孔子恭敬地作揖收授；授了圭玉之後，還像剛拿到那樣恭敬。恭敬嚴肅之外，還要戰戰兢兢，走起路來腳步也更加小心謹慎，好像腳沒離開地面一樣。等到獻給對方禮物時，臉上要滿懷著誠意。如果有私禮相見，表情就更加輕鬆愉快。

這章承接前章，描述孔子擔任外交公職時身體的動作和神態表情。不過，有人認為這些只是理想狀態，並不是實際發生的事。

「圭」是「端玉」，包咸說是：「為君使聘問鄰國，執持君之圭。」這也因為爵位的不同，而分成不同的等級：《周禮．春官宗伯》〈58〉：「王執鎮圭，公執桓圭，侯執信圭，伯執躬圭，子執穀璧，男執蒲璧。」皇侃說：「魯是侯，侯執信圭。」

「如不勝（音升）」是「好像拿不動，隨時可能要掉下來的樣子」，表示態度上的戰戰兢兢、小心謹慎。

「上如揖，下如授」是指接受圭玉的過程和行為舉止的規範。

「勃如」是「恭敬嚴肅」。前面也提到過（〈鄉黨3〉和〈鄉黨4〉）。「戰色」——鄭玄說是「敬也」，皇侃用比喻來說：「臨陣戰鬭則色必懼怖，故今重君之玉，使己顏色恆如戰時也。」朱子簡化成「戰而色懼」，也就是「戰戰兢兢的神態」。「足蹜蹜（音縮）」——鄭玄說是「舉前曳踵行也」，朱子說是「舉足促狹」，應該就是後腳緊跟著前腳跟的小心謹慎走路方式。「如有循」——朱子認為是：「行不離地，如緣物也。」大概就是腳步不抬太高，腳底像貼著地面走路吧？

「享」——是「獻」（鄭玄、邢昺、朱子）或「獻物」（皇侃）。「有容色」——朱子說是「和也」，應該就是擺脫「嚴肅沒有表情」的那張「撲克臉」，而開始有點「和顏悅色」的那種快樂寫在臉上的樣子。「覿」音迪，「見」（鄭玄、皇侃）。「愉愉」是「顏色和也」（鄭玄），應該比上面說的「有容色」再更輕鬆一點的表情。

朱子的集注中引用晁氏（晁說之）的說法，認為孔子在魯國當官時並沒有朝聘往來之事，懷疑這裡的說法只是孔子認為「禮當如此」，而非描述孔子實際朝聘往來的狀況。

6

君子不以紺緅飾。紅紫不以為褻服。當暑，袗絺綌，必表而出之。緇衣羔裘，素衣麑裘，黃衣狐裘。褻裘長，短右袂。必有寢衣，長一身有半。狐貉之厚以居。去喪，無所不佩。非帷裳，必殺之。羔裘玄冠不以弔。吉月，必朝服而朝。

孔子不以深色來裝飾衣服領子和袖子的縫邊。紅色和紫色不用來作為內衣的顏色。天氣熱的時候，穿上清涼的布料做的內衣，外出一定會再加件外套。厚外套的顏色要搭配：小羊毛外套用黑色、鹿皮外套用白色，狐皮外套用黃色。家中穿著的保暖厚衣服比較長，右邊的袖子為了方便做事會捲起來。還有被子要比自己的身高再多上一半的長度。如果在家接見賓客，就穿狐貉皮做的保暖衣物。除了穿喪服期間，平常要配戴玉器之類的配件。帷幔不要縫上邊。小羊毛外套和黑色帽子不用來弔喪。每月初一，一定穿著正式合禮上朝拜見邦君。

這章描述孔子的著裝禮儀。這裡的「君子」，古注都說是特指「孔子」，皇侃認為是泛指「自士以上」。皇侃說此章表示「士以上的人衣服都有禮法的規定，不可雜色」。

文本其他的部分有很多顏色和布料的問題，離今天的人們太遠了，我看了注解也沒全懂。

「紺緅飾」，皇侃說「紺緅」是顏色，「紺是玄（黑）色」，「緅是淺絳（紅）色」，合起來說應該是「黑中帶點淺紅色」。朱子說「紺，深青揚赤色」（沒說是引自《說文解字》）、「緅，絳色」；和皇侃或《釋名・釋綵》〈帛31〉的說明還有點「色差」。「飾」是「衣之領袖緣也」就是衣服領口和袖口的縫邊。這裡不這樣用的原因，從孔安國開始就說是因為像喪服。

「紅紫不以為褻服」——孔安國解釋得很簡要：「褻服，私居服，非公會之服。紅紫皆不正，褻上不衣，正服無所施。」皇侃進一步解釋說：「時多重紅紫，棄正色，故孔子不衣之也。」朱子多了一個「性別」的解釋：「紅紫，間色不正，且近於婦人女子之服也。」這種解釋恐怕有「時代錯誤」之嫌。黃懷信的「經濟解釋」又和古人不同：「紅紫貴，故不以為便服。」〈陽貨18〉說「惡紫之奪朱」恐怕也和當時「尚紫」有關，非關「男女」。「褻服」就是便服或家居服。

「袗絺綌」中的「袗」是「單」。「絺綌」音吃系，孔安國說是「葛也」，葛是葛布，說得更細一點，「絺」是粗葛布，「綌」是細葛布。皇侃說：「古人冬則衣裘，夏則衣葛也。」「表而出之」，孔安國說是「加上衣」。

「緇衣羔裘，素衣麑裘，黃衣狐裘」——朱子的解釋比較簡要：「緇，黑色。羔裘用黑羊皮。麑，鹿子，色白。狐，色黃。衣以裼裘，欲其相稱。」

「褻裘長、短右袂」中的「褻裘」是家居的冬衣，「長」是為了保溫。「短右袂」是為了方便做事而捲起袖子，而不是製作衣服時一邊長一邊短。

「寢衣」——現在通稱為「被子」。「狐貉之厚以居」——朱子解釋是說「狐貉毛深溫厚，私居取其適體」。「去喪，無所不佩」——這是講服裝之外的配件。除了穿喪服之外，平常要配合適當的穿著而配戴玉石之類的裝飾品。「非帷裳，必殺之」中的「帷裳」皇侃說是「帷幔之屬」，「殺」是「縫之」；這句話是說「帷裳不必縫邊」。「吉月」——孔安國說是「月朔」，就是農曆每月初一。

孔子跟子張提到「五美」：惠而不費、勞而不怨、欲而不貪、泰而不驕、威而不猛，其中和本章有關的「威而不猛」，孔子的進一步說明是：「君子正其衣冠，尊其瞻視，儼然人望而畏之，斯不亦威而不猛乎？」（〈堯曰2〉）

穿衣不是為了流行，是一種自尊自重的外顯行為。〈學而8〉所說的「君子不重則不威」，講的不就是服裝儀容這件事嗎？

附錄

《釋名・釋綵帛》〈31〉**紺**，含也，青而含赤色也。

7

齊，必有明衣，布。齊必變食，居必遷坐。

孔子在〔祭祀之前〕一定先沐浴，一定換上浴衣。齋戒時，一定改吃素，也不坐在平常坐的地方。

這章講的是孔子在「齊」時的衣、食、坐三方面都和平時不同。

「齊」是「齋」，就是「沐浴」，邢昺特別指出是「祭祀之前的沐浴」，而不是平常的沐浴，應該就是我們現在說「齋戒沐浴」。「明衣」就是「浴衣」，現在日本還保留這種習俗，西洋人的叫做「浴袍」。皇侃說：「浴竟，身未燥，未堪著好衣，又不可露肉，故用布為衣，如衫而長身也，著之以待身燥。」戴望說：「齊者所以交於神明，故謂其衣曰明衣。」現在「明衣」竟然轉變成人死後洗淨遺體後穿的衣服。古今異俗，此為例證。

「布」指浴衣的材料用布，不用帛。「變食」就是和平常吃的不同。朱子應該是引用《莊子》

說：「不飲酒，不如葷。」（《莊子．人間世》〈2〉）這個規矩也還留傳下來。「居必遷坐」就是改變日常坐的位置。孔子那時代還沒椅子，所謂的「坐」就是雙膝跪地，屁股坐在腳跟上。現在日本人在榻榻米上還這樣「坐」。

附錄

《莊子．人間世》〈2〉　顏回曰：「吾無以進矣，敢問其方。」仲尼曰：「齋，吾將語若！有而為之，其易邪？易之者，皞天不宜。」顏回曰：「回之家貧，唯不飲酒、不茹葷者數月矣。若此，則可以為齋乎？」曰：「是祭祀之齋，非心齋也。」回曰：「敢問心齋。」仲尼曰：「若一志，無聽之以耳而聽之以心，無聽之以心而聽之以氣。聽止於耳，心止於符。氣也者，虛而待物者也。唯道集虛。虛者，心齋也。」顏回曰：「回之未始得使，實自回也；得使之也，未始有回也。可謂虛乎？」夫子曰：「盡矣。吾語若！若能入遊其樊而無感其名，入則鳴，不入則止。無門無毒，一宅而寓於不得已，則幾矣。絕迹易，無行地難。為人使，易以偽；為天使，難以偽。聞以有翼飛者矣，未聞以無翼飛者也；聞以有知知者矣，未聞以無知知者也。瞻彼闋者，虛室生白，吉祥止止。夫且不止，是之謂坐馳。夫徇耳目內通而外於心知，鬼神將來舍，而況人乎！是萬物之化也，禹、舜之所紐也，伏戲、几蘧之所行終，而況散焉者乎！」

8

食不厭精，膾不厭細。食饐而餲，魚餒而肉敗，不食。色惡，不食。臭惡，不食。失飪，不食。不時，不食。割不正，不食。不得其醬，不食。肉雖多，不使勝食氣。惟酒無量，不及亂。沽酒市脯，不食。不撤薑食。不多食。祭於公，不宿肉。祭肉不出三日。出三日，不食之矣。食不語，寢不言。雖疏食菜羹，瓜祭，必齊如也。

吃的飯越精細越好，肉類也切得越細越好。食物該有的味道變了，魚肉腐敗，不吃。顏色不對的食物，不吃。發出惡臭的食物，不吃。沒煮熟的食物，不吃。不當令的食物或是沒到吃飯時間，不吃。食物沒按既定的規矩切割，不吃。沒有適當的佐醬，不吃。肉不能比蔬菜多。只有喝酒沒有限量，但不喝到不醒人事。街上商鋪裡買的東西，不吃。吃飯一定要有薑。不飽食。魯君在祭祀後分賜的肉，不放到隔夜吃。家裡祭拜的肉類也不放著超過三天。食物放超過三天就不吃。吃飯時候不交談，睡覺前不談正事。就算祭拜時只有很微薄的食物，但也依然保持莊敬。

這章詳述孔子的飲食習慣，有現代食品安全的概念。主要問題在於孔子飲食行為背後的原因。

「食不厭精，膾不厭細」這句話常被拿來說孔子吃東西很講究、很挑剔。古注都認為這是「養生之道」。朱子就簡單明瞭地說：「食精則能養人，膾麤則能害人。」而且「不厭」也是說：「如果可能的話，能這樣最好，沒有一定非要這樣不可。」這樣解釋，誰都會像孔子這樣要求吧！

接下來「不食」的列舉，其實也都是為了食品安全和身體健康。「饐」音益，皇侃說：「飲食經久而腐臭也。」「餲」音愛，皇侃說是「經久而未惡也」。「餒」音內（發三聲而非四聲），皇侃說：「魚臭壞也。」「色惡」——皇侃說是「食失常色」。「失飪」——皇侃說是「失生熟節也」，也就是沒煮熟。「非時」有二說：一指「不到吃飯時間」，一指「不當令」，也就是「不是食物的生產季節」。

「割不正」——一般都指食物切割的形狀要方正。皇侃引用江熙的話說：「殺不以道，為不正也。」邢昺近一步解釋：「析解牲體，脊、脅、臂、臑之屬，禮有正數。」好像就是按著部位來切割，而和「屠宰禮」無關。現在猶太人和伊斯蘭教徒宰殺牛羊都有誦經的儀式，大概更符合這裡所說的「正」，也就是要用適當的「屠宰禮」。

「不得其醬」——皇侃的解釋是：「食味各有所宜，贏醢菰食、魚膾芥醬，竝相宜也，故食不得所宜之醬則不食也。」這和個人口味有關，似乎無關食品安全。

「肉雖多，不使勝食氣」——皇侃認為：「若肉多他食少則肉不美，故不使肉勝食氣。」戴望解「食」為「食餼」，「氣」是古之「餼」字，「牲牢也」，整句就是：「肉雖多，不得過食餼之數」。好像是說有多少祭拜的肉就吃多少，別再增加，可是具體而言是怎麼回事，我也沒看懂。

「惟酒無量，不及醉」——這樣的話，孔子在〈子罕16〉也說過。孔子好酒量，一直遺傳到七十七代「大成奉祀官」孔德成。我聽毓老師上課提到過。「沽酒市脯，不食」的「沽」和「市」都是「買」，說的是怕製作酒和脯過程不乾淨。「不撤薑食。不多食」，朱子解釋的最簡要：「薑通神明，去穢惡，故不徹。適可而止，無貪心。」這些都是有健康概念。

另外孔子也擔心「飽食終日，無所用心」（〈陽貨22〉）吧！

「祭於公，不宿肉」——皇侃解釋說：「孔子仕時助君祭也。助祭必得賜俎，得賜俎還及分賦食之，不得留置經宿，經宿是慢鬼神餘也。」「祭肉不出三日。出三日，不食之矣」——是指家裡祭拜的肉不能超過三天不吃，會壞掉。這是有關食安和健康的問題；那是個沒有防腐劑或任何化學添加劑的美好時代。

「食不語，寢不言」中的「語」和「言」是不同的，《說文解字》說：「直言曰言，論難曰語。」邢昺延續前半句的說法：「直言曰言，答述曰語。」皇侃說：「言，是宜出己；語是答述也。」朱子說：「答述曰語，自言曰言。」這些用來解釋此章似乎都說不通。吃飯不「答述」，那應該是要先「不問問題」才治本吧？睡覺不「直言」，那又是什麼意思？如果是睡覺說夢話，這能控制嗎？戴望的說法好一些：「語，誨言也，當食不誨言。」意思就是：「吃飯就專心吃飯，不要說教，口水噴濺到飯菜上不衛生。」「寢不語」是「內寢不言正事，所以敬天職」，也就是「睡覺就好好睡覺，別再談論公事了」。

這是強調言語各有場合，別時時刻刻想著說教和公事，該吃飯就吃飯，該睡覺就睡覺。我覺得這是良好的生活習慣，應多加提倡。

「雖疏食菜羹，瓜祭，必齊如也」的「疏」或作「蔬」。「齊」，孔安國、邢昺和朱子都說是「嚴敬貌」，不是之前的「沐浴」的意思。皇侃說：「三物雖薄而必宜盡齊敬之禮，鬼神饗德不饗味故也。」朱子強調這樣的做法是表達「聖人之誠」。

9

席不正，不坐。

席子要合乎禮法擺放，否則就不坐。

這章講孔子的「坐」。

一般都解釋為：「席子沒放正就不坐。」乍看好像孔子有驕傲的毛病。

皇侃引用范甯的說法：「正席，所以恭敬也。」邢昺解釋的比皇侃完整：「凡為席之禮，天子之席五重，諸侯之席三重，大夫再重。席南鄉北鄉，以西方為上；東鄉西鄉，以南方為上。如此之類，是禮之正也。若不正，則孔子不坐也。」這似乎比較符合守禮的孔子形象。

以前提過，孔子那時代還沒有椅子，所以「坐」是指跪下來把自己的臀部放在腳跟上的這種姿勢，現在日本人在榻榻米上還這麼「坐」著。要是我們，大概「坐」一會兒就得變換姿勢或站起來舒活一下筋骨。

在〈鄉黨13〉中也提到：「君賜食，必正席先嘗之」。此外《禮記・曲禮上》〈30〉也記載著主客雙方和席的關係。這和我們現在的生活離得太遠。也許還在使用榻榻米的日本人還保留一點和「席」方面有關的禮儀吧！

重點在「正」，內心和外表都要以「正」為依歸。這不是毛病。沒這樣做才是毛病吧！

附錄

《禮記・曲禮上》〈30〉若非飲食之客，則布席，席間函丈。主人跪**正席**，客跪撫席而辭。客徹重席，主人固辭。客踐席，乃坐。主人不問，客不先舉。

10

鄉人飲酒，杖者出，斯出矣。鄉人儺，朝服而立於阼階。

故鄉舉行鄉飲酒禮時，孔子一定要等拄著拐杖的老人離開後，自己才起身離開。故鄉舉行驅除瘟疫的儀式時，孔子會穿著正式的朝服站立在門口的階梯上。

這章是描述孔子在家鄉和老人相處以及碰到驅除瘟疫的儀式時的行為舉止。

「鄉人飲酒」是指專為老人舉辦的「鄉飲酒禮」。《禮記》〈經解7〉和〈射義1〉上都說：「鄉飲酒之禮，所以明長幼之序也。」《禮記》也特別有〈鄉飲酒義〉專章說明整個禮儀。

「杖者」就是「老人」（孔安國、皇侃）。《禮記》有兩篇都提到：「五十杖於家，六十杖於鄉，七十杖於國，八十杖於朝；九十者，天子欲有問焉，則就其室，以珍從。」（〈王制59〉和〈內則47〉）王夫之認為孔子此時未及「杖鄉之年」，也就是不到六十。孔子後來到了可以「杖鄉」，甚至到了可以「杖國」的年齡，曾經用他的杖輕輕敲擊蹲坐著的鄉人原壤（〈憲問43〉）。他在過世之前的一個星期，也被描述為「一早起來，把手放在身後，拿著拐杖，感嘆再三」（《禮記．檀弓上》〈49〉）。

「儺」——孔安國說是「驅逐疫鬼」。這是在冬天十二月舉行的儀式。

「朝服而立於阼階」——一說是「恐驚動宗廟」，這是表達「孝之心」（孔安國、皇侃）。一說是「大夫朝服以祭，故用祭服以依神也」（邢昺）。「阼階」——朱子說是「東階」。我覺得這可能和孔子自己說過的「敬鬼神而遠之」（〈雍也22〉）有關。

附錄

《禮記》〈鄉飲酒義1〉**鄉飲酒**之義：主人拜迎賓於庠門之外，入，三揖而後至階，三讓而後升，所以致尊讓也。盥洗揚觶，所以致潔也。拜至，拜洗，拜受，拜送，拜既，所以致敬也。

——〈8〉**鄉飲酒**之禮：六十者坐，五十者立侍，以聽政役，所以明尊長也。六十者三豆，七十者四豆，八十者五豆，九十者六豆，所以明養老也。民知尊長養老，而後乃能入孝弟。民入孝弟，出尊長養老，而後成教，成教而後國可安也。君子之所謂孝者，非家至而日見之也；合諸鄉射，教之**鄉飲酒**之禮，而孝弟之行立矣。

——〈16〉**鄉飲酒**之義：立賓以象天，立主以象地，設介、僎以象日月，立三賓以象三光。古之制禮也，經之以天地，紀之以日月，參之以三光，政教之本也。

——〈檀弓上49〉孔子蚤作，負手曳杖，消搖於門，歌曰：「泰山其頹乎？梁木其壞乎？哲人其萎乎？」既歌而入，當戶而坐。子貢聞之曰：「泰山其頹，則吾將安仰？梁木其壞、哲人其萎，則吾將安放？夫子殆將病也。」遂趨而入。夫子曰：「賜！爾來何遲也？夏后氏殯於東階之上，則猶在阼也；殷人殯於兩楹之間，則與賓主夾之也；周人殯於西階之上，則猶賓之也。而丘也殷人也。予疇昔之夜，夢坐奠於兩楹之間。夫明王不興，而天下其孰能宗予？予殆將死也。」蓋寢疾七日而沒。

11

問人於他邦，再拜而送之。康子饋藥，拜而受之。曰：「丘未達，不敢嘗。」

孔子派人到外國出使外交任務，一定會在送別時拜謝兩次。有一次，季康子送孔子一帖藥，孔子拜謝接受，但是說：「我不是這方面的專家，我不敢吃這帖藥。」

這章描述的是在國的領域中送禮和收禮，以及不亂吃藥，特別是長官贈送的藥。「問」是指擔任使節到外國去從事外交工作。何晏、皇侃和朱子都沒特別說到送禮的問題。邢昺率先說到：「孔子遺人之禮，問猶遺也，謂因問有物遺之也。」就是派人帶著禮物出國。「再拜」是表示孔子的誠意。

至於「康子饋藥」的部分，邢昺解釋說：「凡受人饋遺可食之物，必先嘗而謝之。孔子未達其藥之故，不敢先嘗……亦其禮也。」

藥別亂吃，聽醫生的話比聽長官的重要。

12

廄焚。子退朝，曰：「傷人乎？」不問馬。

孔子家養馬的地方失火了。孔子退朝以後聽到這件事，就問說：「有沒有人受傷？」沒問有沒有馬匹受傷。

這章描述孔子重人輕馬。

鄭玄認為這是孔子「重人賤畜」的表現。王弼認為孔子這麼問，是為了矯正當時重馬的風氣。朱子稍微替孔子緩頰說：「非不愛馬，然恐傷人之意多，故未暇問。蓋貴人賤畜，理當如此。」有的斷句是：「『傷人乎不（否）？』問馬。」這樣讓孔子至少還關心馬。但是先問人還是沒錯的。

這種臨危的表現最能看出一個人平常的修為，不容易造假。

孔子並不是不關心動物。《孔子家語・子貢問》〈24〉記載：孔子的家狗死了，他還請子貢拿廢棄的車蓋把牠給埋了，別讓牠就這樣埋在土裡。

附錄

《孔子家語．子貢問》〈24〉**孔子**之守**狗**死。謂子貢曰：「路馬死則藏之以帷，**狗**則藏之以蓋。汝往埋之。吾聞弊帷不棄，為埋馬也；弊蓋不棄，為埋**狗**也。今吾貧無蓋，於其封也，與之席，無使其首陷於土焉。」

13

君賜食，必正席先嘗之；君賜腥，必熟而薦之；君賜生，必畜之。侍食於君，君祭，先飯。疾，君視之，東首，加朝服，拖紳。君命召，不俟駕行矣。

魯君賜給孔子食物之後，孔子一定先將席子調整正位，然後才品嘗食物。魯君如果賜給的是腥肉，孔子必定先將其煮熟，然後祭拜祖先。魯君如果賜給的是活物，孔子就會畜養起來，等待祭祀時再加以宰殺當牲品。和魯君一起吃飯的時候，如果魯君祭拜，孔子就趁機先吃飯。孔子生病時，要是魯君來探視，就將頭面向東方，在身體上蓋上朝服，而將腰帶也放在衣服腰部的位置。魯君有急事召孔子，孔子就先動身，不等車駕備好。

這章展現的是孔子作為人臣的行為舉止。

「食」——劉寶楠說是「熟食」，相對於「腥」。「席」——皇侃說是「猶坐也」。「腥」——朱子說是「生肉」，相對於前面的「食」。「薦」——皇侃說是「薦宗廟」，就是祭拜祖先。「生」——

皇侃說是「活物」。「正席」也是前章「席不正、不坐」的意思，表示敬意。「侍食於君」，皇侃說是：「孔子侍君共食之時。」「君祭，先飯」則是：「祭，謂祭食之先也。夫禮，食必先取食種，種出片子，置俎豆邊地，名為祭。祭者，報昔初造此食者也。君子得惠不忘報，故將食而先出報也。當君政祭食之時，而臣先取飯食之，故云先飯。飯，食也。所以然者，是為君先嘗食，先知調和之是非者也。」「疾，君視之，東首，加朝服，拖紳」這句，皇侃說：「疾，謂孔子疾病時也。孔子病而魯君來視之也。此『君』是哀公也。云『東首』者，病者欲生，東是生陽之氣，故眠頭首東也……加，覆也。朝服，謂健時從君日視朝之服也。拖，猶牽也。紳，大帶也。孔子既病，不能復著衣，而見君不宜私服，故加朝服覆於體上，而牽引大帶於心下，至是如健時著衣之為。」「君命召，不俟駕行矣」，朱子解釋得簡要：「急趨君命，行出而駕車隨之。」《孟子．公孫丑下》〈11〉和《荀子．大略》〈4〉都認為這是「禮」。《孟子．萬章下》〈16〉孟子則認為這是孔子當官的職責所在。

附錄

《孟子》〈公孫丑下11〉禮曰：「父召，無諾；君命召，不俟駕。」

〈萬章下16〉萬章曰：「孔子，君命召，不俟駕而行。然則孔子非與？」曰：「孔子當仕有官職，而以其官召之也。」

《荀子．大略》〈4〉諸侯召其臣，臣不俟駕，顛倒衣裳而走，禮也。

14

入太廟，每事問。

〔孔子擔任祭典的祭祀人員時，〕進入到周公廟，一定會〔小心謹慎地〕仔細詢問相關人員祭典的每個環節〔，深怕違反禮制〕。

這章在〈八佾15〉已經有詳細的說明，說話的場合也比本章清楚。孔子當時也回答了「入太廟，每事問」是「禮」，以「子之矛攻子之盾」的手法反諷了那些批評他「知禮乎」的人才是「知禮乎」。不過，這章是弟子描述孔子到「太廟」，鉅細靡遺地問。

如果是第一次去，這樣的「問」，是「請問」，是請教，是學習。如果是第二次以後去，這樣的「問」，恐怕是「質問」，而不是「明知故問」。另一方面也是為了表示慎重而問，也是再度確認的意思。

〈八佾15〉：「子入大廟，每事問。或曰：『孰謂鄹人之子知禮乎？入大廟，每事問。』子聞之曰：『是禮也。』」這章明白記載孔子在魯國當官助祭太廟「問禮」時，遭到旁人的質疑以及孔子的答覆。〈鄉黨14〉只記載了前面一句。

孔子到了魯國的周公廟，（負責祭拜典禮，）每件事情都會請教別人。有人就說了：「誰說這個鄹人叔梁紇的兒子懂得禮制？（他好像什麼都不懂，）擔任祭禮還問東問西的。」孔子聽到以後謹慎地回答說：「這種謹慎的態度正是對待禮制該有的態度。」

「大廟」是「太廟」，是「祭拜先祖的廟」，魯國是周公兒子伯禽的封地，所以魯國的太廟就是指「周公廟」。現在山東曲阜還保留著「周公廟」。這裡說「入大廟」不是說他去廟裡參觀，而是他參與協助祭拜周公的大典。（我二〇一三年三月去參訪了「顏（回）廟」，因為時間的關係，沒再往前去參訪「周公廟」，也就是這裡的「大廟」，真是可惜！）

孔子因為「每事問」，就被某些人認為「對於祭禮一無所知」，不像傳說中那樣「博學多能」，這些人因此就很瞧不起他而稱他為「鄹人之子」。這個典故是因為孔子的父親叔梁紇曾在「鄹」當過官。孔子聽到這樣的評論，就幽默地說：「這才是對待祭禮該有的恭敬謹慎的態度啊！」因為古字肯定句尾的「也」和疑問句尾的「耶」相通，所以俞樾和戴望都把孔子的回答當成反問句：「難道你們做的這些儀式是合乎祭禮的嗎？」言外之意是諷刺這些人才是真正不知禮的人。

孔子「每事問」，他自己雖然沒講明原因，可是從孔安國以來的古注都一致認為是表示慎重，董仲舒也承襲這種解釋（《春秋繁露．郊事對》〈1〉）。這和他說的「使民如承大祭」（〈顏淵2〉）是他的一貫之道。另外也有著〈八佾12〉提到的「祭思敬」（〈子張1〉）的基本心態。

也有人持不同的看法。東漢王充就認為孔子初次進入太廟，因為不知而問，特別表明他不是「生而知之者」。黃懷信的表述很清楚：「蓋孔子雖有知禮之名，而太廟畢竟未嘗進入，首次入之，必有新鮮之感，故每事問。不知而問，故曰：『是禮也。』不必是慎。」

這也許是孔子第一次「劉姥姥進大觀園」的「無知之問」，也可以說是面對一個「失禮」的社會時展現的無奈的幽默智慧。兩種孔子形象展現不同面貌。我認為這件事也可以當成孔子自述「我非生而知之者，好古，敏以求之者也」（〈述而20〉）的例證。「敏求」大概也是基於這裡的「每事問」。

我們應該在不懂或不確定的時候要學著問，學問問學交織共進，這樣問得多就可以學得多。做起事來自己的心態和方法也比較踏實。如果怕被人笑而不敢問，到時候出了紕漏，恐怕聽到的不只是嘲笑聲吧！

附錄

《春秋繁露．郊事對》〈1〉仲舒對曰：「……鶩非梟，梟非鶩也。臣聞**孔子入太廟，每事問**，慎之至也。

《論衡．知實》〈11〉**子入太廟，每事問**。不知故問，為人法也。孔子未嘗入廟，廟中禮器，眾多非一，孔子雖聖，何能知之？□□□（*原典闕文）：「以嘗見，實已知，而復問，為人法？」孔子曰：「疑思問。」疑乃當問邪？實已知，當復問，為人法，孔子知五經，門人從之學，當復行問，以為人法，何故專口授弟子乎？不以已知五經復問為人法，獨以已知太廟復問為人法，聖人用心，何其不一也？以孔子入太廟言之，聖人不能先知，十也。

15

朋友死，無所歸。曰：「於我殯。」朋友之饋，雖車馬，非祭肉，不拜。

如果朋友過世了，沒有親友可以主持殯葬典禮。孔子就說：「讓我來主持殯葬典禮。」如果朋友送東西給孔子，就算是貴重如車馬，孔子也不拜謝，只有送祭肉才要答禮拜謝。

這章描述的是孔子對待朋友的行為舉止。

「無所歸」——孔安國說是「無親昵」，戴望說是「無親屬主之者」。「殯」——皇侃說「停屍於寢以待葬」，戴望說是「以大斂而徙棺曰殯」，也就是人死後屍體放到棺材以後，還沒有下葬之前的階段。

孔子其實不只照顧無親友的朋友的死，平時他也對朋友照顧有佳，特別是朋友來沒地方住的時候，孔子是管住的，應該也管吃（《禮記・檀弓上》〈95〉、《孔子家語・子貢問》〈6〉和《白虎通德論・三綱六紀》〈5〉）。

「饋」是贈送。「不拜」，孔安國解釋：因為朋友「有通財之義」。皇侃說得更清楚些：「車馬，家財之大者也。朋友有通財之義，故雖復見餉車馬，而我不拜謝也。所可拜者，若朋友見餉其家之祭肉，雖小亦拜受之，敬祭故也。故云雖車馬，非祭肉不拜。」邢昺認為：「此言孔子輕財重祭之禮也。」黃懷信說：「孔子於朋友之間不虛意客套。」

不過，《論語》其他章節並沒有出現孔子的朋友，所以很難找到弟子描述的具體例證。孔子到底葬了哪位沒有親人的朋友？孔子又跟誰借過車馬，或是誰跟孔子借過車馬？弟子都沒記載。

孔子該不會像一般老男人一樣，沒有朋友吧？

附錄

《禮記·檀弓上》〈95〉賓客至，無所館。夫子曰：「生於我乎館，死於我乎殯。」

《孔子家語·子貢問》〈6〉子夏問於孔子曰：「客至，無所舍，而夫子曰：『生於我乎館。』客死，無所殯，夫子曰：『於我乎殯。』敢問禮與？仁者之心與？」孔子曰：「吾聞諸老聃曰：『館人，使若有之，惡有有之而不得殯乎？』夫仁者，制禮者也，故禮者不可不省也。禮不同不異，不豐不殺，稱其義以為之宜。故曰：『我戰則尅，祭則受福。』蓋得其道矣。」

《白虎通德論·三綱六紀》〈5〉朋友者，何謂也？朋者，黨也；友者，有也。《禮記》曰：「同門曰朋，同志曰友。」朋友之交，近則謗其言，遠則不相訕。一人有善，其心好之；一人有惡，其心痛之。貨則通而不計，共憂患而相救。生不屬，死不托。故《論語》曰：「子路云：『願車馬衣輕裘，與朋友共敝之。』」又曰：「朋友無所歸，生於我乎館，死於我乎殯。」朋友之道，親存不得行者二：不得許友以其身，不得專通財之恩。友飢則白之於父兄，父兄許之，乃稱父兄與之，不聽則止。故曰：友飢為之減餐，大寒為之不重裘。故《論語》曰：「有父兄在，如之何其聞斯行之也！」

16

寢不尸，居不容。見齊衰者，雖狎，必變。見冕者與瞽者，雖褻，必以貌。凶服者式之，式負版者。有盛饌，必變色而作。迅雷風烈，必變。

孔子睡覺的時候不會張開四肢成「大」字形，不會像死屍那樣，平常家居也不特別嚴肅，而是表情自然。見到穿喪服的人，就算是平常很親近的人，態度也會變得嚴肅起來。看到戴著帽子的官員以及盲人，就算是平常很常見面，也會很禮貌待人。〔孔子搭乘馬車，路上〕碰到有人穿著喪服或是挑擔販賣的人，孔子都會躬著身體扶著車上橫木，表達敬意。碰到主人特別豐盛地招待，一定起身對主人表達感謝。碰到打雷和颳大風，孔子也會變得比平常嚴肅。

這章描述得比較雜亂，有孔子睡覺和家居生活，也有孔子面對特殊人群和天氣的應變舉止。「寢不尸」——包咸就說是：「不偃臥四體，不展手足，似死人也。」劉寶楠引用〈述而16〉，認為孔子是採取「曲肱而枕之」的側臥姿勢睡覺。如果更精確地說是朝右方側睡，則是符合現代養生概念。

「居不容」——孔安國把「容」當作「客」，解成：「不客，謂室家之敬難久也。」也就是說不把自己當成客人，這樣客氣的生活很難讓家人持久相處。其他都作「容」，皇侃的解釋是「家中常居也。家主和怡，燕居先溫，溫故不為容，自處者也」，也就是容貌輕鬆自在，不像在外面要擺起嚴肅的面容。黃懷信認為「容」應該有個提手旁，是動搖的意思，也就是平常端作不搖晃身體，這樣才和「寢不尸」相對。如果真作此解，我想可能強調的是「不抖腳」，這毛病現代人常見。

「見齊衰者，雖狎，必變。見冕者與瞽者，雖褻，必以貌」——這一段基本上和〈子罕10〉的內容差不多。不同處在於「狎」和「褻」，以及「必變」和「必以貌」。「狎」，是「素親狎」（孔安國、皇侃、邢昺、朱子）或「相習知者」（戴望），也就是「很親近的人」。「褻」是「數相見」（何晏引周曰、邢昺、劉寶楠）或「燕見」（朱子）或「私親」（戴望）。「變」是「改變平常親近的態度和行為」。「貌」也是「變」，只是更加具體說明是「莊重、有禮貌」。

「凶服」是「送死之衣物」（孔安國、皇侃）。「負版者」——孔安國和朱子都說是「持邦國之圖籍」。皇侃認為「負」是「擔揭」，「版」才是「邦國圖籍」，合起來說就是「背著邦國的圖籍」。程樹德引用《論語訓》的說法認為「負版，衰之領也」，跟「凶服」是一致的。俞樾認為「版」是「販」字之誤，應該就是挑擔子賣東西的人。《禮記．曲禮》〈11〉有：「雖負販者，必有尊也，而況富貴乎？」可以佐證，而且也更能顯示出孔子對於這兩種人的敬意。「式」——就是古人車上的扶手。扶著「式」的時候，身體會略呈鞠躬的樣子，這就是「式之」。

「盛饌」——黃懷信認為「不僅指豐盛的美食，亦指主人之盛禮」。「作」是「起身」。主人盛情招待，孔子當然要喜孜孜起身感謝。「迅雷風烈，必變」——表示孔子對大自然風雲變色的敬畏。也可能孔子怕打雷颳大風。

這些部分都提到孔子的「變色」，是孔子情緒表現和各種社交場合及天氣變化的關係。大部分情況都表現出孔子的「知禮」和「行禮」。

禮是節制內心情緒的一種外在約束，目的是讓人的行為既不要不及，也不要太過；篤守中庸之道最好。

17

升車，必正立執綏。車中，不內顧，不疾言，不親指。

孔子登上馬車，一定會站得好好的，並且握緊馬車上的繩子。站在馬車裡，眼睛不東張西望，不大聲喧譁，手也不亂動〔指來指去〕。

此章描述孔子搭乘別人駕駛的馬車時的舉止行為。

「綏」——皇侃說是：「牽以上車之繩也。若升車時，則正立而執綏以上，所以為安也。」《說文解字》：「綏，車中把也。」

「不內顧」——包咸說是：「前視不過衡軛，旁視不過輢轂。」皇侃解釋：「內，猶後也；顧，迴頭也。升在車上，不迴頭後顧也。所以然者，後人從己者不能常正，若轉顏見之，則掩人私不備，非大德之所為，故不為也。」這是替別人想。我覺得自己站在車上亂動，恐怕自身也不安全。

「不疾言」——皇侃說：「疾，高急也。在車上言易高，故不疾言，為驚於人也。」也就是怕大聲喧譁嚇到別人。

「不親指」——皇侃說：「車上既高，亦不得手有所親指點，謂惑下人也。」

18

色斯舉矣，翔而後集。曰：「山梁雌雉，時哉！時哉！」子路共之，三嗅而作。

〔鳥類〕只要看到人有要打獵的表情，就會飛走，等到判斷安全了才會降落〔在樹枝上〕。〔孔子看到這樣的情況就〕說：「這些鳥類真的是懂得見機行事啊！真的是懂得見機行事啊！」子路於是就對這些鳥兒致敬行禮，〔這些鳥兒看到子路的動作就又〕飛走了。

這章是孔子看到雌雉藉機感嘆，幾種古注的解釋差異很大。這章放在〈鄉黨〉的最後，還引用了孔子的話，和前面只記載孔子舉止行為的篇章很不同。朱子覺得這章怪怪的，推測「上下必有闕文」。戴望也有同感。

何晏所引用的各家解釋很片段：馬融說：「見顏色不善而去」，這應該是解釋「色斯舉矣」。周曰：「回翔審觀而後下止也」是解釋「翔而後集」。何曰：「言山梁雌雉得其時，而人不得其時，故歎之。」是說本章主旨。

皇侃的解釋比較完整，可是也不盡理想：「色斯舉矣」說是指「孔子在處觀人顏色而舉動也」。「翔而後集」是「孔子所至之處也，必迴翔審觀之後，乃下集也」，跟雌雉好像沒關係，這部分是比較牽強的解釋。「山梁雌雉，時哉！時哉！」是「記者記孔子因所見而有歎也」。「子路供之」是指子路不懂孔子的意思，竟然就把雌雉打下來，煮熟了供給孔子食用。這裡把「共」字當成「供」。「三嗅而作」的主詞又回到孔子，孔子怕自己不吃這煮熟的雌雉，子路會生氣，可是又不想違背本心，就先用鼻子聞了三次，然後起身。皇侃引用虞氏的另一種解釋後半段：子路看見雌雉，拿食物誘捕，雌雉很機警，聞了三次就飛走了，並沒有上當。

所以孔子沒吃到。皇侃的第一種解釋，似乎認為子路把孔子說的「時哉！時哉！」誤聽成同音的「食哉！食哉！」所以才有後來「捕雉獻師」的荒謬結果。如果真是如此，真可謂萬萬沒想到。邢昺基本上也是這麼解釋的。

朱子沒循著前人的解釋路線。他的說法平實：「鳥見人之顏色不善則飛去，回翔審視而後下止。人之見幾而作，審擇所處，亦當如此。」這等於提醒人：「視時務者為俊傑」。

戴望將「色斯舉矣，翔而後集」當成是沒有流傳下來的「佚詩」。「色斯」就是「歆然、驚駭貌」。這句話就是說，鳥兒在天上飛，看到沒危險了才下來停在河上的小木橋上。「山梁」是「山之穹隆似梁者」。「共」也當「給」。戴望也解釋成子路誘捕雌雉，可是雌雉：「三臭（嗅）其氣，不食而起。」最後他也強調：「孔子引《詩》言歎其知時，以喻君子遠害，亦當歆舉翔集如斯雉矣。」

劉寶楠引證諸多經典，解釋「色斯」是「驚駭貌」，「山梁」是「山澗中橋，以通人行也」，黃懷信認為「共」應該是「拱」，是「合手以轟趕之」。又是一解。

總之，這章的一個重點是「時」，也就是後來孟子稱孔子為「聖之時者也」的那個「時」（《孟子・萬章》〈10〉），也就是《易經・乾卦》〈24〉盛讚的：「其唯聖人乎！知進退存亡而不失其正者，其唯聖人乎！」《禮記・學記》〈8〉說：「當其可之謂時。」簡單說也就是「恰到好處」，不會「太過」也不會「不及」，也就是「時中」（《禮記・中庸》〈2〉）。

毓老師曾經提醒王船山對於「時」的幾個區分：「治時」、「先時」、「因時」，及「違時」。「太上治時，其次先時，其次因時，最下亟違乎時。亟違乎時，亡之疾矣。治時者，時然後而弗然，消息乎己以匡時者也。先時者，時將然而導之，先時之索宗也。因時者，時然而不得不然。從乎時以自免，而亦免矣。亟違時者，時未得為，我更加失焉，或託之美名以自文，適自捐也。」（〈昭公第十二〉：王夫之，《春秋世論》，收入《船山全書》（五），嶽麓書社，一九六六，頁五〇九。）（一說出自王夫之的《周易外傳》，我還沒查到正確的出處。）這「四時」可以簡單的說，「治時」是不隨流俗，匡正時勢。「先時」則是讓問題發生時，有對策可以應付化解。「因時」，則是隨著問題的出現才開始尋找解決之道。「違時」則是根本趕不上時代的變化，要等著被淘汰。

我也記得毓老師常常提醒的「聖人非能生時，時至而不失也」（《文子・尚禮》〈7〉和《淮南子・覽冥訓》〈11〉）。這些似乎只能算是王夫之的「因時」，算不得上乘智慧。

而我們在實踐「復興中華文化」的同時，更要警惕自己在對於古代經典的取捨之間，要特別留心：「生乎今之世，反古之道。如此者，災及其身者也。」（《禮記・中庸》〈29〉）這種「違時」的做法，恐怕會讓我們葬身於萬劫不復的地步。

真正的救贖之道，除了從古人（不分中外）的智慧來啟發我們的智慧之外，朋友多方開誠布公、討論講習，令古今中外智慧融於一爐，恐怕才是讓我們避開「違時」、超越「因時」，而且邁向「先時」和「治時」的重要管道。

附錄

《孟子・萬章》〈10〉孟子曰：「伯夷，聖之清者也；伊尹，聖之任者也；柳下惠，聖之和者也；**孔子，聖之時者也**。孔子之謂集大成。集大成也者，金聲而玉振之也。金聲也者，始條理也；玉振之也者，終條理也。始條理者，智之事也；終條理者，聖之事也。智，譬則巧也；聖，譬則力也。由射於百步之外也，其至，爾力也；其中，非爾力也。」

《禮記・中庸》〈2〉仲尼曰：「君子中庸，小人反中庸。君子之中庸也，君子而**時中**；小人之中庸也，小人而無忌憚也。」

先進

•

第十一

1

子曰：「先進於禮樂，野人也；後進於禮樂，君子也。如用之，則吾從先進。」

〈先進〉是第十一篇，有二十四、二十五、二十六章三種版本。皇侃認為：「此篇名弟子進受業者先後也。所以次前者，既還教鄉黨，則進受業宜有先後，故〈先進〉次〈鄉黨〉也。」邢昺則主張：「前篇論夫子在鄉黨，聖人之行也；此篇論弟子賢人之行，聖賢相次，亦其宜也。」朱子則指出：「此偏多評弟子賢否。」

此章講先進和後進跟禮樂之間或為野人或為君子的關係。此章古注解釋頗有歧異。關鍵在於怎麼理解「先進」和「後進」並且怎麼看待「野人」和「君子」，更關鍵的恐怕是畫龍點睛的最後一句「如用之，則吾從先進」。所以可以有許多不同的白話翻譯。我實在不知道哪種比較對，所以就略過白話翻譯。

「先進」和「後進」大約有四種說法：一、孔安國當成「當官的先後輩」。邢昺基本上和孔安國的想法相同。這是「官場生涯輩分」的解釋。二、皇侃也認為是泛指「先後輩之人」，而不是特指「當官」，而以為「先輩謂五帝以上也，後輩謂三王以還也」，這是將問題抬到歷史的高度。朱子和戴望則遵循這種古史的想法。三、劉寶楠則認為：「先進、後進，即指弟子。」四、黃懷信另闢蹊徑說兩者「非指人而指時」。

「野人」和「君子」的說法也有三種，通常都扣緊「禮樂」來解釋：一、孔安國說：「禮樂因世損益，後進與禮樂俱得時之中，斯君子矣；先進有古風，斯野人也。」換句話說，「先進於禮樂」的「野人」還未受到禮樂時中的薰陶。皇侃的說法也差不多：「野人，質樸之稱也；君子，會時之目也。孔子言以今人文觀古，古質而今文，文則能隨時之中，此故為當世之君子也。質則樸素而為俗，是故為當世之野人也。」邢昺的想法也和兩位前輩類似。這是以古今來區分。二、朱子認為「野人，謂郊外之民；君子，謂賢士大夫。」黃懷信也這麼解釋。這是以居住地區來分。三、劉寶楠認為「野人者，凡民未有爵祿之稱也……君子者，卿大夫之稱也。」他引用宋翔鳳結合「先進和野人」以及「後進和君子」的說法：「先進為士民有德者登進為卿大夫，自野升朝之人；後進謂諸侯卿大夫皆世爵祿，生而富貴，以為民上，是謂君子。」黃懷信也遵循這種解釋。這是從「得爵祿的先後」來區分。毓老師也是這麼解釋。總之，這裡的「君子」似乎和爵位有關，而和道德無關。

「如用之，則吾從先進」也有五種解釋：一、孔安國沒有解釋「用之」，將整句解釋為「〔孔子〕將移風易俗，歸之純樸，先進猶近古風，故從之。」皇侃、邢昺的解釋也都類似。二、朱子引用程子的解釋：「用之，用禮樂。孔子既述時人之言，又自言其如此，蓋欲損過以就中也。」其中「用之，用禮樂」這點是創見。三、劉寶楠認為「用之，謂用其人也」，又說明「後進於禮樂，雖亦賢者，然朝廷用人，當依正制，且慮有不肖濫入仕途也。」四、黃懷信的解釋：「用，用其『進』事之法。從先進，從不待禮樂而行事之法也。見孔子注重實幹。」五、毓老師的獨到見解認為，孔子「從先進」，是贊成「選賢與能」的「先學禮樂再當官」的這種選舉制度，而不是「先當官再學禮樂」這種「官二代」的世襲制度。這是他遵循公羊學微言大義的傳統解經法。

看完以上各家說法，我覺得整章更是難解。

我覺得我們得把「孔子重視禮樂」當成出發點。孔子說「如用之，吾從先進」，這裡的「之」應該是「禮樂」（我贊成朱子引用程子的創見），孔子願意遵循的是「先進於禮樂，野人也」而非「後進於禮樂，君子也」。因為孔子沒有選擇後者，而後者又有「君子也」，會讓讀者感到困惑不解：「孔子不是一天到晚教人當君子，怎麼這時候選擇野人？」此時，要注意孔子強調以禮樂為重，特別是要回歸到「禮之本」（〈八佾4〉）這樣的禮樂基本精神，所以從「禮，與其奢也，寧儉；喪，與其易也，寧戚」的原則來看，孔子選擇遵從「先進」，應該就是和這裡所說的道理差不多。這種「寧儉」和「寧戚」恐怕和「先進於禮樂，野人也」這段可以相互呼應。

孔子也曾經激賞不已周代的「郁郁乎文哉」，而說出「吾從周」（〈八佾14〉）。這是否和此章的「吾從先進」相關？如果光從字面來看，似乎如此。可是「先進於禮樂，野人也」又好像和「郁郁乎文哉」的「周」不是同一件事。這比較像皇侃說的「古（殷）質而今（周）文」的對立，「先進於禮樂，野人也」偏向「質」，「郁郁乎文哉」無疑地是「文」。所以「吾從周」，應該是孔子思想三階段中早期的想法，這和他後來希望回到堯舜公天下式的禮運大同世界，是不一樣的。

從以上的眾說紛紜中，我能抓到一個「禮樂至上」的要領。細部的解釋縱使難以言盡，也應該不出這樣的架構才是吧？

2

子曰：「從我於陳、蔡者，皆不及門也。」

孔子說：「當初跟我在陳、蔡之間被圍困的弟子，〔現在〕都沒有去當官〔或：都不在身邊〕。」

這章是孔子懷念當初跟他受困在陳、蔡之間的弟子。有的版本將本章和下一章當成一章來說。不過，下章提到的「四科十哲」，只有顏淵、子路、子貢三人，再加上宰我四人隨侍在旁。子張雖也被提及，但未列入「十哲」之中。因此，這兩章應該是沒有關係的。

「門」有兩解：一、鄭玄說是「仕進之門」。皇侃順著這樣的說法，進一步解釋說：「孔子言時世亂離，非為我道不行，祇我門徒，雖從我在陳、蔡者，亦失於時，不復及仕進門也。」邢昺和戴望也採用這種說法。二、韓愈說是「聖人之門」。朱子也是這種看法。

至於孔子「困於陳、蔡」，是當時重要的八卦，傳說很多。首先是年代不確定。劉寶楠整理出三種說法：一、《史記》〈孔子世家〉的魯哀公六年（西元前四九七年，孔子六十三歲）說；二、朱子的魯哀公二年（西元前四九三年，孔子五十九歲）說；三、江永魯哀公四年（西元前四九五年，孔子六十一歲）說。總之，在孔子「耳順」之年前後不久。

跟隨的弟子人數說法也不一：最常見是「子路、子貢、顏回」這「陳蔡三劍客」。其次《史記．仲尼弟子列傳》多了個子張。《呂氏春秋．孝行覽》〈慎人4〉沒有子張，卻有宰我。如果孔子那年六十歲左右，子路應該約五十一歲，子貢二十九歲，顏淵三十歲、子張十二歲左右，所以子張應該不在場。宰我的年歲不詳，無法判斷。如果此章的「門」解作「仕進之門」：子路後來當了季氏的家臣，子貢後來也有「存魯、亂齊、破吳，強晉而霸越」的斐然外交政績，孔子死後他還在魯國和衛國都當過「相」，「家累千金」（《史記．仲尼弟子列傳》〈48〉）。顏淵短命而死，來不及出仕。

至於孔子對於這件事情的不同反應，恐怕才是大家想借題發揮的地方，特別是許多文獻都在「君子亦有窮乎？」這個「好人怎麼沒好報」的問題上著力。

《史記．孔子世家》〈46－48〉中記載此時孔子以：「《詩經》上說：『不是犀牛，也不是老虎，為什麼我在曠野流浪。』是不是我堅持的道是錯的？不然怎麼會淪落到這種下場呢？」來考驗三位弟子在「進退存亡」關鍵時刻的信念。子路身體好，餓一下不要緊，就直說：「也許我們仁道做得還不夠，所以別人才不會相信我們，才把我們圍困在這兒。」孔子機會教育了子路，拿伯夷、叔齊和王子比干的例子證明仁者或智者都有遭逢厄運之時。子貢的回答比較委婉，他先誇獎老師「傳的道太大，天下容不下」，然後建議老師「不要太堅持這麼高的理想，隨俗打個折扣才好」。孔子聽完罵他是個「不想著修道，卻想著配合世俗價值的人」，沒有「遠志」。等到顏回進來，順著子貢說的「孔子傳的道太大，天下容不下」，然後話鋒一轉，認為要繼續堅持自己相信的道，要繼續推廣，別人容不下我們，正好顯示出我們是正人君子。」孔子聽完大樂，就說：「你如果有錢的話，我還真願意擔任你家管帳的。」三位弟子，三個境界。《論語》竟然沒收這段，實在可惜！

類似的故事情節也出現在《荀子・宥坐》〈8〉、《說苑・雜言》〈16〉、〈17〉、《韓詩外傳・卷七》〈6〉、《孔子家語・在厄》〈1〉、《風俗通義・窮通》〈孔子1〉、《莊子・外篇》〈讓王13〉和《呂氏春秋・孝行覽》〈慎人4〉。

另有一個故事記載孔子在整個事件中「弦歌不絕」，絲毫不害怕擔憂（《孔子家語・困誓》〈4〉）。

還一個稍有不同的故事：孔子和弟子被圍困之後，七天沒飯吃。子貢想辦法逃了出去，跟當地農夫要到一石米。顏回煮飯時發現有髒東西掉在飯裡，就把它挑出來吃了，子貢當時在井邊，誤以為顏回偷吃，就去跟孔子告狀。孔子找來顏回問明原委，發現顏回這個「仁人廉士」不會因此而「改節」，子貢也才因此更佩服顏回。這個故事見於《孔子家語・在厄》〈4〉、《呂氏春秋・審分覽》〈任數4〉。

有趣的是，墨子對這個故事還有個獨家八卦：孔子在厄（說「餓」更貼切）於陳、蔡之間，子路不知去哪兒找了隻豬烹給孔子吃，這個號稱「席不正，不坐；割不正，不食」的孔子，不問肉的來歷，就狼吞虎嚥起來。子路覺得老師這樣吃東西，完全不像平常知禮守禮的樣子，就請教孔子怎麼會這樣？孔子回答說：「以前是為了生活，現在是為了生存。」就這樣被墨子嘲笑孔子的雙重標準是「汙邪詐偽」（《孔叢子》〈詰墨9〉和〈非儒下11〉）。如果這個故事是真的，我想會責怪孔子的人不多吧。孔子也說過自己是「無可無不可」（〈微子8〉），平常時期和非常時期，應該「權」「經」互換，不可死守一端。

至於孔子困於陳、蔡的原因，孟子認為是因為孔子沒有弟子在兩國當官或沒有打通好「關節」（無上下之交也）（《孟子・盡心下》〈64〉），也因此「沒有關係就有關係」了。

孔子「困於陳蔡」的心情好像是比「畏於匡」（〈子罕5〉）的時候要輕鬆。這次他沒說自己是文化的傳人，有天命護佑。而是很認命地接受一切，無怨無尤。還堅持著「弦歌不絕」，以及「不容何病？不容然後見君子」的信念。

這個信念如果也是我們的信念，我們才算入了「孔門」，而入了這門，就應該努力將它變成我們文化的DNA。

附錄

《孔子家語・困誓》〈4〉孔子遭厄於陳、蔡之閒，絕糧七日，弟子餒病，孔子絃歌。子路入見曰：「夫子之歌，禮乎？」孔子弗應，曲終而曰：「由來！吾語汝。君子好樂，為無驕也；小人好樂，為無懾也。其誰之，子不我知而從我者乎？」子路悅，援戚而舞，三終而出。明日，免於厄，子貢執轡，曰：「二三子從夫子而遭此難也，其弗忘矣！」孔子曰：「善惡何也？夫陳、蔡之閒，丘之幸也。二三子從丘者，皆幸也。吾聞之，君不困不成王，烈士不困行不彰，庸知其非激憤厲志之始於是乎在。」

《孔子家語・在厄》〈4〉孔子厄於陳、蔡，從者七日不食。子貢以所齎貨，竊犯圍而出，告糴於野人，得米一石焉。顏回、仲由炊之於壞屋之下，有埃墨墮飯中，顏回取而食之。子貢自井望見之，不悅，以為竊食也，入問孔子曰：「仁人廉士窮，改節乎？」孔子曰：「改節即何稱於仁廉哉？」子貢曰：「若回也，其不改節乎？」子曰：「然。」子貢以所飯告孔子，子曰：「吾信回之為仁久矣。雖汝有云，弗以疑也，其或者必有故乎？汝止，吾將問之。」召顏回曰：「疇昔予夢見先人，豈或啟祐我哉。子炊而進飯，吾將進焉。」對曰：「向有埃墨墮飯中，欲置之，則不潔；欲棄之，則可惜。回即食之，不可祭也。」孔子曰：「然乎！吾亦食之。」顏回出。孔子顧謂二三子曰：「吾之信回也，非待今日也。」二三子由此乃服之。

《呂氏春秋．審分覽》〈任數4〉孔子窮乎**陳**、**蔡**之間，藜羹不斟，七日不嘗粒，晝寢。顏回索米，得而爨之，幾熟。孔子望見顏回攫其甑中而食之。選間，食熟，謁孔子而進食。孔子佯為不見之。孔子起曰：「今者夢見先君，食潔而後饋。」顏回對曰：「不可。嚮者煤室入甑中，棄食不祥，回攫而飯之。」孔子歎曰：「所信者目也，而目猶不可信；所恃者心也，而心猶不足恃。弟子記之，知人固不易矣。」故知非難也，孔子之所以知人難也。

《孟子．盡心下》〈64〉孟子曰：「君子之戹於**陳**、**蔡**之閒，無上下之交也。」

3

德行：顏淵，閔子騫，冉伯牛，仲弓。言語：宰我，子貢。政事：冉有，季路。文學：子游，子夏。

> 孔子的弟子中以德行見長的有四位：顏淵、閔子騫、冉伯牛和仲弓。以言語見長的有兩位：宰我和子貢。以政事見長的有兩位：冉有和子路。以文學見長的有兩位：子游和子夏。

這章將孔門弟子的特長分成「四科」，總共十個人，唐朝以後通常稱為「十哲」。這十位也都列名在孔廟的大成殿中，有機會各位可以到孔廟去算算看（其實除了這十位之外，還有孔子完全不認識的人）。這十人算是孔門弟子中的佼佼者（《史記・仲尼弟子列傳》〈1〉）。

這章並沒有「子曰」兩字，所以是否為孔子所說，不無疑義。《孟子・公孫丑上》〈2〉公孫丑前後問過孟子：「宰我、子貢善為說辭，冉牛、閔子、顏淵善言德行。孔子兼之。」可是並未提及「政事」和「文學」的「四哲」。後段公孫丑又提到：「昔者竊聞之：子夏、子游、子張皆有聖人之一體，冉牛、閔子、顏淵則具體而微。」雖然提及「子夏」和「子游」之名，卻沒提到「文學」，而是說他們（還有四科十哲中漏網的子張）「皆有聖人之一體」，提到「冉牛」（就是冉伯牛）、閔子（就是閔子騫）和顏淵是「具體而微」，卻沒說是「德行」也漏列了仲弓。這裡也沒說是孔子說的，只是公孫丑聽來的傳言。

皇侃說：「此章初無『子曰』者，是記者所書，並從孔子印可，而錄在《論》中也。」可是《論語》並非孔子所編，而且曾子和子張這些在《論語》中屢屢出現的弟子未列名其中，似乎也啟人疑竇。徐幹認為曾子的孝和原憲的清，也是孔門的佼佼者，可是沒有列名在此，是因為「其材不如也」（《中論・智行》〈2〉）。劉寶楠則認為徐幹的說法是：「苛論，不免以辭害義。」

皇侃認為這樣的排序是有意義的：「四科次第，立德行為首，乃為可解。而言語為次者，言語，君子樞機，為德行之急，故次德行也。而政事是人事之別，比言語為緩，故次言語也。文學，指博學古文，故比三事為泰，故最後也。」韓愈也有類似看法。李翱則認為這四者有著「自下升高，自門升堂」的深義：「學聖人之道始於文，文通而後正人事，人事明而後自得於言，言忘矣而後默示己之所行，是名德行，斯入聖人之奧也。」朱子認為這是「弟子因孔子之言，記此十人，而並目其所長，分為四科。孔子教人各因其材，於此可見。」馬一浮《復性書院講錄・羣經大義總說一》也持和朱子同樣的看法。

這章也開啟了本篇後續各章對於這十哲中主要人物的討論。

「德行四哲」中，顏淵在《論語》中出現次數多，他的德行也比較清楚。

閔子騫以孝行著稱，我們在〈雍也9〉已經提過他的幾個故事：「母在一子單，母去四子寒。」

一語化解後母虐待的家庭危機，守喪彈琴持禮，以及入門孔門前後從「菜色」到「芻豢之色」的轉變（《韓詩外傳．卷二》〈5〉）。在《論語》中，他除了已經在〈雍也9〉出現過請辭季氏聘他為費宰的事之外，在〈先進〉中會再提到他的孝行（〈先進5〉），以及他建議別改作傷民（〈先進14〉）。

冉伯牛就是冉有，《論語》只記載過他染了惡疾，孔子去探望他的事（〈雍也10〉），沒有任何有關他德行方面的記載。

有關仲弓（就是冉雍）的章節有六篇之多：提到他的政治才能（〈雍也1〉），他對子桑伯子的中肯評論（〈雍也2〉），孔子認為他是可造之材（〈雍也6〉），問仁（〈顏淵2〉），問政（〈子路2〉）。這裡他雖然被列入德行門，並不表示他沒有政事方面的才能。所以，不管是誰做的分類，四科應該只是對其中一種特長的強調。

「季路」就是子路。

「文學」不是我們今天所常用的指涉小說、散文之類的意義，而是指對於「六藝典籍」。

子夏被孔子誇獎過對於《詩》有獨到見解（〈八佾8〉），也被孔子提醒過要做「君子儒」，別做「小人儒」（〈雍也13〉），他當莒父宰的時候，請教過孔子為政之道（〈子路17〉）。可見雖然列名「文學門」，還是有「政事」的能力。

子游問過孝（〈為政7〉），還治理過武城，而且被孔子稱讚（〈雍也14〉和〈陽貨4〉），他也批評過同樣列名「文學」的子夏（〈子張12〉）和沒排上十哲的子張（〈子張15〉）；他也有著「政事」的能力。

所以，我們可別太嚴肅看待這四種分類。這種「分類」的流弊就是「分裂」。這也就是孟子提到過的有人得「聖人之一體」，有人是「具體而微」。聖人的思想就這樣被大卸八塊，流傳四方。

這裡提到的孔門四科，似乎有可以和〈述而25〉提到的「四教」（文，行，忠，信）配合來看：「德行」就是「行」，「言語」是「信」，「政事」是「忠」，「文學」是「文」。

附錄

《史記・仲尼弟子列傳》〈1〉孔子曰：「受業身通者**七十有七**人。」皆異能之士也。**德行：顏淵，閔子騫，冉伯牛，仲弓。政事：冉有，季路。言語：宰我，子貢。文學：子游，子夏。**師也辟，參也魯，柴也愚，由也喭，回也屢空。賜不受命而貨殖焉，億則屢中。

《復性書院講錄・羣經大義總說一》分科之說，何自而起？起於誤解《論語》「從我在陳」一章。記者舉此十人有「德行」、「言語」、「政事」、「文學」諸目，特就諸子材質所長言之，非謂孔門設此四科也。十子皆身通六藝，並為大儒，豈於六藝之外，別有四科？蓋約人則品覈殊稱，約教則宗歸無異。德行、文學乃總相之名；言語、政事特別相之目；總為六藝，別則《詩》、《書》。豈謂各不相通而獨名一事哉？

《韓詩外傳・卷二》〈5〉**閔子騫**始見於夫子，有菜色，後有芻豢之色。子貢問曰：「子始有菜色，今有芻豢之色，何也？」閔子曰：「吾出蒹葭之中，入夫子之門，夫子內切瑳以孝，外為之陳王法，心竊樂之；出見羽蓋龍旂旃裘相隨，心又樂之；二者相攻胸中，而不能任，是以有菜色也。今被夫子之文寖深，又賴二三子切瑳而進之，內明於去就之義，出見羽蓋龍旂旃裘相隨，視之如壇土矣，是以有芻豢之色。」《詩》曰：「如切如瑳，如琢如磨。」

4

子曰：「回也，非助我者也，於吾言無所不說。」

孔子說：「顏回並不是幫助我〔教學相長〕的人，因為他對於我講的話都欣然接受〔而沒有質疑和論辯〕。」

繼前章說過「四科十哲」之後，本章先提「德行」科的顏淵，不過好像不是讚美的話。這裡的「助」是「益」（孔安國和邢昺），也就是幫助。「說」是「悅」，也就是發自內心的歡喜。

劉寶楠認為「說」是「解」，「不說」就是「不解」。

皇侃就舉例說：「聖人為教，須賢啟發，〔子〕游、〔曾〕參之徒聞言輒問，是助益於我，以增曉導。而顏淵默識，聞言說解，不嘗口諮，於我教化無益，故云非助我者，於吾言無所不說也。」這樣的解釋認為，孔子對顏回的「不違如愚」（〈為政9〉）是不滿意的。邢昺的解釋基本上遵循皇侃，可是他卻認為「此章稱顏回之賢也」。朱子認為孔子這樣說，「其辭若有憾焉，其實乃深喜之」，算是折衷前輩的說法。

戴望認為第一句是問句，還引用孔子在顏淵死後孔子的回憶：「自吾有回，門人益親。」（《史記・仲尼弟子列傳》〈6〉）證明顏回能達情悅言。這也是認為本章為讚美之辭。

劉寶楠引用徐幹《中論・智行》〈2〉說：「仲尼亦奇顏淵之有盛才也，故曰：『回也非助我者也，於吾言無所不說。』顏淵達於聖人之情，故無窮難之辭，是以能獨獲亹亹之譽，為七十子之冠。」這更是將此章解釋成孔子稱讚顏回為孔門第一。黃懷信認為孔子在這裡只是批評顏回，沒有喜、贊之意。

我覺得這樣的文本竟能出現完全不同的解釋，而且都還能「引經據典」，可見「依經解經」也有解決不了的困境，所以前輩們都轉向「依經驗解經」。

老師講課，學生不回答，對師生雙方恐怕都是難題。學生不懂往往不敢問，怕被同學笑傻，怕被老師罵笨。老師則不知道學生不問到底是懂還是不懂，如果學生微笑不語，到底是悟道的微笑，還是不知如何是好的傻笑，就更令人費解。

中華文化強調尊師重道，往往就包含了「不要〔上課〕問問題」這項。《論語》中許多章節都是孔子自言自語，或是學生請教孔子，孔子回答。少數章節是弟子再追問，頂多二問結束。沒有希臘的長篇對話論辯的傳統。

我在跟毓老師上課的那些年輕歲月，以及後來幾十年的大年初一拜年，很少聽到人問老師問題，都是他老人家自己唱獨腳戲，一唱就不可收拾。一位學弟曾經獨自聽了老師一整天沒停的教誨，他當然受益匪淺，但是老師是怎麼想的呢？

我到美國讀博士的第一年，有一位老師就提醒過我，上課要問問題，才能彰顯強烈學習動機。我的美國同學都勇於發問，甚至連有些當時我認為的「笨問題」都敢問，他們不怕丟人嗎？然而老師卻沒皺過一次眉頭，都和顏悅色回答，讓我很吃驚。我想這種「顏回不發問的ＤＮＡ」真是學生學習的障礙。

我當了老師之後，很喜歡聽人問問題。可是教課教了這麼久，我還是沒辦法激發同學的問題，又不愛逼學生問問題，也就因襲至今。

多年前我開始受邀請出外演講，就要求主辦單位先提供紙筆，讓聽眾寫好書面問題，然後放入問題箱中。我的整場「演講」就是回答聽眾的問題。這種演講方式讓很多人覺得不可思議，甚至有一個單位因此「收回邀請」。可是近二十年來，我個人從這些聽眾的問題中受益良多，好像我的回答也讓有些人覺得受益匪淺。有些問答內容還被聽眾記錄放上了網，造成了我是「愛情大師」的錯覺，真是寵辱若驚。

教學相長，問答也相長。

5

子曰：「孝哉閔子騫！人不間於其父母昆弟之言。」

孔子說：「閔子騫真是個孝子啊！他對於父母的孝順和對於兄弟的友恭，都讓人異口同聲稱讚。」

這章是接著上章提到顏淵之後，再提「德行門第二」的閔子騫的孝行。

「間」是「非」。「昆」是「兄」，皇侃說：「謂兄為昆。昆，明也，尊而言之。」

其實閔子騫的孝行記載，在《論語》中只有這句，且沒提實例佐證，其實不如他在政事方面的德行來得有名（〈雍也9〉和〈先進14〉）。許多先秦古籍對於他孝行以外的故事反而著墨更多（《韓詩外傳・卷二》〈5〉和《孔子家語・執轡》〈1〉），就算是《論衡・知實》〈14〉提到本章，但是也沒說出背景故事，反而轉向討論舜的孝行。

真正讓閔子騫的孝行廣為人知，要歸功於從明朝開始在民間流傳的「二十四孝」排名第三的「閔子騫單（或作『蘆』）衣順母」。這個故事在《說苑・佚文》〈1〉中有記載：閔子騫有兄弟兩個人，母親過世後，父親續弦，又生了兩個小孩。這個典型的後母虐待閔子騫兄弟二人，冬天只給他們穿上單薄的衣服，對自己親生的小孩就給厚溫的衣服。父親發現這樣的情形，十分生氣，想要休掉這樣的妻子。結果閔子騫替後母說情：「母在一子單，母去四子寒。」（《說苑・佚文》〈1〉和〈61〉）就這樣解決了家庭危機。這個故事大概就是表揚他的孝友行為。《二十四孝》的文字也差不多：「周閔損，字子騫，早喪母。父娶後母，生二子，衣以棉絮；妒損，衣以蘆花。父令損御車，體寒失紖。父察知故，欲出後母。損曰：『母在一子寒，母去三子單。』母聞悔改。詩曰：『閔氏有賢郎，何曾怨晚娘？尊前賢母在，三子勉風霜。』」

毓老師曾經提倡過「孝友家庭」，希望家庭之間的夫婦、親子和手足之間關係和樂。他也引用過《孝經・開宗明義》〈1〉的「夫孝，德之本也」來強調「孝友家庭」的重要性。

很可惜，《論語》對家庭倫理的著墨太少，而且又太偏，對夫婦關係沒什麼詳細的引導，對親子關係又強調下對上的孝而忽略上對下的慈，手足關係也沒多給論述。所以不借重當今的社會科學或心理學知識補充，恐怕於事無補，容易流於空洞的口號，而無法在當代人心和社會中植根。

顏淵的德行不以孝著稱，閔子騫的德行則以孝著稱，可見「德行」所涵蓋的範圍很廣。

附錄

《論衡・知實》〈14〉孔子曰：「孝哉閔子騫！人不間於其父母、昆弟之言。」虞舜、大聖，隱藏骨肉之過，宜愈子騫。瞽瞍與象，使舜治廩、浚井，意欲殺舜。當見殺己之情，早諫豫止；既無如何，宜避不行，若病不為。何故使父與弟得成殺己之惡，使人聞非父弟，萬世不滅？以虞舜不豫見，聖人不能先知，十三也。

6

南容三復《白圭》，孔子以其兄之子妻之。

南容經常反覆用《詩經．白圭》的話提醒自己慎言。孔子就把他哥哥的女兒嫁給他。

邢昺說這章是「美南容慎言也」，我覺得應該是南容常常以慎言提醒自己，至於他是否在真實生活中慎言，這裡並沒有提及。這章沒有孔子講的話，是弟子轉述孔子替自己姪女做主嫁人的行為。「南容」到底是誰，古注出現過不同的五個名字的說法：「括」、「适」、「韜」、「說」、「閱」，莫衷一是（不厭其煩的人可以去參考劉寶楠在〈公冶長2〉的注解）。反正相關的史料不足，我們也就不必跟著鑽牛角尖。

在〈公冶長2〉的文本，孔子是因為南容能夠「邦有道，不廢；邦無道，免於刑戮」，所以才將其兄之子妻之。和本章所說的理由乍看不盡相同，可是細思量，不就是因為他「慎言」才能「邦有道，不廢；邦無道，免於刑戮」嗎？在〈憲問5〉中，南容「尚德不尚力」，也讓孔子稱讚他為「君子」。《大戴禮記·衛將軍文子》〈13〉和《孔子家語·弟子行》〈1〉都記載：「獨居思仁，公言言義，其於《詩》也，則一日三復白圭之玷，是南宮縚之行也。」由上述的例子可見，南容的德行很多，有政事之德、言語之德，應該也可列入「政事」或「言語」的任一門。

《孔子家語·曲禮子貢問》〈18〉後來還提到這位姪女，那是在她婆婆過世後孔子給她的指導。

「三復」不是實指「念三遍」，而是虛指「經常反覆念」。

「白圭」不是《詩經》中的篇名。這裡是指《詩經·大雅·蕩之什》〈抑〉中第五段中的最後兩句話：「白圭之玷，尚可磨也。斯言之玷，不可為也。」皇侃的解釋很清楚：「白玉有玷缺，尚可磨治，令其全好；若人言忽有瑕玷，則駟馬不及，故云不可為也。」我小時候就學過「一言既出，駟馬難追」。南容三復的「白圭」，原詩很長，是諷刺周厲王的，共分十二段。南容要是能把整首詩背三次，實在很厲害。

附錄

《孔子家語·曲禮子貢問》〈18〉**南宮縚之妻，孔子之兄女，喪其姑，夫子誨之髽，曰：「爾毋從從爾，毋扈扈爾。」蓋榛以為笄，長尺，而總八寸。**

7

季康子問：「弟子孰為好學？」孔子對曰：「有顏回者好學，不幸短命死矣！今也則亡。」

季康子問孔子說：「您的哪位弟子算得上是好學？」孔子（恭敬而帶點回憶地）回答說：「有一位叫做顏回的弟子好學，可惜他短命死了！現在沒有好學的弟子了！」

這章是透過孔子回答季康子之問「好學弟子」而回憶起短命的顏回。〈雍也3〉中魯哀公也問過同樣的問題，可是孔子就提及此章沒有的顏回具有「不遷怒」和「不貳過」兩項德行，而且在「今也則亡」之後，還補上一句「未聞好學者也」。

對於這兩章的差異，古注都有解釋。皇侃引用兩種說法：一種是：「緣哀公有遷怒貳過之事，故孔子因答以箴之也。康子無此事，故不煩言也。」這是「對症下藥」的詮釋原則；一種是說：「哀公君之尊，故須具答，而康子是臣為卑，故略以相酬也。」這是從尊卑不同禮的角度釋經。後來的邢昺主張第一種說法，朱子引用范氏的說法主張第二種說法。黃懷信認為這只是弟子記載有詳略之別，不是因為君尊臣卑的關係。

毓老師經常用「不遷怒」和「不貳過」來證明孔子所說的「學」不是現在認為的「讀書」，而是在德行方面的修為，以及知行合一。若是在本章，則無法理解孔子所謂的「好學」的實際內容為何。

季康子問過孔子有關孔門弟子的長才是否可以從政（〈雍也8〉），這裡可能也是在這樣的心態下而發問的。只是他沒有像在〈雍也8〉中那樣點名來問，所以孔子也沒有提到其他的弟子。

此外，季康子請教過孔子比較多的還是治理方面的問題：使民敬、忠以勸（〈為政20〉）、問政（〈顏淵17〉）、患盜（〈顏淵18〉）、殺無道以就有道（〈顏淵19〉）。

孔子雖然給了季康子這麼多建言，但是季康子好像並沒有認真去做。就算是孔子的兩位弟子子路和冉有去季氏門下為官，也助紂為虐地幫著季氏圖謀討伐顓臾的事（〈季氏1〉）。冉有也為虎作倀地幫季氏聚斂，讓孔子氣得要弟子「鳴鼓而攻之」（〈先進17〉）。至於季氏的不守臣禮而舞八佾（〈八佾1〉），旅於泰山（〈八佾6〉），都讓孔子難以忍受。不過，孔子還是不放棄說服季氏可以行仁政。孔子在魯國當主管刑罰的司寇的時候，就三番兩次求見季康子，希望他能順應民情，去除繁苛的刑罰（《說苑·政理》〈42〉和《孔子家語·子路初見》〈3〉）。雖然記載沒說，但推測起來這事大概說了也沒奏效。

季氏對孔子顯然也不是心服口服的。季康子有一次和子游談話，就覺得從子產和孔子死後人民反應的程度不同，覺得孔子並不是個魯國人認為的「仁者」。子游就替老師衛護，拿「浸水」和「天雨」來比喻子產和孔子兩個人的德澤：「浸水所及則生，不及則死」，是有範圍的仁愛，「天雨」則是大公無私，讓人民不分地域都能受到好處，而不求回報（《說苑·貴德》〈15〉）。

季康子問孔子弟子孰為好學，他有沒有想想自己是否好學。孔子說了這麼多，他又學到什麼呢？孔子是不是因為季康子這樣的「官二代」（他是季桓子的庶子），才會感嘆地說：「先進於禮樂，野人也；後進於禮樂，君子也。如用之，則吾從先進。」（〈先進1〉）如果是這樣，「君子」是指居高位的人，不表示有德行，更不表示他們能知禮守禮。還不如「野人」來得「先進」。「君子」竟然不如「野人」，甚至要「禮失而求諸野」（《漢書．藝文志》〈349〉）真是句句諷刺啊！

附錄

《說苑．政理》〈42〉孔子見**季康子**，康子未說，孔子又見之，宰予曰：「吾聞之夫子曰：『王公不聘不動。』今吾子之見司寇也少數矣。」孔子曰：「魯國以眾相陵，以兵相暴之日久矣，而有司不治，聘我者孰大乎？」於是魯人聞之曰：「聖人將治，何以不先自為刑罰乎？」自是之後，國無爭者。孔子謂弟子曰：「違山十里，蟪蛄之聲猶尚存耳，政事無如膺之矣。」古之魯俗，塗里之間，羅門之羅，收門之魚，獨得於禮，是以孔子善之夫塗里之間，富家為貧者出；羅門之羅，有親者取多，無親者取少；收門之漁，有親者取巨，無親者取小。

《孔子家語．子路初見》〈3〉孔子為魯司寇，見**季康子**，康子不悅，孔子又見之。宰予進曰：「昔予也常聞諸夫子曰：『王公不我聘，則弗動。』今夫子之於司寇也，日少而屈節數矣。不可以已乎？」孔子曰：「然。魯國以眾相陵，以兵相暴之日久矣。而有司不治，則將亂也。其聘我者，孰大於是哉！」魯人聞之，曰：「聖人將治，何不先自遠刑罰。」自此之後，國無爭者。孔子謂宰予曰：「違山十里，蟪蛄之聲，猶在於耳，故政事莫如應之。」

《說苑・貴德》〈15〉季康子謂子游曰：「仁者愛人乎？」子游曰：「然。」「人亦愛之乎？」子游曰：「然。」康子曰：「鄭子產死，鄭人丈夫舍玦珮，婦人舍珠珥，夫婦巷哭，三月不聞竽琴之聲。仲尼之死，吾不聞魯國之愛夫子奚也？」子游曰：「譬子產之與夫子，其猶浸水之與天雨乎？浸水所及則生，不及則死，斯民之生也必以時雨，既以生，莫愛其賜，故曰：譬子產之與夫子也，猶浸水之與天雨乎？」

8

顏淵死，顏路請子之車以為之椁。子曰：「才不才，亦各言其子也。鯉也死，有棺而無椁。吾不徒行以為之椁。以吾從大夫之後，不可徒行也。」

顏淵過世後，他的父親顏路〔因為貧窮〕請孔子賣了自己的馬車來買棺材。孔子說：「不管您的公子有才或是小犬無才，他們都是我們的小孩。我的孩子孔鯉過世的時候，只有內棺材。我不能為了替他買個棺材而賣掉馬車徒步而行〔，這不符合我的大夫身分〕。因為我是大夫之家的後人，〔更應該知禮守禮〕不能無車徒步而行。」

承接上章，接下來的四章也都和顏淵的死有關。這章可以看到身為人父的顏路和身為人師的孔子對於顏淵之死的一樣情和兩種不同的做法。

顏路是顏淵的父親，原名或說是「顏無繇」（音由）（《史記・仲尼弟子列傳》〈80〉），或說是「顏由」（《孔子家語・七十二弟子解》〈24〉），字或說是單名「路」（《史記・仲尼弟子列傳》〈80〉），或說是「季路」

（《孔子家語・七十二弟子解》〈24〉）。或說「小孔子六歲」（《孔子家語・七十二弟子解》〈24〉）。如果算是孔門弟子，年紀應該比子路還要大三歲。朱子的集注兼採兩家說法。他在《論語》只出現過這麼一次。

「椁」（音果），《說文解字》說是：「葬有木𩫏也。」現在亦作「槨」，不過這個「槨」在《釋名》的解釋是：「廓也，廓落在表之言也。」並不像今天這樣通用。一般來說，古代的棺木分成內外兩層：內層叫作「棺」，外層叫作「槨」。這裡指的恐怕就是一層棺材，窮到沒法講究。

孔安國說：「路，淵父也。家貧，欲請孔子之車，賣以作槨（音果）。」我當初沒看注解時，以為是要將馬車的木版改成外棺材。因為我小時候聽父親說過，我從未見過面的祖母，在河南老家一九四二年的災禍中過世時，我的叔叔當時窮到只能拆下門板當棺材。真是悲哀時代的悲哀故事！

「鯉」是孔子的兒子伯魚，史書對他沒什麼特別的記載。所以這裡的「才」跟「不才」就分別指稱「顏淵」和「孔鯉」，雖說是孔子謙虛，但也多少是實情。孔子說這話時，孔鯉到底過世了沒有，也是某些古注爭議的要點。這是由於古書對於這兩位的年歲和過世時間的記載不一致的緣故。不管怎麼說，比較合理的總結似乎是：孔鯉在孔子七十歲時過世，顏淵在孔子七十一歲時過世。

「徒」，皇侃說是「猶步也」，邢昺說是「步行」。孔子那時候是大夫，卻說自己為「大夫之後」，是謙虛的說法。

戴望特別強調：「《春秋傳》曰：『喪事無求』，求車非禮也」，而且「禮，士有棺而無槨。」也就是說，孔子這麼做是「知禮守禮」，「造次必於是，顛沛必於是」，不因為愛徒之死而放棄自己守了一輩子的信念。

孔子雖然沒有賣車，顏路也沒因此記恨。後來還把喪禮祭祀用的「祥肉」送給孔子，孔子到大門口接受了之後，進到屋裡，彈琴表達了哀思，然後才吃（《禮記・檀弓上》〈47〉和《孔子家語・公西赤問》〈8〉）。

更早的時候，孔子到衛國，剛好碰上以前館舍主人的喪事，為了報答舊日恩情，就進去憑弔，而且哭得很傷心。走到外面之後，就叫子貢解下拉馬車的一批馬贈送給喪家。子貢認為孔子對於自己門人的喪事都不曾這麼大方，所以質疑這樣的禮是否太重了。孔子就解釋說：這樣隆重的禮物是要相應於他自己對於死者的深厚感情（《禮記・檀弓上》〈45〉和《孔子家語・子貢問》〈13〉）。子路曾經聽過孔子說過：「喪禮，與其哀不足而禮有餘也，不若禮不足而哀有餘也。祭禮，與其敬不足而禮有餘也，不若禮不足而敬有餘也。」（《禮記・檀弓上》〈56〉）這裡強調的是一種最基本的要求。孔子在「舊館人之喪」所表現的是比這裡的說法更上一層，也是孔子強調內心真實的情感，完全配合了外在物質表現的具體實踐。

孔子雖然沒有賣掉馬車，可是他對於顏淵，甚至子路的死，就表現出好像是自己兒子過世那樣的悲傷（《論語》中甚至沒有記載孔鯉之死），只是沒有穿著喪禮之服而已。所以後來孔子過世後，子貢根據這樣的原則類推，弟子們就像父親過世一樣哀傷，而沒有穿著兒子該穿的喪服（《禮記・檀弓上》〈50〉），這也就是所謂的「心喪」（《禮記・檀弓上》〈2〉和《孔子家語・終記解》〈5〉），很能抓住孔子重視「禮之本」（〈八佾4〉）的教誨。

附錄

《孔子家語・公西赤問》〈8〉顏淵之喪既祥，**顏路**饋祥肉於孔子，孔子自出而受之。入，彈琴以散情，而後乃食之。

《禮記・檀弓上》〈45〉孔子之衛，遇**舊館人**之喪，入而哭之哀。出，使子貢說驂而賻之。子貢曰：「於門人之喪，未有所說驂，說驂於舊館，無乃已重乎？」夫子曰：「予鄉者入而哭之，遇於一哀而出涕。予惡夫涕之無從也。小子行之。」

《孔子家語・子貢問》〈13〉孔子適衛，遇**舊館人**之喪，入而哭之哀。出，使子貢脫驂以贈之。子貢曰：「於所識之喪，不能有所贈。贈於舊館，不已多乎？」孔子曰：「吾向入哭之，遇一哀而出涕，吾惡夫涕而無以將之。小子行焉。」

9

顏淵死。子曰：「噫！天喪予！天喪予！」

顏淵過世了。孔子（悲嘆地）說：「噫！真是老天爺要滅絕我所傳的道啊！真是老天爺要滅絕我所傳的道啊！」

這章還是講顏淵死後，孔子的悲傷。

「噫」是「傷痛之聲」。「天喪予」，孔安國就說是「若喪己」。皇侃比較對：「今淵既死，是孔道亦亡，故云『天喪我』也。」朱子也說：「悼道無傳，若天喪己也。」可是根據董仲舒的說法，孔子要到後來的「西狩獲麟」，才說出「吾道窮，吾道窮」（《春秋繁露．隨本消息》〈1〉和《史記．孔子世家》〈71〉）。重複說兩遍，是因為很難過。

東漢的王充率先說：「此言人將起，天與之輔；人將廢，天奪其佑。孔子有四友，欲因而起。顏淵早夭，故曰『天喪予』。」（《論衡．問孔》〈46〉）這也是因為孔子認為最能接近他想法的弟子就是顏淵一人。顏淵比自己早死，就出現了無人繼承的困局。

許多書都記載後來子路死了，孔子更感嘆「天祝予」（《春秋公羊傳・哀公十四年》〈1〉、《論衡・偶會》〈4〉）。這裡的「祝」是「斷」的意思，和「天喪予」也差不多。孔子的文武兩位弟子都在他之前過世，自己又來日無多，怎麼能不傷心難過呢？

孔子這時候大概又會想起顏淵當初說的：「子在，回何敢死？」（〈先進23〉）這不更就是傷心再加傷心嗎？

可是看在其他還活著的弟子眼裡，孔子既然說出「天喪予」，那麼這些弟子在孔門又算什麼呢？還好沒幾個弟子這麼想，所以在孔子死後，這些孔子眼中不如顏淵的弟子還都各盡所能四處去傳孔子的道（《史記・儒林列傳》〈2〉）。

後來的項羽也講過「天亡我」的話（《史記・項羽本紀》〈41〉和〈陳勝項籍傳〉），被司馬遷痛斥為：「自矜功伐，奮其私智而不師古，謂霸王之業，欲以力征經營天下，五年卒亡其國，身死東城，尚不覺寤而不自責，過矣！」如果項羽是學孔子，那真是東施效顰。

孔子想的可是千秋萬世的太平事業！我們讀《論語》至此，能不發憤圖強嗎？

附錄

《春秋公羊傳・哀公十四年》〈1〉十有四年春，西狩獲麟。何以書？記異也。何異爾？非中國之獸也。然則孰狩之？薪采者也。薪采者則微者也，曷為以狩言之？大之也。曷為大之？

為獲麟大之也。曷為獲麟大之？麟者仁獸也。有王者則至，無王者則不至。有以告者曰：「有麇而角者。」孔子曰：「孰為來哉！孰為來哉！」反袂拭面，涕沾袍。顏淵死，子曰：「噫！**天喪予**。」子路死，子曰：「噫！天祝予。」西狩獲麟，孔子曰：「**吾道窮矣！**」《春秋》何以始乎隱？祖之所逮聞也。所見異辭，所聞異辭，所傳聞異辭。何以終乎哀十四年？曰：備矣！君子曷為為《春秋》？撥亂世，反諸正，莫近諸《春秋》。則未知其為是與？其諸君子樂道堯舜之道與？末不亦樂乎堯舜之知君子也？制《春秋》之義以俟後聖，以君子之為，亦有樂乎此也。

《論衡．偶會》〈4〉顏淵死，子曰：「**天喪予**。」子路死，子曰：「天祝予。」孔子自傷之辭，非實然之道也。孔子命不王，二子壽不長也。不王不長，所稟不同，度數並放，適相應也。

《史記．》〈儒林列傳2〉自孔子卒後，七十子之徒散游諸侯，大者為師傅卿相，小者友教士大夫，或隱而不見。故子路居衛，子張居陳，澹臺子羽居楚，子夏居西河，子貢終於齊。如田子方、段干木、吳起、禽滑釐之屬，皆受業於子夏之倫，為王者師。是時獨魏文侯好學。后陵遲以至於始皇，天下並爭於戰國，儒術既絀焉，然齊魯之閒，學者獨不廢也。於威、宣之際，孟子、荀卿之列，咸遵夫子之業而潤色之，以學顯於當世。

10

顏淵死，子哭之慟。從者曰：「子慟矣。」曰：「有慟乎？非夫人之為慟而誰為！」

顏淵過世後，孔子哭得傷心過度。跟在旁邊的弟子就提醒孔子：「您傷心過度了！」孔子回答說：「我真有傷心過度嗎？我不為這樣的人傷心過度，我還要為誰呢？」

這章是有關顏淵過世的第三章。讓孔子因為弟子之問，而道出自己的哀傷之情。「慟」音痛，馬融說是「哀過也」，鄭玄說是「變動容貌」，皇侃說是「哀甚也」，朱子說是「哀過也」，總之就是「傷心過度」。《說文解字》沒收這個字。

「子慟矣」是弟子提醒孔子他自己平日對弟子的教誨：「喜怒哀樂」要「發而中節」（《禮記・中庸》〈1〉），用現在話說就是「節哀（順變）」。

孔子回答說：「有慟乎？」的「有」是「果真」。孔安國認為這是孔子「不自知己之悲哀過也」，後來的古注也都這麼解釋。這其實也反映了孔子自己忘了「戒慎乎其所不睹，恐懼乎其所不聞」（《禮記．中庸》〈1〉）的「慎獨」主張。

孔子沒賣車給顏淵當棺材，可是卻對顏淵的死打心底難過。而且難過過了頭，竟然說出了內心深處的話。孔門弟子大概都知道自己不如顏淵，所以也沒因為孔子偏愛顏淵而求去。特別是子貢的心情值得翫味。顏淵死後，孔子說：「天喪予。」子路死後，孔子說：「天祝予。」子貢聽到這些，又是怎麼想的呢？「文不在茲」？

孔子死後，弟子在墳前廬墓三年，子貢一人在三年後又多守了三年，顯然希望以這六年換取自己成為「斯文在茲」（也就是：孔門唯一傳人）。現在到孔林可以看到他當初種的樹，以及他的廬墓處，只是原先的破草房變成不倫不類的現代磚房。可是，即使如此，他大概還真沒排上傳人之列。

還好孔子死得早。要是看到子貢廬墓六年和這後來的磚房，恐怕他老人家又要再狠狠地傷心難過一次。

11

顏淵死，門人欲厚葬之，子曰：「不可。」門人厚葬之。子曰：「回也，視予猶父也，予不得視猶子也。非我也，夫二三子也。」

顏淵過世後，孔子的門人想要厚葬這位很受眾人敬仰的同門。可是孔子卻說：「〔不合乎禮〕不可以厚葬。」門弟子沒聽孔子的話，還是替顏淵辦了隆重的葬禮。孔子〔知道了以後〕說：「顏回把我看成父親，可是我卻不能把他看成自己的兒子〔決定葬禮的豐儉〕。〔要將顏淵厚葬〕不是我的主張，是各位同門執意要這麼做的。」

本章是講顏淵過世的第四章。元朝的許謙在《讀四書叢說》中說過：「顏淵死四章，以次第言之，當是天喪第一，哭之慟第二，請車第三，後葬第四。蓋門人雜記夫子之言，故不記前後也。」

這裡有幾個關鍵問題：首先，「門人」是指「誰的門人」？何晏沒特別指明，似乎是指孔子的門人，也就是顏淵的同門。皇侃說是「顏淵之門徒」。宋代的邢昺和現代的黃懷信也都這麼主張。從司馬遷記載，顏淵死後，孔子哭之慟之餘，還說了一句：「自吾有回，門人益親。」（《史記・仲尼弟子列傳》〈6〉）如果真是這樣，恐怕門人是指孔子門人，也就是顏淵的同門，因為他的道德學問都得到同門的尊敬且人緣也好，再加上顏路也這麼期望（〈先進8〉），所以大家就以情深意重的方式來厚葬顏淵。其次，孔子為什麼不同意讓同門厚葬顏淵？一說要守貧富之禮，顏淵家貧，從禮制上來說不得厚葬。何晏率先這麼解釋。皇侃引用王弼的意思，以及後來的邢昺和朱子也都這麼解釋。孔子是個知禮守禮的人，連賣個馬車都因為違背身分禮制而拒絕，他怎麼會同意這樣的厚葬呢？可是同門覺得葬禮表達的是大家真誠的心意，這點也是孔子素來的主張，所以就這麼將顏淵厚葬。大家從自己謹守的原則來看都做得理直氣壯、心安理得。

戴望從另外一個觀點來看，頗有道理：他認為：「顏子生時婁〔屢〕空不厭，死而厚葬，非所以安顏子也。孔子自咎不能止其厚葬，故言二三子其非我。」

孔子感嘆自己一生知禮守禮，從門人厚葬顏淵來看，將來自己的葬禮恐怕也會被這些熱情過度的門弟子搞成僭越禮法，一生的教誨毀在最後自己無法做主的大事上，難道這些學生中沒有一個跟他一樣「知禮守禮」的嗎？

孔子後來生病，子路就讓門人為臣，這是弟子的好意，卻是違背孔子身分的做法，也讓孔子病情稍好之後，痛罵了子路一頓（〈子罕12〉）。孔子跟子貢說過：「爾愛其羊，我愛其禮。」（〈八佾17〉）如果顏淵當時還在，一定知道孔子的心意，不會讓其他弟子這麼做的。可惜啊！顏淵先走了，孔子的「志」也跟著走了。

子路不懂禮，子貢也不懂禮，顏淵懂禮，卻早死。孔子想到自己的身後事，怎能不哭之慟呢？

這又讓我想起我自己聽過不只一次毓老師的哀嘆：「教了五十年，沒一個成材的！」真是慚愧一生！

12

季路問事鬼神。子曰：「未能事人，焉能事鬼？」敢問死。曰：「未知生，焉知死？」

子路請教孔子怎麼服侍鬼神。孔子說：「連活著的人都沒法服侍好，怎麼去談服侍鬼神的事情？」〔子路又〕問了有關死的問題。孔子回答說：「連生的事情都還沒搞清楚，哪能知道死的事情？」

這章表明孔子是個實事求事之人，不語怪力亂神之事（〈述而21〉）。「季路」就是「子路」。「鬼神」，古注都略過。戴望說：「鬼者，精魂所歸；神者，引物而出，謂祖廟山川五祀之屬也。」不如毓老師說得清楚明白：「人死曰鬼，有遺德在人間者曰神。」

這章的關鍵是：孔子為什麼不回答子路的問題？何晏引用陳氏的說法：「鬼神及死事難明，語之無益，故不答也。」刑昺也跟著這麼說。皇侃別有一說：「周孔之教唯說現在，不明過去未來。」這種解釋凸顯了孔子注重「此世」的務實性。

朱子的解釋又有一番境界：「問事鬼神，蓋求所以奉祭祀之意。而死者人之所必有，不可不知，皆切問也。然非誠敬足以事人，則必不能事神。非原始而知所以生，則必不能反終而知所以死。蓋幽明始終出無二理，但學之有序，不可躐等，故夫子告知如此。」朱子和前人不同之處是強調：這裡問的是祭祀的問題。如果孔子也是這樣的理解，重視祭禮的孔子應該不會錯過機會教育子路，而不會給出這種類似禪宗公案的高級班答案。朱子還引用程子的說法：「晝夜者，死生之道也。知生之道，則知死之道。盡事人之道，則盡事鬼神之道。死生人鬼，一而二，二而一者也。或言夫子不告子路，不知此乃所以深告也。」程子把「生死之道」和「人鬼神之道」等同，又把孔子的話解成「話中有話」的「微言大義」。這恐怕不是腦筋不會轉彎的子路可以理解的。

戴望提出有歷史變遷的解釋：「子路所問，蓋舉殷法。殷人尊神，先鬼而後禮。夏道則進人而忠焉。夫子欲以忠教，故不答也。」

其實在《論語》裡，孔子真的是不跟人談論怪力亂神的。可是《禮記・祭義》〈19〉中記載，有一次被他罵為「朽木不可雕也，糞土之牆不可圬也」的宰我請問孔子說：「我聽說過鬼神這樣的名稱，可是我不知道是什麼意思？」孔子就教誨他：「氣，是神之盛；魂，是鬼之盛。將鬼和神聯合起來，就是教的極致。是人都會死，死了就埋在土裡，就是鬼。人的骨肉會在土中腐朽，就變成了土。如果氣往上走，便成各種事物的精華，這就是神。把物質的最精華發揚到極致，就叫他鬼神，當成一般人民要效法的對象。這樣就成讓人民敬畏而服從。」《孔子家語・哀公問政》〈2〉有稍長一點的說明，最後還扯上禮：「此教民修本反始崇愛，上下用情，禮之至也」。

如果《禮記》和《孔子家語》記載為真，那麼孔子不願教子路，卻願意教宰我，就更令人翫味這其中的道理。

也許孔子不是不語事鬼神和死亡之事，只是對象不對就不說。孔子說過：「可與言而不與之言，失人；不可與言而與之言，失言。知者不失人，亦不失言。」（〈衛靈公8〉）

另外，也不禁讓人感懷於孔子在這章展現的現世理性主義主張，竟然擋不了後代各種宗教「事鬼神」的信仰。孔子自己現在已躋身「神壇」之上，他又是怎麼看的呢？

附錄

《禮記．祭義》〈19〉宰我曰：「**吾聞鬼神之名**，而不知其所謂。」子曰：「氣也者，神之盛也；魄也者，鬼之盛也；合鬼與神，教之至也。眾生必死，死必歸土：此之謂鬼。骨肉斃於下，陰為野土；其氣發揚於上，為昭明，焄蒿，凄愴，此百物之精也，神之著也。因物之精，制為之極，明命鬼神，以為黔首則。百眾以畏，萬民以服。」

13

閔子侍側，誾誾如也；子路，行行如也；冉有、子貢，侃侃如也。子樂。「若由也，不得其死然。」

閔子騫陪侍在孔子身旁，表現出中正平和的樣子；子路則表現出勇武剛強的樣子；冉有和子貢都是一團和樂的樣子。孔子看到四位弟子表現出適合各自個性的情感表現，十分高興。〔不過，他特別提醒說〕「像子路這樣子剛強，恐怕哪一天會遭遇不測啊！」

這章提到四位孔子的弟子，分別是「德行」的閔子騫，「政事雙雄」冉有和子路，以及「言語」的子貢，卻沒提到「文學雙傑」子游和子夏，以及孔門第一的顏淵。

「侍」是「卑者在尊者之側」，這是閔子騫陪侍在孔子身邊（誾侃和行彔）。後來日本的武士就是用「侍」這個漢字，表示陪侍在主人旁邊的武士。一旦失去了主子，「侍」無所事，就變成「浪人」。「赤穗浪士」就是著名的四十七個武士聯合起來替主人報仇的故事，至今還在日本傳頌不絕。

這裡的「誾誾」（音銀）和「侃侃」在〈鄉黨2〉都出現過。當時我就說明皇侃和朱子的解釋有不同，以皇侃的解釋較佳：「侃侃」是「和樂之貌」；「誾誾」是「中正之貌」。這裡的「行行」就是「剛彊之貌」。

「子樂」——皇侃認為是因為「孔子見四子之各極其性，無所隱情，故我亦歡樂也」。邢昺也認同這種解釋。朱子則認為這是因為孔子「樂得英才而教育之」。戴望說是「樂多賢友」。總之這裡的「樂」，是因為孔子覺得這些弟子可以和他一起完成傳道的事業，可是有些古籍認為「樂」字應作「曰」，否則這邊才說「樂」，馬上又說出「若由也，不得其死然」，好像把孔子描寫成一位幸災樂禍的人，前後矛盾。這樣說也有道理。

「若」是一種推測之辭，表示還沒發生而極可能會發生的事情。孔子可能因為怕「樂極生悲」，特別是子路的這種個性容易因衝動而出事，所以好心提醒他。怎麼會有人覺得孔子這個當別人老師的人，會幸災樂禍呢？

子路後來在衛國發生亂事時，因為覺得自己「拿人錢財，就該幫人排難解紛」，奮勇進場救人。沒想到繫帽子的繩子斷了，他這個平日不拘小節的人竟然在此時想到「就算死，也不能死得衣冠不整」，敵人便趁他繫帽帶的時候把他殺了，還剁成肉醬，害孔子聽到這個消息時傷心難過，馬上叫人把配飯的肉醬給收起來，怕睹物思人，真是情何以堪。這個故事有很多史籍都有記載，細節各不同（《孔子家語．子貢問》〈21〉、《史記．衛康叔世家》〈46〉、《史記．仲尼弟子列傳》〈29〉和《春秋左傳．哀公十五年》〈2〉）。

事。

孔子身邊的文武兩員大將分別先他而死，讓他發出「吾道窮矣」的悲嘆！這可是他萬萬沒想到的

附錄

《孔子家語・子貢問》〈21〉**子路**與**子羔**仕於衛，衛有蒯聵之難。孔子在魯，聞之，曰：「柴也其來，由也死矣。」既而衛使至，曰：「**子路**死焉。」夫子哭之於中庭。有人弔者，而夫子拜之。已哭，進使者而問故。使者曰：「醢之矣。」遂令左右皆覆醢，曰：「吾何忍食此！」

14

魯人為長府。閔子騫曰：「仍舊貫，如之何？何必改作？」子曰：「夫人不言，言必有中。」

> 魯國的國君想要改建藏寶物的倉庫（或魯君的別館，或是錢幣的樣式）。閔子騫（聽到了就）說：「就照原來的樣子不就好了嗎？為什麼要（勞民傷財）改建呢？」孔子（知道了這件事以後就）說：「這個人平常不愛說話，可是一開口就說到重點。」

這章彰顯平常不愛說話的閔子騫的德行。

「長府」有幾種說法：一是藏貨財的地方，鄭玄、皇侃、邢昺和劉寶楠都這麼解；二是指魯君的別館或別墅，清朝的翟灝和戴望是這麼解的；三是指錢幣的樣式。王夫之認為：「府者，泉布金刀之統名也。」朱子則略過沒有解釋。

「仍」是「因」；「貫」是「事」。「仍舊貫」就是「照著過去的方式辦事」。「言必有中」是指說的話切中於「節用而愛人、使民以時」（〈學而5〉）的「君愛民之禮」。因為「改作」是勞民傷財之事。這裡有著「以民生為念」的「民本思想」。

不過，閔子騫和孔子對於「何必改作」一事，顯然有其特別的歷史時空背景。寫《論語疏證》的楊樹達就特別提醒這一點。如果不知道這一點，很容易就變成什麼事情都要守舊不變的極端保守立場，這就是不知道「與時俱進」的流弊。孔子之所以被認為保守，往往是一些保守的解釋帶給大家的片面印象。

所以，閔子騫被歸在「孔門四科」中的「德行」，不是只是因為他的孝順榜樣。閔子騫懂得：愛敬父母和普愛眾人是一貫的道理。

15

子曰：「由之瑟，奚為於丘之門？」門人不敬子路。子曰：「由也升堂矣，未入於室也。」

孔子〔評論〕說：「子路把瑟彈成這個樣子，怎麼能算是我的門人呢？」其他弟子聽了，就不尊敬子路。孔子〔知道了以後，馬上補充〕說：「子路算是進到我的大廳，可是還沒進到我的居室。」

這章是孔子批評子路彈瑟，引起其他門人誤會，孔子再加以說明的故事。重點之一是孔子沒有明說自己不滿意子路鼓瑟之處，所以留給注釋家更多的解釋空間。馬融認為「子路鼓瑟不合雅頌」，戴望也作此解。皇侃認為：「子路性剛，其鼓琴瑟亦有壯氣。」朱子引程子的說法：「言其聲之不和，與己不同也。」

《說苑．修文》〈40〉和《孔子家語．辯樂解》〈2〉都有比此章更詳細的故事：子路鼓瑟〔《孔子家語》說是「琴」，是不同的樂器〕，有著北方的小人亡國之聲。孔子因此對他相當不滿。等著冉有來的時候，孔子就跟冉有說了一番君子和小人對於音樂表現的不同，而且音樂還和國家興亡有關：「君子執中以為本，務生以為基，故其音溫和而居中，以象生育之氣也。憂哀悲痛之感不加乎心，暴厲淫荒之動不在乎體，夫然者，乃治存之風，安樂之為也。彼小人則不然，執末以論本，務剛以為基，故其音湫厲而微末，以象殺伐之氣。和節中正之感不加乎心，溫儼恭莊之動不存乎體，夫殺者乃亂亡之風，奔北之為也。昔舜造南風之聲，其興也勃焉，至今王公述無不釋；紂為北鄙之聲，其廢也忽焉，至今王公以為笑。彼舜以匹夫，積正合仁，履中行善，而卒以興；紂以天子，好慢淫荒，剛厲暴賊，而卒以滅。今由也匹夫之徒，布衣之醜也，既無意乎先王之制，而又有亡國之聲，豈能保七尺之身哉？」冉有後來轉告子路，子路也知道改過。這裡並沒有提到「門人不敬子路」的事。

皇侃對於「門」字也創見。他認為此「門」非為孔子所住之門，而是「聖德深奧之門」。我覺得這是「一語雙關」。我說過，孔子碰到子路的事情往往都喜歡開他玩笑，這是他們師徒二人之間的「開玩笑關係」。

「堂」和「室」的區分很清楚。皇侃說：「窗戶之外曰堂，窗戶之內曰室。」而且還引申說：「聖人妙處為室，麤處為堂。」並且舉例：「子路得堂，顏子入室。」朱子認為「升堂入室，諭入道之次弟，言子路之學以造乎正大高明之域，特未深入精微之奧耳」。戴望有別解：「六藝之教，能通古今，辨然不〔孫按：即「否」〕，是升堂者；達於禮樂之原，而智足知聖，是入室者。」

這些話都是子路不在場時孔子說的。除了希望弟子傳話之外，未嘗不是要讓弟子深切反省：如果列名「孔門四科」中「政事」的大師兄子路都只是到「升堂」的階段，那麼自己到底是在門外，還是也像子路一樣登堂，甚至像顏淵一樣入室了呢？

話說回來，我們這些不鼓琴瑟的人，又在孔子所代表的中華文化之道上，站在哪個位置上呢？門外？登堂？入室？

附錄

《孔子家語．困誓》〈5〉　孔子之宋，匡人簡子以甲士圍之。**子路**怒，奮戟將與戰。孔子止之，曰：「惡有修仁義而不免俗者乎？夫《詩》、《書》之不講，禮樂之不習，是丘之過也；若以述先王好古法而為咎者，則非丘之罪也。命夫！歌！予和汝。」**子路**彈琴而歌，孔子和之，曲三終，匡人解甲而罷。

16

子貢問：「師與商也孰賢？」子曰：「師也過，商也不及。」曰：「然則師愈與？」子曰：「過猶不及。」

子貢請教孔子：「子張和子夏兩位學弟哪一位比較有賢德？」孔子說：「子張行為往往超過禮的要求，子夏又往往達不到禮的要求。」〔子貢又追〕問說：「那麼是子張比較有賢德囉？」孔子回答說：「超過禮的要求和達不到禮的要求兩者是一樣的。〔沒有誰比誰好的問題。〕」

這章是子貢請教孔子，比較子張和子夏兩位學弟的表現。

「師」是子張，姓顓孫，名師，字子張。陳國人。少孔子四十八歲，小子貢十七歲（《史記・仲尼弟子列傳》〈56〉和《孔子世家・七十二弟子解》〈11〉）。「商」是子夏，姓卜，名商，字子夏。衛國人。少孔子四十四歲（《史記・仲尼弟子列傳》〈51〉和《孔子世家・七十二弟子解》〈10〉），大子張四歲，小子貢十三歲。

這兩位在《論語》中出現的次數分別為：子夏二十次、子張十八次。居第三和第四位。從次數上看，似乎也不相上下。子貢問起這兩位可畏的後生學弟，大概也有著想藉此了解孔子的論人標準的意涵在。

「愈」是「勝」或「賢」。子貢這裡到底想比較哪些方面，他們師徒可能彼此心照不宣，可是後人卻不無疑惑。皇侃、邢昺和朱子都認為是才性，王夫之認為是應事接物，而不是學問。

孔子只說了「師也過，商也不及」，卻沒舉出實例。子貢也沒追問為什麼是這樣，就跳到「過比不及好吧？」的問題上，沒想到孔子的回答是「兩者半斤八兩」。言外之意很清楚：要篤守中庸之道。前輩古注都已指出無誤。

孔子沒說的實例，古注都很熱心替他作答。皇侃認為：「子張性繁冗，為事好在避過而不止也……子夏性疏闊，行事好不及而止也。」朱子認為：「子張才高意廣而好為苟難，故常過中；子夏篤信謹守而規模狹隘，故常不及。」這些都沒提出實例，說服力比較差。

在《禮記．仲尼燕居》〈2〉中有一段比較詳細的說明：「子曰：『師，爾過；而商也不及。子產猶眾人之母也，能食之不能教也。』子貢越席而對曰：『敢問將何以為此中者也？』子曰：『禮乎禮！夫禮所以制中也。』」這段文本正是「依經解經」可以勝出之處。不過，還是沒舉實例。

《禮記．檀弓上》〈59〉記載了一個可供此章參考的實例。子夏在服喪結束之後，彈琴，還流露出「和之不和，彈之而不成聲」的哀傷之情；子張在服喪結束之後，卻已經可以從「和之而和，彈之而成聲」的琴聲中聽出，他已經恢復正常生活的情緒。子夏自己的解釋是：「哀未忘也。先王制禮，而弗敢過也。」而子張的說法是：「先王制禮不敢不至焉。」在故事裡，子夏似乎在喪期期滿之後的情緒還有所不及禮制，但是子張卻沒有此處所說的「太過」的問題。兩人都盡力希望能達到禮制要求的中庸之道。〔《孔子家語．六本》〈5〉的故事主角換成子夏和閔子，子夏說的話變成此處子張說的話，此處子夏的情況則換成了閔子。〕

這兩位看似對立的弟子，也有意見相同的時候。特別是在孔子過世之後。首先，他們兩位加上子游三個人，就因為有子長得像孔子，就提議把學長有子當老師對待，還去強迫曾子連署，被曾子拒絕。（《孟子．滕文公上》〈4〉）其次，孔子死後，這兩位弟子都是孔門的傳道人：子張回到陳國傳道，子夏到西河當了魏文侯的「王者師」，教出了一幫有名的弟子：田子方、段干木、吳起、禽滑釐。（《史記．儒林列傳》〈2〉）

縱然如此，荀子對他們的批評還是很嚴酷的：帽子歪戴著、說話沒重點、走路裝模作樣，這就是子張派的賤儒；穿戴整齊、表情一致、不言不語，這就是子夏派的賤儒（《荀子．非十二子》〈17〉）。這好像遺傳著這兩派祖師的「過」和「不及」。

如果孔門末期最好的兩位弟子都有個性缺失，孔子怎麼可能不會想起那位他鍾愛卻短命死矣的顏回呢？

子貢在孔子過世後，在孔子墳墓旁築小屋住了六年，難道沒悟出個篤守中庸之道的「至簡大道」嗎？

最後，我們可能要注意一下：子張沒有列名在孔門四科之中，子夏則列名文學雙傑之一。從孔子「過猶不及」的評論來看，恐怕這個「四科十哲」的名單不能太認真看待。上榜的當然有其實至名歸之處，可是沒上榜的，未必不如上榜的人。

附錄

《孟子．滕文公上》〈4〉他日，**子夏**、**子張**、子游以有若似聖人，欲以所事孔子事之，彊曾子。曾子曰：「不可。江漢以濯之，秋陽以暴之，皜皜乎不可尚已。」

《禮記．檀弓上》〈59〉子夏既除喪而見，予之琴，和之不和，彈之而不成聲。作而曰：「哀未忘也。先王制禮，而弗敢過也。」**子張**既除喪而見，予之琴，和之而和，彈之而成聲，作而曰：「先王制禮不敢不至焉。」

《孔子家語．六本》〈5〉**子夏**三年之喪畢，見於孔子。子曰：「與之琴。使之絃。」侃侃而樂，作而曰：「先王制禮，不敢不及。」子曰：「君子也！」**閔子**三年之喪畢，見於孔子。子曰：「與之琴，使之絃。」切切而悲，作而曰：「先王制禮，弗敢過也。」子曰：「君子也！」子貢曰：「閔子哀未盡，夫子曰：君子也。**子夏**哀已盡，又曰：君子也。二者殊情，而俱曰君子，賜也惑，敢問之。」孔子曰：「閔子哀未忘，能斷之以禮；**子夏**哀已盡，能引之及禮；雖均之君子，不亦可乎？」

《史記．儒林列傳》〈2〉自孔子卒後，七十子之徒散游諸侯，大者為師傅卿相，小者友教士大夫，或隱而不見。故子路居衛，**子張**居陳，澹臺子羽居楚，**子夏**居西河，子貢終於齊。如田子方、段干木、吳起、禽滑釐之屬，皆受業於子夏之倫，為王者師。是時獨魏文侯好學。后陵遲以至於始皇，天下並爭於戰國，儒術既絀焉，然齊魯之閒，學者獨不廢也。於威、宣之際，孟子、荀卿之列，咸遵夫子之業而潤色之，以學顯於當世。

《荀子．非十二子》〈17〉弟陀其冠，衶禫其辭，禹行而舜趨：是**子張**氏之賤儒也。正其衣冠，齊其顏色，嗛然而終日不言，是**子夏**氏之賤儒也。

17

季氏富於周公，而求也為之聚斂而附益之。子曰：「非吾徒也。小子鳴鼓而攻之，可也。」

> 季氏比周公還富有，卻還要冉有再跟老百姓徵稅，讓自己再更富有。孔子〔知道後，大聲宣告〕說：「這樣做〔違背了我平時的教誨〕還算得上是我的學生嗎？各位同學可以敲起鼓來聲討這麼一個〔不知民間疾苦的〕人。」

這章是孔子對於弟子冉求為虎作倀，助紂為虐的事情大為失望和不滿。

皇侃說得很清楚：「季氏，魯臣也。周公，天子臣。食采邑於周，爵為公，故謂周公也，蓋周公旦之後也。天子之臣地廣祿大，故周公宜富。諸侯之臣地狹祿小，季氏宜貧。而今僭濫，遂勝天子臣，故云：『季氏富於周公。』」皇侃接著還說：「孔子言冉求昔雖是我門徒，而我門徒皆尚仁義。今冉求遂為季氏急聚斂，則非復我門徒也。」

「非吾徒也」表達出孔子強烈的憤怒。虧冉有還列名孔門四科中的「政事」門。平常老師教誨弟子要以百姓福祉為念，沒想到弟子有機會站上了高位，卻想著為虎作倀，助紂為虐。把老師平日教訓拋之九霄雲外。老師能不生氣嗎？所以朱子認為這是「絕之也」，徹底和自己的學生斷絕關係。

「攻」，一解作「責」（鄭玄、邢昺和戴望），一作「治」（皇侃），一作「擊」（《說文解字》）。應該和「攻乎異端」的「攻」字同解。

很多古書都提到過這件事。孟子就說出了孔子的心聲：「求也為季氏宰，無能改於其德，而賦粟倍他日。」然後他又引申說到：「由此觀之，君不行仁政而富之，皆棄於孔子者也。況於為之強戰？爭地以戰，殺人盈野；爭城以戰，殺人盈城。此所謂率土地而食人肉，罪不容於死。故善戰者服上刑，連諸侯者次之，辟草萊、任土地者次之。」（《孟子．離婁上》〈14〉）孟子懂孔子的心，是以天下蒼生為念。

《春秋左傳．哀公十一年》〈2〉記載著這件事情的背景：季氏想要增加賦稅，就請冉有去探訪孔子的意思。孔子推辭說：「這我不懂。」連去了三趟，最後季氏勸說孔子：「您老是國老級人物，好歹得說說意見吧！」孔子還是不回答。只在私下跟冉有說：「君子的行為要考慮到合不合乎禮：要給就要大方地給，有事就要考慮方方面面，謹守中道，要繳賦稅就要盡量少。如果是這樣的話，我也有足夠的生活資源可以過日子。如果不以禮來衡量，而貪得無厭，就算是要扣繳賦稅，也會不夠用的。如果要參考禮制，周公制定的辦法都還在，照著做就行。如果自己想怎麼做就怎麼做，問我又有什麼用？」結果，季氏沒聽孔子的。（《國語．魯語下》〈21〉的記載略有不同，但主旨不變。）

同樣的「薄賦稅」的道理，也在《禮記・大學》〈13〉中說過：「財聚則民散，財散則民聚。」賦稅輕，人民才能生活得好；上面光想著聚財，人民就會選擇離開。「苛政猛於虎」（《禮記・檀弓下》〈193〉和《孔子家語・政論解》〈13〉）的典故也是同樣的道理。

沒排上孔門四科十哲的「有子」曾經在哀公問到鬧饑荒、百姓收成不好，朝廷財用不足時，要怎麼辦？有子的建議就是「薄稅斂」，讓魯哀公聽了哀哀叫。有子就回答說：「百姓足，君孰與不足？百姓不足，君孰與足？」（〈顏淵9〉）

同是孔門弟子，答案竟然如此不同。真是「可與共學，未可與適道」。還有，就算列名孔門四科十哲，也不代表就比沒列名的弟子更能貼近孔子的主張。這排行榜不能太認真看待。

附錄

《春秋左傳・哀公十一年》〈2〉季孫欲以**田賦**，使冉有訪諸仲尼。仲尼曰：「丘，不識也。」三發，卒曰：「子為國老，待子而行，若之何子之不言也。」仲尼不對，而私於**冉有曰**：「君子之行也。度於禮，施取其厚，事舉其中，斂從其薄，如是則以丘亦足矣，若不度於禮，而貪冒無厭，則雖以田賦，將又不足，且子季孫若欲行而法，則周公之典在，若欲苟而行，又何訪焉！」弗聽。

《論衡・遭虎》〈3〉孔子行魯林中，婦人哭，甚哀，使子貢問之：「何以哭之哀也？」曰：「去年**虎**食吾夫，今年食吾子，是以哭哀也。」子貢曰：「若此，何不去也？」對曰：「吾善其政之不苛、吏之不暴也。」子貢還報孔子。孔子曰：「弟子識諸！**苛政**、暴吏甚於**虎也！**」

夫虎害人，古有之矣。政不苛，吏不暴，德化之足以卻虎，然而二歲比食二人，林中獸不應善也。為廉不應，姦吏亦不應矣。

18

柴也愚，參也魯，師也辟，由也喭。

子羔這個人愚直，曾參這個人魯頓，子張這個人注重表面功夫，子路這個人剛猛失禮。

這章沒有「子曰」兩字，有的版本說是漏了寫。有的版本把此章和下一章合起來當成一章，作為孔子對六位弟子的評論。我們不擅自增字，所以還是兩章分開看，甚至不能斷言說這幾句話是孔子的評論。

這四個人中，子羔是大家比較陌生的。他姓高名柴，字子羔（或作「高」或「皋」），齊國人，少孔子三十歲（或說四十歲），和顏淵同歲。比起子路小二十一歲，卻比曾參和子張都大十幾歲。他身高不高，長相凶狠，可是很孝順（《孔子家語・七十二弟子解》〈14〉和《史記・仲尼弟子列傳》〈84—85〉）。後來子路讓他去當「費」這個地方的主管；孔子認為子羔沒學過就這樣上任不妥，便罵子路是「賊夫人之子」（〈先進25〉）。有記載說子羔在衛國當官時，曾經執法將一個犯人的腳給砍了。後來衛國內亂，他要逃走，正好碰上這個斷腳的人守城門，他原以為這人會報仇而為難他，沒想到那人卻幫他逃過追捕。他問這人為何不趁此報復？那人回答說，自己是犯錯才被砍斷腳，子羔的做法是公正的。孔子還因此誇獎他是「當官的好榜樣」（《說苑・至公》〈22〉）。也許是在同一場亂事，子路丟了性命，而子羔卻逃出來給孔子通風報信（《孔子家語・子貢問》〈21〉）。此外，《孔子家語・廟制》〈1—2〉也記載著他替衛將軍文子請教孔子家廟的事情。這些都好像和「愚」一點關係也沒有。

何晏說「愚」是「愚直之愚」。王弼說「愚，好仁過也」，就是當好人當過頭了。朱子說「愚者，知（智）不足而厚有餘」。

「參」是曾子。「魯」，孔安國、皇侃和朱子都解釋成「鈍也」，就是「遲頓」。王弼解釋是「質勝文也」。恐怕是長期被父親家暴的後遺症！

「師」是子張，也就是顓孫師。「辟」的解釋比較分歧，馬融解釋：「子張才過人，失在邪僻文過。」皇侃和邢昺也這麼跟著講。朱子解作：「便辟也，謂習於容止，少誠實也。」簡單說，就是表裡不一。黃式三說是：「偏也，以其志過高，而流於一偏也。」

「由」是子路。「喭」的解釋最費解，鄭玄解釋說「子路之行失於畔喭」；王弼解作「剛猛」；朱子解作「粗俗」。黃懷信認為是「傳言」，「言其受業如同傳言，不用心」。

劉寶楠將四種特性作了一番整理：他認為子羔的「愚」和曾參的「魯」偏向「狷」的一端，而子張的「辟」和子路的「喭」偏向「狂」的一端。

一個字就要論斷一個人，當然很難全面，只能抓最重要的一方面來說。在缺乏堅實可靠的證據之下，讀者實在不必太過在意，聽聽就好。

附錄

《說苑・至公》〈22〉子羔為衛政，刖人之足。衛之君臣亂，子羔走郭門，郭門閉，刖者守門，曰：「於彼有缺！」子羔曰：「君子不踰。」曰：「於彼有竇。」子羔曰：「君子不遂。」曰：「於此有室。」子羔入，追者罷。子羔將去，謂刖者曰：「吾不能虧損主之法令而親刖子之足，吾在難中，此乃子之報怨時也，何故逃我？」刖者曰：「斷足固我罪也，無可奈何。君之治臣也，傾側法令，先後臣以法，欲臣之免於法也，臣知之。獄決罪定，臨當論刑，君愀然不樂，見於顏色，臣又知之。君豈私臣哉？天生仁人之心，其固然也。此臣之所以脫君也。」孔子聞之，曰：「善為吏者樹德，不善為吏者樹怨。公行之也，其子羔之謂與？」

《孔子家語》〈子貢問21〉子路與子羔仕於衛，衛有蒯聵之難。孔子在魯，聞之，曰：「柴也其來，由也死矣。」既而衛使至，曰：「子路死焉。」夫子哭之於中庭。有人弔者，而夫子拜之。已哭，進使者而問故。使者曰：「醢之矣。」遂令左右皆覆醢，曰：「吾何忍食此！」

——〈廟制1〉衛將軍文子將立先君之廟於其家，使子羔訪於孔子。子曰：「公廟設於私家，非古禮之所及，吾弗知。」子羔曰：「敢問尊卑上下立廟之制，可得而聞乎？」孔子曰：「天下有王，分地建國，設祖宗，乃為親疏貴賤多少之數。是故天子立七廟，三昭三穆，與太祖之廟而七；太祖近廟，皆月祭之，遠廟為祧，有二祧焉，享嘗乃止。諸侯立五廟，二昭二穆，與太祖之廟而五，祖考廟，享嘗乃止。大夫立三廟，一昭一穆，與太祖之廟而三，享嘗乃止。士立一廟，曰考廟，王考無廟，合而享嘗乃止。庶人無廟，四時祭於寢。此自有虞以至於周之所不變也。凡四代帝王之所謂郊者，皆以配天；其所謂禘者，皆五年大祭之所及也。應為太祖者，則其廟不毀；不及太祖，雖在禘郊，其廟則毀矣。古者，祖有功而宗有德，諸見祖宗者，其廟皆不毀。」

19

子曰：「回也其庶乎，屢空。賜不受命而貨殖焉，億則屢中。」

> 孔子說過：「顏回比較接近我傳的道，不過他太過貧困了；子貢不太懂我傳的道，不過他的長處在做生意，眼光精準，常常賺大錢。」

這章是孔子評論顏淵和子貢兩位弟子。從皇侃以來的注解就很分歧。

何晏首先提出兩種解釋。第一種是將「庶」解成「庶幾」（邢昺說是「庶慕幾微之聖道」），「屢」解成「每」，而將「空」解釋成「窮匱」：「言回庶幾聖道，雖數空匱而樂在其中矣。賜不受教命，惟財貨是殖，億度是非。蓋美回所以勵賜也。」換句話說，這章是評論兩位弟子對於孔子之道的體悟有差別：顏回雖窮而樂道，子貢不受教，富而不好禮。這種解釋不僅符合孔子對於子貢問起「貧而無諂，富而無驕」的更高層次的回答（〈學而15〉），同時也和子貢評論顏回和自己相比時的結論是差不多的：「賜也何敢望回。回也聞一以知十，賜也聞一以知二。」（〈公冶長9〉）簡言之，顏回得道，子貢得財。我贊成這樣的解釋。

第二種是將「屢」解釋成「每」，「空」解釋成「虛中」，讚美：「其於庶幾每能虛中者，惟回懷道深遠。不虛心不能知道，子貢雖無數子〔按：指前章的高柴、曾參、子張和子路四個人〕之病，然亦不知道者，雖不窮理而幸中，雖非天命而偶富，亦所以不虛心。」換句話說，這種解釋強調的是顏回和子貢兩人「虛心求道」的比較，和財富無關。

「不受命」也有兩解：一是指不能「信天任命」，一是指「不授孔子教命」。「貨殖」，皇侃說：「財物曰貨，種藝曰殖。」朱子說是「財貨生殖」，就是現在的「做生意」或「從商」。「億」是「臆度」或「猜測」的意思，和「不億不信」（〈憲問31〉）的「億」字同義，強調是靠運氣，而不是靠實力。

王充的《論衡》有三處提到此章，其中一次他認為孔子是譴責子貢：「罪子貢善居積，意貴賤之期，數得其時，故貨殖多，富比陶朱。」（《論衡．知實》〈18〉）班固的《漢書．貨殖傳》〈6〉也認為此章是「孔子賢顏淵而譏子贛〔按：就是子貢〕」。朱子比較沒有這種強烈的意見：「言子貢不如顏子之安貧樂道，然其才識之明亦能料事而多中也。」他想到的大概是孔子的「溫良恭儉讓」（〈學而10〉），或是「溫而厲」（〈述而38〉）。

如果也要像前章一樣用一個字來凸顯這兩個人，是否可以說：「回也道，賜也富」呢？

附錄

《論衡》〈率性6〉「**賜不受命，而貨殖焉。**」賜本不受天之富命，所加貨財積聚，為世富人者，得貨殖之術也。夫得其術，雖不受命，猶自益饒富。性惡之人，亦不稟天善性，得聖人之教，志行變化。世稱利劍有千金之價，棠谿、魚腸之屬，龍泉、太阿之輩，其本鋌，山中之恆鐵也，冶工鍛鍊，成為銛利。豈利劍之鍛與鍊，乃異質哉？工良師巧，鍊一數至也。試取東下直一金之劍，更熟鍛鍊，足其火，齊其銛，猶千金之劍也。夫鐵石天然，尚為鍛鍊者變易故質，況人含五常之性，賢聖未之熟鍛鍊耳，奚患性之不善哉？古貴良醫者，能知篤劇之病所從生起，而以針藥治而已之。如徒知病之名而坐觀之，何以為奇？夫人有不善，則乃性命之疾也，無其教治，而欲令變更，豈不難哉？

——〈問孔43〉孔子曰：「**賜不受命，而貨殖焉，億則屢中。**」何謂不受命乎？說曰：「受當富之命，自以術知，數億中時也。」

20

子張問善人之道。子曰：「不踐跡，亦不入於室。」

子張請教孔子有關善人（諸侯）之道。孔子回答說：「如果不遵循前賢往聖之禮而行的人，就沒辦法進一步到達聖人之道。」

這章是孔子對於善人之道的看法。

子張請教孔子有關善人（諸侯）之道。孔子回答說：「如果不遵循前賢往聖之禮而行的人，就沒辦法進一步到達聖人之道。」

「踐」是「循」，遵從的意思；「跡」是「舊跡」（皇侃）或是「已行舊事之言」（邢昺）。「善人」，朱子認為是「質美而未學者也」；劉寶楠根據《漢書．刑法志》引用孔子說過的「如有王者，必世而後仁」（〈子路12〉）以及「善人為邦百年，亦可以勝殘去殺」（〈子路11〉）而主張應該是指「諸侯」。我認為兩人都可以「依經解經」得到例證。

孔子在〈述而26〉後半段說的：「善人，吾不得而見之矣；得見有恆者，斯可矣。亡而為有，虛而為盈，約而為泰，難乎有恆矣！」以及《說苑・雜言》〈45〉中提到的：「與善人居，如入蘭芷之室，久而不聞其香，則與之化矣；與惡人居，如入鮑魚之肆，久而不聞其臭，亦與之化矣！」應該就是指「質美而未學者也」而非「諸侯」。〈子路11〉提到「善人為邦」和〈子路29〉的「善人教民」就應該是指「諸侯」。這兩句和〈述而26〉說的又不像是一回事。

無論善人所指為何，都不是最高境界。如果繼續努力，祖述堯舜之志，行堯舜公天下之事，才能「優入聖域」（這是曲阜紀念顏回的顏廟旁牌坊上的四個大字，說他保送進入聖人堂）。

這裡應該是在勉勵子張及讀《論語》的後生晚輩繼續努力。

21

子曰：「論篤是與，君子者乎？色莊者乎？」

孔子說：「光聽到一個人篤實的言論而讚許他，我們還是不知道他到底是一位表裡合一的君子，還是表面上裝成是一位君子？」

本章有古注者認為和前章子張問善人有關。可是這段有「子曰」開頭，而且內容也不太相同，合成一章不太說得過去。不過，就算是分章，許多古注還是根據「依文本脈絡解經」，把這章放在「善人」的脈絡來解釋。也還有其他不同說法。

順著「善人」的脈絡來說，這三項都是可以為善人的條件。只是這三項具體的解釋略有不同。

朱子把第一句和後兩句分開看：「言但以其言論篤實而與之，則未知其為君子者乎？為色莊者乎？言不可以言貌取人。」這等於是說「不知言，無以知人也」（〈堯曰3〉），以及有「聽其言而觀其行」（〈公治長10〉）的意涵在內。我覺得比較有理。

「論篤」的解釋有歧義：何晏解釋說：「論篤者，謂口無擇言。」皇侃則解釋為：「篤，厚也。言善人有所論說，必出篤厚謹敬之辭也。」邢昺把前面兩位前輩看似相反的意思合併解釋：「篤，厚也。謂口無擇言、所論說接厚重，是善人與？」戴望解釋：「篤，信也。論篤，言足信者。」總之，都偏向解釋成「言論篤實」，不說空話的意思。

「與」——有人當成疑問詞，有人當成「讚許」。「君子」——何晏解釋是「身無鄙行」。皇侃說是「行君子之行」。戴望說是「貌足畏者」。「色莊」——何晏解釋是「不惡而嚴，以遠小人」。皇侃說是「顏色莊嚴」。戴望說是「色足憚者」。黃懷信則從文本脈絡認為應該是指「品性惡劣的小人」，這樣才和前面提到的「君子」相對，也就是「裝出來的表面態度」，我覺得黃懷信的說法比較合理。

所以這章的合理解釋是：「光聽到一個人篤實的言論而讚許他，可是我們還是不知道他到底是一位表裡合一的君子，還是表面上裝成是一位君子？」

「巧言、令色，鮮矣仁！」（〈學而3〉）也說是「鮮矣仁」，而不是「無仁」。又有人是很類似的「和顏悅色」，這就是難從言論和表情來判斷一個人真心與否的難題。戀愛中的人有時會覺得被對方的「花言巧語」所騙，到頭來「真心換絕情」，這更是這種困境的最佳注腳。

22

子路問：「聞斯行諸？」子曰：「有父兄在，如之何其聞斯行之？」冉有問：「聞斯行諸？」子曰：「聞斯行之。」公西華曰：「由也問聞斯行諸，子曰『有父兄在』；求也問聞斯行諸，子曰『聞斯行之』。赤也惑，敢問。」子曰：「求也退，故進之；由也兼人，故退之。」

子路請教孔子：「是不是知道了該做的事就要去做？」孔子回答說：「還要聽聽父兄等長輩的意見，怎麼可以擅自作主？」冉有請教孔子說：「是不是知道了該做的事情就要去做呢？」孔子說：「知道了該做的事情就要去做。」公西華（不懂孔子為什麼對於弟子同樣的提問卻有不同的回答，所以）請教孔子說：「子路學長請問您是不是知道了該做的事情就要去做，您說要聽父兄長輩的意見；冉求學長請教您同一個問題，您說知道了該做的事情就要去做。我實在對您對學生的同問異答感到困惑不解，所以想請教您原因何在。」孔子回答說：「冉求個性比較退縮，所以鼓勵他勇往直前；子路好勇過人，所以要他退一步想。」

這是孔子對同為「孔門四科」中「政事雙傑」的因材施教。

「聞斯行諸」的「斯」，包賢、皇侃認為是特指「振窮救乏之事」；黃懷信認為是「泛指」。其實應該就是於禮或理該做的事情。孔子當然希望弟子能「知行合一」，子路也以此自許。可是孔子考慮到他的「勇而無禮」（〈泰伯2〉和〈陽貨24〉），所以策略性地沒肯定他的「知行合一」，而希望他多聽聽父兄的話，再思而行，別太衝動。

「有父兄在」，孔安國認為：「當白父兄，不得自專。」子路只小孔子九歲，是否父兄還在，古籍中並沒有相關記載。冉求小孔子二十九歲，也就是小子路二十歲。

孔子對這「孔門四科」的「政事雙傑」，其實還是蠻肯定他們各自的能力。季康子和季子然就問起過兩個人的政事才能：孔子認為：「由也，千乘之國，可使治其賦也。」（〈公冶長8〉）子路自己也自我評價說：「千乘之國，攝乎大國之間，加之以師旅，因之以饑饉；由也為之，比及三年，可使有勇，且知方也。」（〈先進26〉）；孔子認為：「求也，千室之邑，百乘之家，可使為之宰也。」（〈公冶長8〉）而冉求自己也認為：「方六七十，如五六十，求也為之，比及三年，可使足民。如其禮樂，以俟君子。」（〈先進26〉）孟武伯也問過這兩個人是否「仁」，孔子的回答是「由也果」和「求也藝」（或「冉求之藝」（〈憲問12〉）」，避開「仁」的問題（〈雍也8〉）。孔子還說過「由也喭」（〈先進18〉），這也是說他好勇過頭。

他們兩人後來都去輔佐季氏，卻讓孔子生了好幾次氣：有時候只氣冉求一個人，季氏旅於泰山

（〈八佾6〉），季氏富於周公，冉求還為之聚斂而附益之（〈先進17〉）；有時候氣冉有和子路，特別是季氏將伐顓臾時，兩人不能諫止（〈季氏1〉）。

這兩個人雖然個性迥異，不過恐怕是對不錯的搭檔，長處剛好可以互補。看來，性格雖然決定命運，但是不同性格的搭配組合，又可以開出另外一種命運。

23

子畏於匡，顏淵後。子曰：「吾以女為死矣！」曰：「子在，回何敢死？」

孔子到了匡這個地方，因為被錯認為陽虎（或稱陽貨），所以被追捕。孔子和弟子遭遇劫難後逃出。顏淵沒跟上孔子一行人。（後來兩人相逢。）孔子很高興地（可能還流著眼淚）說：「我還以為你在亂事中死了呢？」顏淵（也很激動地）回答說：「老師您還在，我哪敢就這麼隨便死了呢？（我們的理想都還沒實現呢！）」

這章表現的是孔子和顏淵的特殊感情，是孔子難得流露的真情。

這段和〈子罕5〉是同一個「子畏於匡」事件的故事。在〈子罕5〉，孔子在危難中強調「斯文在茲」，來替弟子和自己壯膽。這裡則是逃出之後和顏淵大難不死後的相逢情景。司馬遷的記載把這段放在「斯文在茲」之前，似乎倒置了事件的前後（《史記・孔子世家》〈22〉）。

這段話最妙的在於顏淵的回答：「子在，回何敢死？」這句話除了可以嚴肅看待是學生尊敬老師之外，也可以有幽默的解讀：「老師您比我年紀大，您都沒死，我這個比您年輕的學生怎麼會比您先死呢？」不過，最後顏淵還是「子在而死」，讓孔子回想起這句「子在，回何敢死？」更加傷心難過。

東漢的王充特別提及這個故事，證明就算是孔子這樣的聖人也沒有「未卜先知」的能力（《論衡・知實》〈6〉）。《呂氏春秋・孟夏紀》〈勸學3〉則從這個故事看出：「顏回之於孔子也，猶曾參之事父也。古之賢者，與其尊師若此，故師盡智竭道以教。」

從有形的生命來看，顏淵先孔子死了，孔子也先我們死了。可是從無形的思想生命來看，孔子的大同理想還在，總有繼起不死的靈魂會圍繞著那個理想而奮鬥下去的。這也是「子在，回何敢死？」在精神上的傳承。「斯文在茲」應該也不是孔子的專利才是。

附錄

《史記・孔子世家》〈22〉將適陳，過匡，顏刻為僕，以其策指之曰：「昔吾入此，由彼缺也。」匡人聞之，以為魯之陽虎。陽虎嘗暴匡人，匡人於是遂止孔子。孔子狀類陽虎，拘焉五日，顏淵後，子曰：「吾以汝為死矣。」顏淵曰：「子在，回何敢死！」匡人拘孔子益急，弟子懼。孔子曰：「**文王既沒，文不在茲乎？天之將喪斯文也，後死者不得與於斯文也。天之未喪斯文也，匡人其如予何！**」孔子使從者為甯武子臣於衛，然後得去。

《論衡・知實》〈6〉**子畏於匡**，顏淵後。孔子曰：「吾以汝為死矣。」如孔子先知，當知顏淵必不觸害，匡人必不加悖。見顏淵之來，乃知不死；未來之時，謂以為死。聖人不能先知，五也。

24

季子然問：「仲由、冉求可謂大臣與？」子曰：「吾以子為異之問，曾由與求之問。所謂大臣者：以道事君，不可則止。今由與求也，可謂具臣矣。」曰：「然則從之者與？」子曰：「弒父與君，亦不從也。」

季氏家的子弟請問孔子：「您的兩位弟子子路和冉求，是不是算得上『大臣』呢？」孔子說：「我還以為您要問別的事呢！原來是要問子路和冉求的事。所謂的大臣是以正道來服事君上的人，如果君上不遵行正道，就會諫止。我的兩位不才弟子，（做不到這樣，所以）只能算是聊備一格的『具臣』。」季子然又問：「所以他們對於君上交代的事情是言聽計從的囉？」孔子回答說：「（那倒不至於）如果人家要他們去殺父親和君上，他們還是不會言聽計從的。」

這章是孔子對於外人之問所提出的，對子路和冉求兩位弟子的正反面評價。

季子然是季氏的子弟。只有戴望說是孔子弟子季襄。可是《史記．仲尼弟子列傳》和《孔子家語．七十二弟子解》都沒提到這個人。孔安國認為因為這兩人到季氏門下做事，因為是孔子弟子，應該條件不差，所以季子然才有此一問。

沒想到季子然以為的「大臣」，在孔子眼裡只是「具臣」。季子然可能看到這兩人對君上言聽計從，所以符合君上需求的「大臣」條件，這是從君上觀點來看。可是「必也正名乎」的孔子，卻認為「大臣」是「以道事君，不可則止」，那種「讓君上能隨心所欲」的頂多稱為「具臣」。這兩人畢竟是孔子弟子，雖然做不到「諫止君上」，可是「弒父與君」的底線還是不會去做的。

孔子在這章只提出了「大臣」的重要特質，而沒有明白說出「具臣」的特質。在《說苑．臣術》〈1〉中所舉的人臣之行的「六邪」中，「具臣」就名列第一：「安官貪祿，營於私家，不務公事，懷其智，藏其能，主饑於論，渴於策，猶不肯盡節，容容乎與世沈浮上下，左右觀望，如此者具臣也。」這似乎也不只是孔子此處所講的「諫止」這樣的事情而已。子路後來還因為自己覺得拿人薪水，不能不替人排憂解紛，就因此赴死。似乎也和此處說的「具臣」不符。《前漢紀．孝昭皇帝紀》〈15〉中也有「具臣」之說：「奉法守職，無能往來，是謂具臣。」恐怕比較貼近此章的含義。

在〈先進22〉我們看到孔子對這兩位弟子有不同的評價，這一章應該彰顯這兩位弟子作為人臣的另外一面。

孔子的這種正反兩面評斷，正符合現代推薦信對於被推薦人的優缺點都要敘述的要求。

專制時代，為人臣是讀書人很高的成就。所以如何當臣的「臣術」就很重要。《說苑．臣術》〈1〉就提到了「六正六邪」的人臣之行。所謂「六正」是：「聖臣」、「良臣」、「忠臣」、「智臣」、「貞臣」和「直臣」；「六邪」是：「具臣」、「諛臣」、「姦臣」、「讒臣」、「賊臣」和「亡國之臣」。

25

子路使子羔為費宰。子曰：「賊夫人之子。」子路曰：「有民人焉，有社稷焉。何必讀書，然後為學？」子曰：「是故惡夫佞者。」

子路讓（年輕未學過政事的）子羔當「費」這個地方的「宰」。孔子（知道以後罵子路）說：「你這是糟蹋別人家的孩子！」子路（聽了很不服氣地）說：「（當了宰要）治民和事神都是學，何必一定要熟悉經典才算是學呢？」孔子（看他不知悔改還狡辯，就再罵他）說：「就是討厭像你這樣強詞奪理（而不知反省檢討）的人。」

這章是孔子譴責子路讓沒有學過政事的子羔為費宰。子路聽完孔子的教訓之後，還狡辯，就因此被孔子連罵了兩次。

「賊」是「害」。「夫人之子」是指「子羔」，也就是在〈先進18〉提到「柴也愚」的「柴」。和前輩不同，劉寶楠對於本章的重要字詞都有詳細的解釋：「民」是「庶人在官」，「人」是「群有司」，兩者「皆所以佐宰治事也」。「社」原指「一百戶人家」，「稷」是「穀神」，「社稷」合稱就是「土地神」。「書」是「《詩》、《書》、《禮》、《樂》之統名」。「佞」是「口才」，也就是逞口舌之快，強詞奪理。

其實，子路說的「何必讀書然後為學」並沒有違反孔子的本意，特別是在魯哀公問起弟子孰為「好學」時，他就以「不遷怒和不貳過」回答，沒提到「讀書」（〈雍也3〉）。甚至孔子也說過：「君子食無求飽，居無求安，敏於事而慎於言，就有道而正焉，可謂好學也已。」（〈學而14〉）這裡同樣也沒提及讀書。子夏也說過類似的話：「賢賢易色，事父母能竭其力，事君能致其身，與朋友交言而有信。雖曰未學，吾必謂之學矣。」（〈學而7〉）有一次魯哀公問子夏：「必學然後可以安國保民乎？」子夏曰：「不學而能安國保民者，未之有也。」（《韓詩外傳．卷五》〈27〉）下文只提到「師」的重要性，也沒提到「讀書」。所以孔子氣的不是子路說錯，而是子路故意誤解孔子的意思。

孔子也沒說子羔一定要「讀書」。可是，子羔未學過政事，就讓他去當宰，這不就等於以「以不教民戰是謂棄之」（〈子路30〉）。套句流行的話說：「讀書不是萬能，但不讀書卻萬萬不能。」書中有著從事政事所需的各方面知識和禮儀，如果子路能先從這裡開始培養自己的學弟，才是長遠的從政之路。否則只會是災難一場。「欲速則不達」（〈子路17〉）。

毓老師常說：「萬般不與政事同。」許多人都夢想著從政治來改變社會，但多少人是先被政治改變了，卻沒像當初那樣想像的改變了社會。

讀書和從政有著奇妙的關係。這恐怕是子路和孔子都沒能弄清楚的地方，所以子路才逃不過死劫，孔子才會周遊列國而四處碰壁。

是吧？不是嗎？

26

子路、曾皙、冉有、公西華侍坐。子曰：「以吾一日長乎爾，毋吾以也。居則曰：『不吾知也！』如或知爾，則何以哉？」子路率爾而對曰：「千乘之國，攝乎大國之間，加之以師旅，因之以饑饉；由也為之，比及三年，可使有勇，且知方也。」夫子哂之。「求！爾何如？」對曰：「方六七十，如五六十，求也為之，比及三年，可使足民。如其禮樂，以俟君子。」「赤！爾何如？」對曰：「非曰能之，願學焉。宗廟之事，如會同，端章甫，願為小相焉。」「點！爾何如？」鼓瑟希，鏗爾，舍瑟而作。對曰：「異乎三子者之撰。」子曰：「何傷乎？亦各言其志也。」曰：「莫春者，春服既成。冠者五六人，童子六七人，浴乎沂，風乎舞雩，詠而歸。」夫子喟然歎曰：「吾與點也！」三子者出，曾皙後。曾皙曰：「夫三子者之言何如？」子曰：「亦各言其志也已矣。」曰：「夫子何哂由也？」曰：「為國以禮，其言不讓，是故哂之。」「唯求則非邦也與？」「安見方六七十如五六十而非邦也者？」「唯赤則非邦也與？」「宗廟會同，非諸侯而何？赤也為之小，孰能為之大？」

子路、曾皙、冉有、公西華四位弟子陪在孔子身邊。孔子說：「不要因為我比各位年長，就說客氣話。平常你們都會說：『我懷才不遇啊！』如果有君上要聘用你，你要怎麼展現你的抱負呢？」子路搶先回答說：「有一千輛四匹馬駕車的邦國，介在兩個大國之間，還有打戰和饑荒的禍患，如果我來治理的話，只要三年，就可以讓那個邦國的人民人人好勇，而且也知道好勇的方法。」孔子聽完笑笑。（其他弟子不敢吭聲。孔子就點名）說：「冉求！說說你的想法！」（冉求）回答說：「一個大概有六、七十或是五、六十里大的地方，如果讓我來治理，只要三年，我應該可以讓老百姓豐衣足食。但是禮樂方面的事情，我還是要讓有德的君子來幫忙（，我自己沒這方面的才能）。」（孔子接著點名說：）「公西華！說說你的想法！」（公西華）回答說：「我也許做不到，不過我願意學。像祭拜宗廟、外交會面，我願意穿戴合禮，做一個稱職的典禮主持人。」（孔子最後點名曾皙說：）「曾皙！你怎麼樣？」曾皙正在彈瑟，就做了個結尾，將瑟放在一邊，回答說：「我跟三位同門的想法不一樣。」孔子（鼓勵他）說：「沒關係！都是說說自己的志願。」（曾皙才）回答說：「當春天快要結束的時候，穿上才做好的春天服裝，跟著年輕一點的朋友五、六個人，童子六、七個人，一起到沂水去洗澡，接著在祈雨的壇上吹乾身體，最後大家一起唱著歌回家。」孔子聽完感嘆地說：「我願意參加曾皙的活動（常見的翻譯是：我贊成曾皙的主意）。」三位同門離開後，曾皙特別留在後頭沒走。曾皙請教孔子說：「三位同門的人的想法，您覺得怎樣？」孔子說：「就是各自說說想法而已啊！」曾皙問說：「老師您為什麼聽見子路的想法笑了笑？」孔子說：「治國的人要用禮，他這樣搶著說話（不合禮），所以我才笑。」（曾皙又問：）「那麼冉求說的不就是治邦的事嗎？」（孔子回答說：）「怎麼見得六、七十或五、六十里地大的地方就不是邦呢？」（曾皙又問：）「那麼公西赤說的不是治邦的事嗎？」（孔子回答說：）「祭拜宗廟和外交會見的事情，不是諸侯的事情會是誰的事情？如果公西華只能做小事，那麼誰還能做大事呢？」

這章是《論語》中最長的一章。這也是孔子聽到屬於「政事門」的三位弟子各自表述能力所及之處的一章，可以算是孔子對這三位弟子的志向評價。這裡沒出現顏淵和子貢，卻出現了曾子的父親曾皙（這也是他在《論語》中唯一出現的一次），值得再思翫味。

明朝末年馮夢龍的《笑府》一書就有著一則相關的笑話：從冠者五六人和童子六七人，用乘法推測出五六三十，加上六七四十二，剛好是孔門七十二弟子。現在還有相聲在沿用這個哏。其實這早在皇侃的解釋中就有了。

王夫之也質疑：「暮春之初，正寒食風雨之候，北方冰凍初釋，安能就水中而裸戲？」黃懷信認為既然「暮春者，春服既成」，那麼「暮春」就不應該是周曆的三月。總之，春天快結束了春服才做好，顯然「失時」。

前三位弟子的自我評估其實和孔子對他們的評價是差不多的，所以了無新意。子路自己在本章說：「千乘之國，攝乎大國之間，加之以師旅，因之以饑饉；由也為之，比及三年，可使有勇，且知方也。」孔子在〈公治長8〉對他的評價則也是：「由也，千乘之國，可使治其賦也。」冉求的自我評估是：「方六七十，如五六十，求也為之，比及三年，可使足民。如其禮樂，以俟君子。」孔子在〈公治長8〉對他的評估是：「求也，千室之邑，百乘之家，可使為之宰也。」

這兩位「政事雙傑」都說「三年」恐怕是效法孔子說的：「苟有用我者。期月而已可也，三年有成。」（〈子路10〉）這應該算是表現出有認真聽孔子的話，但是這樣並沒有讓孔子高興起來。

公西華的自我評價是：「宗廟之事，如會同，端章甫，願為小相焉。」孔子在〈子路10〉對他的評價則是：「赤也，束帶立於朝，可使與賓客言也。」

最後出場的是曾皙，曾參的父親。這是他在《論語》中出現的唯一一次。這個出場順序是根據年齡大小來排的：子路小孔子九歲，冉有小二十九歲，公西華小四十二歲。曾皙年齡不可考，大概在子路和冉有之間。值得注意的是：故事的發展是子路搶先講，然後孔子依序點名冉有、公西華，最後才點名到曾皙。還有，其他人都恭敬直率回答，曾皙卻在眾人回答時在旁彈瑟，而且被點到名還扭捏作態地不願說自己的看法。一直要等孔子說「亦各言其志」，他才說出自己的想法。大家說完後，他還不放心地留下來，再請教孔子對其他三位同門的看法。孔子的回答似乎也意興闌珊地把同門的話再說一遍，好像提醒曾皙：「你都沒好好聽嗎？」如果搭配上其他故事中提到，他是個「家暴父親」的記載（《韓詩外傳．卷八》〈26〉和《孔子家語．六本》〈10〉），恐怕我們真得提防這樣的人說的話。

這章的重點落在曾皙的話上面。

前面三位講的都是「政事」，而且越講越顯現出能力越差，到了曾皙才來一個大逆轉，完全不講「政事」。包咸特別解釋曾皙的意思最後是：「歌詠先王之道，歸夫子之門也。」而不是像道家那樣作

「逍遙遊」。皇侃也跟著這麼說。劉寶楠引用宋翔鳳的說法：「蓋三子之撰，禮節民心也。點之志，由鼓瑟以至風舞詠饋，樂和民聲也。」這是用象徵的解釋法來看待曾皙的回答，和前三位的直白解法不一致。

我覺得曾皙根本沒搞懂孔子的教學旨趣。如果孔子希望弟子以逍遙遊為目的，那麼「吾與點也」就當然該解釋成「我贊成點的想法」。可是孔子周遊列國的目的不是為了「學而時習之」，能將所學用在「政事」。前三位「政事門」的弟子的志向和能力都不恢弘，一個說得比前一個能力和志向都小，怎能讓孔子不傷心絕望？他心中是不是暗暗想著：「我怎麼沒教出一個成材的學生呢？」（毓老師就常常這麼感嘆著，我自己就聽過好多次。也許只是說我吧！）所以曾皙在「言志」時，完全不說「政事」，怎能讓孔子不傷心欲絕呢？這樣看來，「吾與點也」的潛台詞似乎在說：「如果去沂水洗澡，別忘了通知我一塊兒去。」這裡的「與」恐怕不是「讚美」而是「參與」。也可能因為這樣，子路說完孔子還會笑一笑，之後就完全笑不出來了。

最後大家講完了，曾皙還追著問孔子的看法，孔子回答的口吻也顯得意興闌珊。顯然他從頭到尾都沒懂孔子的教學目標和諸位同門的志向，如果真懂，何必多問？

從以上幾點來看，我認為曾皙比較像那種不常來上課的學生，偶爾才出現。要說他深得孔門精髓，恐怕是「過獎」了。這是我的「依經驗解經」。

孔子和弟子論志的相關文獻非常多，可參考附錄。特別值得注意的是顏淵和子貢沒有出現，所以弟子之間的不同境界就不容易看出。我還是喜歡〈公冶長26〉的那篇：子路是一境界，顏淵是一境界，到了孔子又是一境界。境界節節升高。這章的境界真是慘不忍睹。有人認為曾皙說的是「禮運大同」的境界，我想最好還是再對照孔子自己說過的：「老者安之，朋友信之，少者懷之。」（〈公治長26〉）。再說，學生和老師的境界，我覺得實在相去太遠。後來儒家在政治上的無力，恐怕這章已經透露些端倪。

附錄

《韓詩外傳．卷八》〈26〉曾子有過，曾皙引杖擊之，仆地，有間，乃蘇，起曰：「先生得無病乎？」魯人賢曾子，以告夫子。夫子告門人：「參來，〔勿內也。〕」**曾參**自以無罪，使人謝孔子，孔子曰：「〔〕汝不聞：昔者，舜為人子乎？小箠則待笞，**大杖**則逃。索而使之，未嘗不在側；索而殺之，未嘗可得。今汝委身以待暴怒，拱立不去，殺身以陷父不義，其不孝孰大焉？汝非王者之民〔也，殺王者之民〕，其罪何如？」《詩》曰：「優哉柔哉！亦是戾矣！」又曰：「載色載笑，匪怒伊教。」

《孔子家語．六本》〈10〉曾子耘瓜，誤斬其根。曾皙怒，建**大杖**以擊其背，曾子仆地而不知人久之。有頃乃蘇，欣然而起，進於曾皙曰：「嚮也參得罪於大人，大人用力教參，得無疾乎？」退而就房，援琴而歌，欲令曾皙而聞之，知其體康也。孔子聞之而怒，告門弟子曰：「參來，勿內。」**曾參**自以為無罪，使人請於孔子。子曰：「汝不聞乎？昔瞽瞍有子曰舜，舜之事瞽瞍，欲使之，未嘗不在於側；索而殺之，未嘗可得。小棰則待過，**大杖**則逃走，故瞽瞍不犯不父之罪，而舜不失烝烝之孝。今參事父，委身以待暴怒，殪而不避，既身死而陷父於不義，其不孝孰大焉！汝非天子之民也，殺天子之民，其罪奚若？」**曾參**聞之，曰：「參罪大矣！」遂造孔子而謝過。

顏淵

•

第十二

1

顏淵問仁。子曰：「克己復禮為仁。一日克己復禮，天下歸仁焉。為仁由己，而由人乎哉？」顏淵曰：「請問其目。」子曰：「非禮勿視，非禮勿聽，非禮勿言，非禮勿動。」顏淵曰：「回雖不敏，請事斯語矣。」

顏淵請問孔子有關「仁」的問題。孔子回答說：「克制自己，以禮約束（家國中）人我的行為，最後到達行仁（滿天下）的境界。一旦自己可以克制自己，以禮約束人我關係，天下就會成為充滿『仁』的境界。從自己開始行仁，不要期待由別人開始！」顏淵又請教孔子：「老師可不可以說得具體些？」孔子就說：「不合禮的不要看，不合禮的不要聽，不合禮的不要說，不合禮的不要做。」顏淵（聽完後謙虛地）說：「我雖然很笨，但是會努力照著老師的教誨去做。」

這是顏淵篇的開頭。篇名取本章的前兩個字。這是第十二卷，所以有時也作「顏淵十二」。古注都分成二十四章，只有今人黃懷信的版本分成二十五章。我們跟據傳統的做法。

這章很重要，因為是孔門第一弟子和老師的問答，又是談論《論語》中出現次數最高的「仁」，所以重要性和境界都特別高。

毛奇齡認為「克己復禮」是孔子之前就存在的成語（《春秋左傳・昭公十二年》〈2〉）。「克」邢昺說是「約」，朱子說是「勝」，戴望說是「責」，黃懷信說是「克制、約束」。「己」——邢昺說是「身」，朱子則強調是「身之私欲」（這和下文出現的「為仁由己」的解釋就不一致，總不能解釋成「為仁靠的是身之私欲」吧？），黃懷信說是「自己」。「克己」——馬融說是「約身」。「復」是「反」。「禮」——朱子的著名解釋是「天理之節文也」，而「仁」朱子則解為「本心之全德也」。朱子對整句話的解釋就是：「為仁者所以全其心之德也。蓋心之全德莫非天理，而亦不能不壞於人欲。故為仁者必有以勝私欲而復於禮，則事皆天理，而本心之德復全於我矣！」這種宋朝的天理人欲對立的解釋，恐怕和下文不合。

全句另一個關鍵是「為仁」，多半被解釋成「就是仁」，如果是這樣，應該是「謂之仁」才是。「為仁」恐怕是「行仁」。尤其是下文有「為仁由己」一語可以佐證。所以這句話看來是「克己」、「復禮」和「為仁」三個階段，也就是由自己的「修身」（克己）經過家國中的人際關係的「齊家」和「治國」（復禮）甚至到「平天下」（「為仁」才能使「天下歸仁」）逐級擴大。

「一日」是「一旦」。這裡有兩種可能：如果君上克己復禮，百姓就會跟著效法。他在《春秋左傳・昭公十二年》〈2〉就是這麼說楚靈王的。另外一種比較合乎現實的解釋是假定「一旦『人人』克己復禮」，仁道才可能遍布天下。這兩種說法都可以和下句的「為人由己而由仁乎哉」不相違背，

也就是：「仁遠乎哉？我欲仁，斯仁致矣！」（〈述而30〉）

顏淵在問孔子「為仁」的細目，顯然「克己復禮為仁」這句話太過抽象，無法落實在日常生活中。孔子就講了個清楚明白，老嫗皆解：「日常生活的視、聽、言、動都要合乎禮。」他聽完後回答說自己不「敏」（皇侃解釋成「達」），但是願意努力去實踐。這就是孔子誇獎他說：「吾見其進也，未見其止也。」（〈子罕21〉）

孔子回答顏淵的這四項具體項目，竟然也是佛陀在涅槃之前回答阿難的話：

「世尊！我們應如何與女人相處？」「不要看她們。」

「世尊！但如果我們看到了呢？」「不要對她說話。」

「但如果她要和我們說話呢？」「阿難：要保持正念！」*

真是「君子所見略同」！不過，平心而論，孔子說得比較全面，而且沒有針對女人。

附錄

《春秋左傳・昭公十二年》〈2〉仲尼曰：「古也有志：『克己復禮，仁也。』信善哉！楚靈王若能如是，豈其辱於乾谿。」

*髻智比丘，《親近釋迦牟尼佛：從巴利藏經看佛陀的一生》（台北：橡樹林，二〇〇六），頁三八五—三八六；又見於巴宙（譯）《南傳大般涅槃經》（台北：慧炬，一九七二），頁八〇；又見於《長部經典（二）：摩訶篇》（北京：宗教文化出版社，二〇一六），頁二〇七。

2

仲弓問仁。子曰：「出門如見大賓，使民如承大祭。己所不欲，勿施於人。在邦無怨，在家無怨。」仲弓曰：「雍雖不敏，請事斯語矣。」

仲弓請教孔子有關「仁」的問題。孔子回答說：「出家門或國門要像是去會見重要的賓客那樣（的慎重），要讓百姓服勞役要像承辦祭祀大典那樣（的慎重）。自己不希望別人對我做的事情，我也不要對別人做同樣的事情。（如果能夠這樣有同理心，）不管在諸侯之邦或是士大夫之家做事，都不會被上司和下屬埋怨。」仲弓聽完（很恭敬地）說：「我雖然很笨，但是我願意努力去做。」

前章是由孔子「德行」門排第一的顏淵請教孔子「仁」的具體做法，這章是同一「德行」門排第四的仲弓請問同樣的問題。弟子問的問題一樣，孔子卻有不同的答案。可是仔細想想，真有那麼不同嗎？

冉雍，字仲弓（《史記．仲尼弟子列傳》〈12〉），伯牛之宗族。生於不肖之父，以德行著名（《孔子家語．七十二弟子解》〈4〉）。孔子對他的評價很高，雖然不擅長花言巧語（〈公冶長5〉），但是可以「南面」（〈雍也1〉），是個不可多得的治國良材（〈雍也6〉），列名孔門「德行」（〈先進3〉），當過「季氏宰」（〈子路2〉）。

孔安國說「出門如見大賓，使民如承大祭」是「為仁之道莫尚乎敬」，「己所不欲，勿施於人」是「恕」，所以以後古注都遵循著「敬」和「恕」就是「仁」來發揮。

邢昺就說：「此章明仁在敬恕也。」朱子也說：「敬以持己，恕以及物，則私意無所容而心德全矣！」

「己所不欲，勿施於人」除了此章之外，也出現在〈衛靈公24〉：子貢問曰：「有一言而可以終身行之者乎？」子曰：「其恕乎！己所不欲，勿施於人。」在《禮記．大學》〈12〉中，稱為「絜矩之道」。《說苑．敬慎》〈29〉有一段不太一樣的話，最後也提到這「八字箴言」：「去徼幸，務忠信，節嗜欲，無取虐於人，則稱為君子，名聲常存。怨生於不報，禍生於多福，安危存於自處，不困在於蚤豫，存亡在於得人，慎終如始，乃能長久。能行此五者，可以全身，己所不欲，勿施於人，是謂要道也。」現在討論「全球倫理」的學人和宗教人士，也發現這八個字是人類可以溝通的普世價值，不過算是「消極面」，更積極的表述和做法應該是「己立立人，己達達人」（〈雍也30〉）、「老吾老以及人之老，幼吾幼以及人之幼」的「推恩」（《孟子．梁惠王上》〈7〉）。大家都能夠有同理心，換位思考，就往大同世界邁向一步。

朱子還將這章和上章比較：「克己復禮，乾道也；主敬行恕，坤道也。顏、冉之學齊高下淺深於此可見。」

我認為這兩章孔子講的都是具體可行仁的事情，並不抽象。「克己復禮」對應「出門如見大賓，使民如承大祭」，「非禮勿視聽言動」也對應「己所不欲，勿施於人」，而且也都是從負面來表述。這一章多了個「在家無怨、在邦無怨」，很謙虛地只希望能達到「無怨」的低標，沒有誇大說到要「有功」。而且這兩位弟子也都在之後說：「雖不敏，請事斯語矣！」這大概就是「德行」門的「卑以自牧」（《易經．謙卦》〈2〉）吧！

「力行近乎仁」（《禮記．中庸》〈21〉），這兩位孔門德行弟子未嘗不是「力行『進』乎仁」，向「仁」前進！「前進」就會「靠近」。「仁遠乎哉？我欲仁，斯仁至矣！」（〈述而30〉）

我認為這正是孔門精髓：只求力行，不比高下。

附錄

《禮記．中庸》〈21〉子曰：「好學近乎知，**力行近乎仁**，知恥近乎勇。知斯三者，則知所以修身；知所以修身，則知所以治人；知所以治人，則知所以治天下國家矣。凡為天下國家有九經，曰：修身也，尊賢也，親親也，敬大臣也，體群臣也，子庶民也，來百工也，柔遠人也，懷諸侯也。修身則道立，尊賢則不惑，親親則諸父昆弟不怨，敬大臣則不眩，體群臣則士之報禮重，子庶民則百姓勸，來百工則財用足，柔遠人則四方歸之，懷諸侯則天下畏之。齊明盛服，非禮不動，所以修身也；去讒遠色，賤貨而貴德，所以勸賢也；尊其位，重其祿，同其好惡，所以勸親親也；官盛任使，所以勸大臣也；忠信重祿，所以勸士也；時使薄所以勸百工也；送往迎來，嘉善而矜不能，所以柔遠人也；繼絕世，舉廢國，治亂持危，朝聘以時，厚往而薄來，所以懷諸侯也。凡為天下國家有九經，所以行之者一也。」

3

司馬牛問仁。子曰：「仁者其言也訒。」曰：「其言也訒，斯謂之仁已乎？」子曰：「為之難，言之得無訒乎？」

司馬牛向孔子請教「仁」的問題。孔子回答說：「仁者說話（很謹慎）像是有所難言的樣子。」司馬牛再問說：「說話像是有所難言的樣子，就算是仁者了嗎？」孔子說：「（仁道）做起來很難，說話能不像是有口難言的樣子嗎？」

接下來的三章都是司馬牛的問題。這一段《史記・仲尼弟子列傳》〈90〉多了「牛多言而躁」（愛說話而且很急躁）的前提，比本章有更清楚的脈絡。

「司馬牛」又作「司馬耕」（《孔子家語・七十二弟子解》〈30〉和《史記・仲尼弟子列傳》〈90〉）或「司馬犁」，名字都和耕作有關。他是宋國人，字子牛，孔子弟子，是司馬桓魋的弟弟。

《孔子家語・七十二弟子解》〈30〉說：「牛為性躁，好言語」，所以孔子在這裡特別提醒他要少言語。

「訒」一般解釋成「難」。《說文解字》說：「訒，頓也。」皇侃的解釋是：「古者言之不出，恐行之不逮，故仁者必不易出言，故云其言也訒。」朱子繼承鄭玄的「不忍言」的說法，多加了個「忍」的解釋：「仁者心存而不放，故其言若有所忍而不易發，蓋其德之一端也。」戴望認為：「訒，頓也。訥於言者，其辭必頓。」我想，「訒」也許是「非禮勿言」，或者「說話能說到重點而不廢話」才是，就像孔子誇獎閔子騫「夫人不言，言必有中」（〈先進14〉）。

孔子也強調過「古者言之不出，恥躬之不逮也」（〈里仁22〉），「古者」就是這裡的「仁者」。此外，孔子也說過：「君子欲訥於言，而敏於行。」（〈里仁24〉）「訥言」應該也就是這章所說的「其言也訒」。平常和跟孔子唱反調的老子，也說過「大辯若訥」（《老子》）。

孔子在這裡強調仁者「謹言慎行」，和前面教誨顏淵的「克己復禮為仁」，以及教誨仲弓的「出門如見大賓，使民如承大祭。己所不欲，勿施於人」，應該都是一貫的道理。

現在的學校，好像缺乏這樣日常生活應對進退的語言教育。服務業的職場上比較重視，但又好像流於形式。

附錄

《老子》大成若缺，其用不弊。大盈若沖，其用不窮。大直若屈，大巧若拙，**大辯若訥**。躁勝寒靜勝熱。清靜為天下正。

4

司馬牛問君子。子曰：「君子不憂不懼。」曰：「不憂不懼，斯謂之君子已乎？」子曰：「內省不疚，夫何憂何懼？」

司馬牛請教孔子怎樣才是一個君子。孔子回答說：「君子不擔心、不害怕。」（司馬牛再）問：「不擔心、不害怕就叫做君子了嗎？」孔子回答說：「自己反省（平時踐行正道而且沒做過什麼錯事），幹嘛要擔心害怕？」

這章是接著上章司馬牛問仁而來的。這次問的是「君子」。這裡的「君子」不是指在位者，而是有道德修養的人。「疚」一說是「病」（包咸、皇侃、朱子），包咸進一步發揮說：「自省無罪惡，無可憂懼。」一說是「窮」，戴望解釋說：「內省不窮於道，適弗逢世，亦無憂懼。」

這裡講的「不憂不懼」，恐怕也就是「君子坦蕩蕩」，相對於小人的「長戚戚」（〈述而37〉）。孔子曾經說過「知者不惑，仁者不憂，勇者不懼」，所以孔子跟司馬牛只談到「仁」和「勇」，沒提到

「知」（〈子罕29〉）。他在〈憲問28〉中再度提到這三項「君子之道」，還謙稱說自己沒做到。在《易經・大過》〈1〉象傳中，也有「君子以獨立不懼，遯世無悶」的教誨。

在前章和本章，司馬牛在孔子講完第一次以後，都會再問一遍，多少也反映出他的疑慮不決的憂懼性格。下一章更是從他自己口中說出他的「憂」。

孔安國說：「牛兄桓魋將為亂。牛自宋來學，常憂懼，故孔子解之。」後來的注釋家也都遵循這條路線來當成背景。不過，我覺得還要看說話的對象和場景，不可一概而論，特別是君子也是有「憂」有「懼」的。

孔子就說過他的「憂」：「德之不修，學之不講，聞義不能徙，不善不能改，是吾憂也」（〈述而3〉）。還有，他也強調「君子憂道不憂貧」（〈衛靈公32〉）。甚至《韓詩外傳・卷一》〈18〉提到孔子說的「君子三憂」：「弗知，可無憂與！知而不學，可無憂與！學而不行，可無憂與！」同樣的想法延續到後來的繼承者：孟子就說過「君子有終身之憂，無一朝之患也」（《孟子・離婁下》〈56〉）（後來同樣的話也出現在《說苑・談叢》〈55〉中，沒說是孟子說的）；荀子的表述略有不同：「有終生之樂，無一日之憂。」（《荀子・子道》〈7〉）（《說苑・雜言》〈26〉和《孔子家語・在厄》〈2〉將這句話改成是孔子回答子路的話。）

除了「憂」之外，君子也是有「懼」的。孔子在《禮記・中庸》〈1〉一開頭就說過：「君子戒慎乎其所不睹，恐懼乎其所不聞。莫見乎隱，莫顯乎微。故君子慎其獨也。」另外，徐幹的《中論・修本》〈2〉也提到好幾種「君子之懼」：懼怕人家不認同我的善行，懼怕人家討厭我的惡行，見到人家的善行，懼怕自己做不到，懼怕看到別人的惡行，自己卻跟別人一樣。此外，《淮南子・謬稱訓》〈1〉也將君子和小人之「懼」對比：「君子懼失仁義，小人懼失利。觀其所懼，知各殊矣！」所以《易經・震卦》〈1〉也提醒：「君子以恐懼修省。」就是怕自己缺乏反思能力，無法日新又新，行健不息。

「內省不咎」一語道破君子行事的底線。我覺得就是「進退存亡不失其正」（《易經・乾卦》〈24〉）。

附錄

《說苑・談叢》〈55〉**君子有終身之憂，而無一朝之患**，順道而行，循理而言，喜不加易，怒不加難。

《荀子・子道》〈7〉子路問於孔子曰：「**君子**亦有憂乎？」孔子曰：「**君子**其未得也，則樂其意，既已得之，又樂其治。是以**有終生之樂，無一日之憂**。小人者其未得也，則憂不得；既已得之，又恐失之。是以有終身之憂，無一日之樂也。」

《中論・修本》〈2〉**君子**之於己也，無事而不**懼**焉；我之有善，**懼**人之未吾好也；我之有不善，**懼**人之未吾惡也。見人之善，**懼**我之不能修也；見人之不善，**懼**我之必若彼也。故其嚮道，止則隅坐，行則驂乘；上懸乎冠緌，下繫乎帶珮。晝也與之遊，夜也與之息。此《盤銘》之謂「日新」，《易》曰：「日新之謂盛德。」孔子曰：「弟子勉之，汝毋自舍，人猶舍汝，況自舍乎？人違汝其遠矣。」故**君子**不恤年之將衰，而憂志之有倦；不寢道焉，不宿義矣。

5

司馬牛憂曰：「人皆有兄弟，我獨亡。」子夏曰：「商聞之矣：『死生有命，富貴在天。君子敬而無失，與人恭而有禮。四海之內，皆兄弟也。』君子何患乎無兄弟也？」

司馬牛擔心憂慮地說：「別人都有德行善良的兄弟，只有我沒有。」子夏〔聽了以後安慰他〕說：「我曾經聽〔老師〕說過：『死生有命，富貴在天。要當君子就得謹言慎行，不要有所疏失，對待別人也要謙恭有禮，這樣四海之內的人都會想成為你的兄弟。』努力成為君子的人，〔就照著這個簡單的道理去做〕怎麼會擔心沒有善良的兄弟呢？」

上一章孔子教誨司馬牛「君子不憂不懼」，可是並沒有提供司馬牛「憂懼」的具體事證，在這章終於揭曉答案。此外，這也是《論語》少數談論兄弟之情的文章。不過，孔子並沒有現身。

上章提過司馬牛的兄弟是司馬桓魋，所以這裡說「人皆有兄弟，我獨亡」，就是句矛盾的話。所以古注都加以緩頰說，就是因為兄弟行惡，隨時會死，所以才這麼說。這大概是根據子夏下面的答話來做的合理推論。

子夏引用他聽孔子的話說「死生有命，富貴在天」這一句是安慰司馬牛擔心司馬桓魋的死。接下來就轉到說「君子敬而無失，與人恭而有禮」，以這樣的態度對人，「四海之內皆兄弟也」。這裡的「兄弟」顯然已經不是指血緣關係，而是一種道德關係。這裡的「兄弟」其實就是「朋友」。其他古籍中也有「千里之外，親如兄弟」（《說苑・雜言》〈54〉和《孔子家語・六本》〈21〉）或「千里之外，皆如兄弟」（《大戴禮記・君子制言》〈8〉）的說法，強調的是「如」，不是「是」，還是有區別的。

《論語》提及「兄弟」的部分都沒像對父子一般細說具體內容（〈為政21〉、〈先進5〉、〈子路7〉和〈子路28〉）。這章提到的「敬而無失」和「恭而有禮」，算是最具體的說法。這也和〈衛靈公6〉子張問行時，孔子回答要「言忠信，行篤敬」，道理也是一樣的。

「兄弟關係」也稱為「長幼關係」。孟子的「五倫」中就包括長幼（《孟子・滕文公上》〈4〉），可是也有「長幼」和「兄弟」當成「七教」的兩個部分（《禮記・王制》〈79〉），《白虎通德論・三綱六紀》〈1〉也把「兄弟」或「昆弟」列為「三綱六紀」中「六紀」之一。

古代最著名的兄弟故事就是「孔融讓梨」，這個故事隱含著「兄讓弟」是天經地義，「弟讓兄」才值得稱頌。可是這故事只是片面的「讓」，沒說到孔融哥哥的反應（「孔融讓梨」的故事出現在劉孝標注解《世說新語》〈言語第二〉的注解中引用的《融家傳》，正史中並無記載，後來《三字經》中有「融四歲，能讓梨」一句，才讓整個故事傳頌不已）。

現代社會很少聽到兄弟之情的感人故事，倒是常常可以看到有錢人家的小孩為了爭遺產而鬧到媒體版面上，不知他們先人的在天之靈是如何的痛心疾首呢！

大陸的一胎化政策更讓一代人沒了兄弟姊妹，這會有怎樣的影響呢？這恐怕是司馬牛想像不到的問題吧！

附錄

《孟子．滕文公上》〈4〉聖人有憂之，使契為司徒，教以人倫：父子有親，君臣有義，夫婦有別，**長幼**有序，朋友有信。放勳曰：「勞之來之，匡之直之，輔之翼之，使自得之，又從而振德之。」聖人之憂民如此，而暇耕乎？

《禮記．王制》〈79〉六禮：冠、昏、喪、祭、鄉、相見。七教：父子、**兄弟**、夫婦、君臣、**長幼**、朋友、賓客。八政：飲食、衣服、事為、異別、度、量、數、制。

《白虎通德論．三綱六紀》〈1〉三綱者何謂也？謂君臣、父子、夫婦也。六紀者，謂諸父、**兄弟**、族人、諸舅、師長、朋友也。故《含文嘉》曰：「君為臣綱，父為子綱，夫為妻綱。」又曰：「敬諸父兄，六紀道行，諸舅有義，族人有序，昆弟有親，師長有尊，朋友有舊。」何謂綱紀？綱者，張也；紀者，理也。大者為綱，小者為紀，所以張理上下，整齊人道也。人皆懷五常之性，有親愛之心，是以綱紀為化，若羅綱之有紀綱而萬目張也。《詩》云：「亹亹我王，綱紀四方。」

6

子張問明。子曰：「浸潤之譖，膚受之愬，不行焉。可謂明也已矣。浸潤之譖，膚受之愬，不行焉，可謂遠也已矣。」

子張請教孔子「明」的問題。孔子說：「毀謗人的話，就像水的浸潤那樣，是慢慢形成的，汙衊人的話，就像皮膚上的灰塵那樣，是逐漸形成的，這兩樣情況都不讓它發生，就算是明辨道了。毀謗人的話，就像水的浸潤那樣，是慢慢形成的，汙衊人的話，就像皮膚上的灰塵那樣，是逐漸形成的，這兩樣情況都不讓它發生，就算是有遠見了。」

這章是孔子論「明」，還提到了「遠」。

這章的關鍵在於「譖」和「愬」。「譖」——皇侃說：「讒謗也。」朱子說：「毀人之行。」戴望說：「加誣。」「愬」——皇侃說：「相訴訟讒也。」朱子說：「愬己之冤。」戴望說是：「如其事。」〈憲問36〉中「公伯寮愬子路於季孫」是「愬」字在《論語》中第二次出現。《說文解字》：「譖，愬也。從言譖聲。」所以這兩個字是一個意思，都是「背後說人壞話」。恐怕大家都有經驗，有時是受害者，有時則不小心成為加害人。悲哉！

孔子用來解釋「明」的內容，也同樣用來解釋「遠」，應該就是能「明」就能看得「遠」。劉寶楠說得好：「明之所及者遠，凡民情事，無不周知也。」

邢昺對整章的解釋比較簡要：「夫水之浸潤，漸以壞物；皮膚受塵，漸成垢穢。譖人之言，如水之浸潤；皮膚受塵，亦漸以成之，使人不覺知也。若能辨其情偽，使譖愬之言不行，可謂明德也。」朱子說法也值得參考：「毀人者漸漬而不驟，則聽者不覺其入而信之深矣！愬冤者急迫而切身，則聽者不及致詳而發之暴矣！二者難察，而能察之，則可見其心之明而不蔽於近矣！」簡言之，這都是積累的暗示作用，發展到後來很容易讓人將這些謠言信以為真，造成誤會的後果。

《逸周書．謚法解》〈1〉的說法和此章相同：「譖訴不行曰明。」孟子也是這樣的意思：「明足以察秋毫之末」（《孟子．梁惠王上》〈7〉）。〈季氏10〉中提到「九思」時，有「視思明」，董仲舒補充說明：「視曰明，明者知賢不肖，分明黑白也。」（《春秋繁露．五行五事》〈2〉）荀子也說：「知賢之為明」（《荀子．解蔽》〈4〉）。劉寶楠也順著這樣的說法：「言任用賢人，能不疑也。」

這裡的「明」應該包括「自知之明」和「知人之明」。能「明」就能致「遠」。這也和「慎獨」的說法一致：「君子戒慎乎其所不睹，恐懼乎其所不聞。莫見乎隱，莫顯乎微。」（《禮記．中庸》〈1〉）和：「所謂誠其意者，毋自欺也，如惡惡臭，如好好色，此之謂自謙，故君子必慎其獨也！小人閑居為不善，無所不至，見君子而後厭然，掩其不善，而著其善。人之視己，如見其肺肝然，則何益矣！此謂誠於中，形於外，故君子必慎其獨也。」（《禮記．大學》〈3〉）

「明」不是天縱英明，而是得學的，而且是行動之前的重要一步。《禮記・中庸》〈22〉：「博學之，審問之，慎思之，明辨之，篤行之。有弗學，學之弗能，弗措也；有弗問，問之弗知，弗措也；有弗思，思之弗得，弗措也；有弗辨，辨之弗明，弗措也；有弗行，行之弗篤，弗措也。人一能之己百之，人十能之己千之。果能此道矣，雖愚必明，雖柔必強。」毓老師當初以夏學社名義印行的書上都有這句話。後來中華奉元學會出版的書上（除了第一本《毓老師講中庸》之外）也都遵循這個傳統。

不過，話說回來，自己是否成為流言的對象，這恐怕不是自己能夠控制的。自己能控制的應該只有不要相信別人的流言。這方面的「明」和「遠」是比較容易的。

7

子貢問政。子曰：「足食。足兵。民信之矣。」子貢曰：「必不得已而去，於斯三者何先？」曰：「去兵。」子貢曰：「必不得已而去，於斯二者何先？」曰：「去食。自古皆有死，民無信不立。」

子貢請問孔子政事的問題。孔子回答說：「（為政要注意）讓人民吃得飽（或徵實物稅賦），讓軍隊兵源（或兵器）充足，還有讓政府不失信於人民。」子貢又問說：「如果不得已要去掉其中一項，這三者要先剔除哪一個呢？」（孔子）回答說：「剔除軍隊兵源（或兵器）充足這一項。」子貢又問：「如果不得已又要剔除一項，剩下的兩項要如何取捨？」（孔子）回答說：「剔除讓人民吃得飽（或徵實物稅賦）這一項。因為自古都有人會因為打仗和食物而死，可是如果人民不相信政府，這樣的國家會崩解的。」

這章是孔子講為政要講究「食」、「兵」和「信」三項，其中又以「信」為最根本。

「食」、「兵」和「信」三者的關係，邢昺說得很清楚：「足食則人知禮節，足兵則不軌畏威，民信之則服命從化。夫食者，人命所須，去之則人死；而去食不去信者，言死者古今常道，人皆有之，治國不可失信，失信則國不立也。」朱子的看法也類似。

顧炎武的《日知錄》認為，古代的「兵」原指兵器，秦漢以後才把執兵器的人稱為「兵」。劉寶楠引證《左傳》證明「兵」就有「士卒」的說法，並不是起於秦漢以後。所以這裡的「兵」是指「兵器」，而不是軍人。這和前輩的古注都不同。這符合《說文解字》：「兵，械也。從廾從斤，並力之貌。」

王夫之則主張兩個「去」是指「去其足之之政」，也就是不要「足食」和「足兵」，而不是完全不要「食」和「兵」，也就是說吃不飽（賦稅不足）或兵源（或兵器）不足沒關係，但是不是說沒東西吃（沒賦稅）和沒軍人（或兵器）。這種說法也是比較合理的。戴望的看法也別出心裁：「去兵，去力役之征，若起徒役，簡車乘牛馬兵器之常數；去食、去粟米之征，若貢助什一之正賦也。」也就是說「不要對人民課徵過多的勞役和賦稅」。我覺得也是比較有道理。

「信」，是指「為政之信」，說的是「在上者不可失信於在下者」，亦即朱子所說的「不可失信於民」。但是讓人民彼此之間不猜忌，彼此信任恐怕也包含在「民信」的內含中，也就是「上下一心」。這和〈子張10〉所說的「君子信而後勞其民，未信則以為厲己」以及《孫子・始計》〈3〉中所說的「道，令民與上同意也」是一樣的意思。

其實這治國三項和〈學而5〉所說的「道千乘之國：敬事而信，節用而愛人，使民以時」應該是相互輝映的。

孔子這裡強調的是非物質因素（「互信」）比起物質因素（食和兵）在治國優位順序上的首要性。

附錄

《孫子兵法·始計》〈3〉道者，**令民與上同意也**，可與之死，可與之生，而不畏危。天者，陰陽，寒暑，時制也。地者，遠近，險易，廣狹，死生也。將者，智，信，仁，勇，嚴也。法者，曲制，官道，主用也。凡此五者，將莫不聞，知之者勝，不知者不勝。

8

棘子成曰：「君子質而已矣，何以文為？」子貢曰：「惜乎！夫子之說君子也。駟不及舌。文猶質也，質猶文也。虎豹之鞟，猶犬羊之鞟。」

衛國大夫棘子成說：「君子只要有天性本質就好了，還要後天習文幹什麼？」子貢回答說：「可惜啊！您對君子的評論竟然是如此。您說話說得太快了，（而且說錯了，）就像快馬一樣，很難追回。天性本質就好像後天習文一樣，後天習文又好像天性本質一樣。虎豹去了毛，就如同犬羊去了毛一樣（很難區別）。」

這章是子貢談論文和質的關係。

「駟」是四匹馬，古代以四匹馬拉一輛馬車，所以就將四匹馬稱為「駟」。「駟不及舌」就是「一言既出，駟馬難追」。「鞟」或作「鞹」，是指「剝了毛的皮」。「虎豹之鞟，猶犬羊之鞟」，孔安國認為：「虎豹與犬羊別者，正以毛文異耳。今使文質同者，何以別虎豹於犬羊耶？」可是，外形難道看不出區別嗎？

換句話說，棘子成認為「只要有質即可，文是多餘的」，子貢糾正他說：「質和文不可分，就像虎豹和犬羊的皮和毛是不可分的一樣，否則去了毛的虎豹之皮和犬羊之皮就沒有區分了。」

朱子認為：「棘子成矯當時之弊，固失之過。而子貢矯子成之弊，又無本末輕重之差，胥失之矣！」

子貢的說法，雖然糾正了棘子成的偏頗說法，也就是孔子批評過的「質勝文則野」（〈雍也18〉），但是他的「文猶質也，質猶文也」的說法，看似超越棘子成的一偏之見，可是這種混淆文質的說法，實際也還不是孔子「文質彬彬」（文和質要最適的搭配）（〈雍也18〉）的教誨。孔子的說法強調「文」和「質」的一偏都是不對的，應該兩者調和，而不是像子貢這裡說的「文猶質也，質猶文也」的含混說法。《論語》中對於「文」和「質」的說法就是本章和〈雍也18〉兩章。其他經典也有些相關的論述。

《說苑．修文》〈31〉有個故事：孔子去勸說天體派的子桑伯子，認為他「質美而無文」想要以「文」說服他。而子桑伯子卻認為孔子「質美而文繁」，想要說服他拋棄「文」。故事就只說到這裡，沒有下文。顯然兩人都「質美」，一個「無文」，一個「文繁」，其實都沒達到「文質彬彬」的地步，半斤也笑不得八兩。

《說苑．反質》〈5〉有另外一個故事：禽滑釐有一天向墨子請教「奢儉」的問題。墨子主張要「去奢從儉」：「長無用，好末淫，非聖人所急也。故食必常飽，然後求美；衣必常暖，然後求麗；居必常安，然後求樂。為可長，行可久，先質而後文，此聖人之務。」這種說法就好像是「先求有，再求好」，「質」就是「有」，「文」就是「好」。

董仲舒的《春秋繁露・玉杯》〈1〉中也特別說：「《春秋》文著於質，質不居文，文安施質？質文兩備，然後其禮成。文質偏行，不得有我爾之名。俱不能備而偏行之，寧有質而無文。」這也比子貢的說法要貼近孔子「文質彬彬」的原意。

《韓詩外傳・卷八》〈25〉記載魯哀公問冉有：「凡人之質而已，將必學而後為君子乎？」冉有對曰：「臣聞之：雖有良玉，不刻鏤，則不成器；雖有美質，不學，則不成君子。」冉有這裡的「學」就是「學文」。

這和孔子說的「性相近也，習相遠也」（〈陽貨2〉）似乎也相關：「質」好比「性」，「習」好比「文」。「文」「質」如果應該「彬彬」，那麼「性」「習」也應該有個最適的配置才是。

附錄

《說苑》〈修文31〉孔子曰可也簡。簡者，易野也，易野者，無禮**文**也。孔子見子桑伯子，子桑伯子不衣冠而處，弟子曰：「夫子何為見此人乎？」曰：「其質美而無**文**，吾欲說而**文**之。」孔子去，子桑伯子門人不說，曰：「何為見孔子乎？」曰：「其質美而**文**繁，吾欲說而去其**文**。」故曰，**文**質修者謂之君子，有質而無**文**謂之易野，子桑伯子易野，欲同人道於牛馬，故仲弓曰太簡。上無明天子，下無賢方伯，天下為無道，臣弒其君，子弒其父，力能討之，討之可也。當孔子之時，上無明天子也，故言雍也可使南面，南面者天子也，雍之所以得稱南面者，問子桑伯子於孔子，孔子曰：「可也簡。」仲弓曰：「居敬而行簡以道民，不亦可乎？居簡而行簡，無乃太簡乎？」子曰：「雍之言然！」仲弓通於化術，孔子明於王道，而無以加仲弓之言。

——〈反質5〉禽滑釐問於墨子曰：「錦繡絺紵，將安用之？」墨子曰：「惡，是非吾用務也。古有無文者得之矣，夏禹是也。卑小宮室，損薄飲食，土階三等，衣裳細布；當此之時，黻無所用，而務在於完堅。殷之盤庚，大其先王之室，而改遷於殷，茅茨不剪，采椽不斲，以變天下之視；當此之時，文采之帛，將安所施？夫品庶非有心也，以人主為心，苟上不為，下惡用之？二王者以化身先於天下，故化隆於其時，成名於今世也。且夫錦繡絺紵，亂君之所造也，其本皆與於齊，景公喜奢而忘儉，幸有晏子以儉鐫之，然猶幾不能勝。夫奢安可窮哉？紂為鹿臺糟丘，酒池肉林，宮牆文畫，彫琢刻鏤，錦繡被堂，金玉珍瑋，婦女優倡，鐘鼓管絃，流漫不禁，而天下愈竭，故卒身死國亡，為天下戮，非惟錦繡絺紵之用耶？今當凶年，有欲予子隨侯之珠者，不得賣也，珍寶而以為飾；又欲予子一鍾粟者，得珠者不得粟，得粟者不得珠，子將何擇？」禽滑釐曰：「吾取粟耳，可以救窮。」墨子曰：「誠然，則惡在事夫奢也？長無用，好末淫，非聖人所急也。故食必常飽，然後求美；衣必常暖，然後求麗；居必常安，然後求樂。為可長，行可久，先質而後文，此聖人之務。」禽滑釐曰：「善。」

9

哀公問於有若曰：「年饑，用不足，如之何？」有若對曰：「盍徹乎？」曰：「二，吾猶不足，如之何其徹也？」對曰：「百姓足，君孰與不足？百姓不足，君孰與足？」

魯哀公問有若說：「饑荒之年，國家財用不足，該怎麼辦？」有若恭敬地回答說：「〔不妨減稅，從原來的十分取二〕改成十分取一吧？」〔魯哀公覺得莫名其妙〕說：「原來的十分取二的稅法我都不夠用了，怎麼能減成十分取一呢？〔你腦子進水了？〕」有若〔仍然〕恭敬地回答說：「人民要是富足，〔自然就有稅收，〕您怎麼會不富足？人民要是日子難過，〔稅都交不起，〕您又怎麼會有好日子過呢？」

這章是有若回答魯哀公問財政窘迫時，勇於直諫魯哀公要體恤民情。

「用」是朱子解作「國用」，就是「國家財政支出」。「盍」是「何不」。「徹」是周朝「什一而稅」〔收成十分要上繳一分，簡稱「什一稅」〕的稅法。鄭玄說：「徹，通也，為天下之通法也。」

「二」是指「收成十分要上繳二分」，比「徹」多一倍。許多古注對於古代稅法制度都有不同的看法，眾說紛紜。

《新語・辨惑》〈2〉提到這一段時，就指出有若不怕自己的直諫會「忤於耳而不合於意，遂逆而不用也」，所以誇獎他「正其行而不苟合於世也」，又說：「君子直道而行，知必屈辱而不避也。故行不敢苟合，言不為苟容，雖無功於世，而名足稱也；雖言不用於國家，而舉措之言可法也。」

有若在此，點出哀公只考慮到自己的不足，沒有想到他的足和不足都是仰賴人民的納稅和供養。有若的說法，是秉持著孔子的理念的。孔子曾經教誨過弟子：「道千乘之國：敬事而信，節用而愛人，使民以時。」（〈學而5〉）在和魯哀公的對談中，孔子也提醒魯哀公：「薄賦斂則民富」，甚至也說：「《詩》云：『凱悌君子，民之父母』，未見其子富而父母貧者也。」（《說苑・政理》〈11〉）這可能就是本章有若想法的根源。

孔子這種「節用而愛人」的想法，後來也展現在許多思想家共有的「節用」思想中。孟子主張在「凶年饑歲」時，君上更應該行仁政，不能讓「君之民老弱轉乎溝壑，壯者散而之四方者，幾千人矣」（《孟子・梁惠王》〈19〉）。荀子也強調「節用裕民，善臧其餘」才是「足國之道」，特別是「節用以禮，裕民以政」（《荀子・富國》〈2〉）。

常常和儒家唱反調的墨子，也強調「節用」：「古者聖王，制為節用之法曰：『凡天下群百工，輪車、鞼鞄、陶、冶、梓匠，使各從事其所能。』曰：『凡足以奉給民用，則止。』諸加費不加於民利者，聖王弗為。」（《墨子・節用中》〈2〉）

通常被歸在「法家」的管子在他提出的「六務四禁」中的「六務」，第一項就是「節用」（《管子・七臣七主》〈2〉）。

這樣看來，「節用愛人」應該是超越各家學派的一個共同主張。恐怕也是當今全球化各文化之間溝通往來的「全球倫理」中的重要項目：節約各種能源，以便地球生命可以永續發展。「民惟邦本，本固邦寧」（《尚書・夏書》〈五子之歌2〉），看來這古老的智慧並沒有落伍。

這讓我想起毓老師的話：「不是古人沒有智慧，是我們自己沒有用古人的智慧。」所以他老人家一再強調：「以古人的智慧啟發我們的智慧。」

附錄

《管子・七臣七主》〈2〉明主有六務四禁，六務者何也？一曰**節用**；二曰賢佐；三曰法度；四曰必誅；五曰天時；六曰地宜。四禁者何也？春無殺伐，無割大陵，倮大衍，伐大木，斬大山，行大火，誅大臣，收穀賦；夏無遏水，達名川，塞大谷，動土功，射鳥獸；秋毋赦過釋罪緩刑。冬無賦爵賞祿，傷伐五穀故春政不禁，則百長不生，夏政不禁，則五穀不成。秋政不禁，則姦邪不勝。冬政不禁，則地氣不藏。四者俱犯，則陰陽不和，風雨不時，大水漂州流邑，大風漂屋折樹，火暴焚地燋草。天冬雷，地冬霆。草木夏落而秋榮，蟄蟲不藏。宜死者生，宜蟄者鳴，苴多螣蟆，山多蟲螟。六畜不蕃，民多夭死，國貧法亂，逆氣下生，故曰：「臺榭相望者，亡國之廡也。馳車充國者，追寇之馬也。羽劍珠飾者，斬生之斧也。文采纂組者，燔功之窑也。」

《尚書・夏書》〈五子之歌2〉其一曰：「皇祖有訓，民可近，不可下，**民惟邦本，本固邦寧**。予視天下愚夫愚婦一能勝予，一人三失，怨豈在明，不見是圖。予臨兆民，懍乎若朽索之馭六馬，為人上者，奈何不敬？」

10

子張問崇德、辨惑。子曰：「主忠信，徙義，崇德也。愛之欲其生，惡之欲其死。既欲其生，又欲其死，是惑也。『誠不以富，亦衹以異。』」

子張請教孔子崇德和辨惑（要怎麼做）。孔子說：「要以忠信為主（或親近忠信之人），聽到該做的事情就要去做，這就是崇德。鍾愛一個人或一件事，就希望他活得好，討厭一個人或一件事就希望他去死。這種愛恨交織（，無法解開這個結）就是惑。（《詩經》有這麼一句古話：）『成不以富，亦衹以異。』」

這章是子張請教孔子崇德和辨惑兩件事。最後八個字引自《詩經・小雅》〈我行其野〉篇（原詩作「成不以富，亦衹以異」），但意思近乎不可解，所以有些古注就不勉強解釋，乾脆放過。

「崇」是「充」（邢昺）或「重」（戴望），「辨」是「別」（孔安國、邢昺和戴望）、「主」是「親」（鄭玄和邢昺）或「外主」（戴望），「徙」是「遷」（邢昺），「徙義」就是「聞義則遷」，也就是「改過遷善」

的意思。「崇德」就是「修德」，「主忠信」和「徙義」兩項都應該包括「修身」以及「和有德者學習」兩方面。「辨惑」講的是「情緒管理」，不能愛恨不分。這其實也就是「喜怒哀樂都要發而中節（合於禮）」，也就是《禮記・中庸》〈1〉所說的「中和」。

樊遲也請問過「崇德、脩慝、辨惑」的問題（〈顏淵21〉）。孔子的說法是：「崇德」是「先事後得」和這裡說的「主忠信、徙義」不太一樣。「辨惑」則是「一朝之忿，忘其身，以及其親」則和此章的「愛惡交織」的「情緒管理」類似。

至於最後那句不太可解的引文。鄭玄的解釋是：「此行誠不可以富致，是足以為異耳。」後來的皇侃、邢昺和朱子都這麼跟著說。什麼意思，沒人能懂。平常喜歡引經據典、長篇大論的劉寶楠則對此保持緘默。我覺得這八字恐怕有著「雖然不是想著財富，卻不知道修身以德，只會隨波逐流」、「沒有自己的主見」、「本末倒置」等等的意思。我想到的是：「富潤屋，德潤身，心廣體胖，故君子必誠其意也。」（《禮記・大學》〈3〉）

雖然孔子對此「八字」是斷章取義，我還是試著把原詩的意思翻譯一下，讓大家參考（我的譯文參考滕志賢《新譯詩經讀本（下）》（台北：三民，二〇〇〇），頁五三六—五三七）：

我走在郊野，臭椿樹枝葉茂盛。因為婚姻的緣故，我到你家去住。但你不愛我，所以我要回到我家去。

我走在郊野，採摘著羊蹄菜。因為婚姻的緣故，我到你家去住。但你不愛我，我要回到我家去。

我走在郊野，採摘葍菜。你不再想我這個元配，而去追求新歡。你確實不是因為財富，只是喜新厭舊。

附錄

《詩經・小雅》〈我行其野〉

我行其野，蔽芾其樗。昏姻之故，言就爾居。爾不我畜，復我邦家。
我行其野，言采其蓫。昏姻之故，言就爾宿。爾不我畜，言歸思復。
我行其野，言采其葍。不思舊姻，求爾新特。**成不以富，亦祇以異。**

11

齊景公問政於孔子。孔子對曰：「君君，臣臣，父父，子子。」公曰：「善哉！信如君不君，臣不臣，父不父，子不子，雖有粟，吾得而食諸？」

> 齊景公請教孔子有關治理的問題。孔子很恭敬地說：「當君上就要有君上該有的表現，當臣下就該有臣下的表現，父親要有父親該有的表現，兒子該有兒子的表現。」齊景公（聽完後讚嘆地）說：「說的真好啊！要是當君上的沒有君上該有的表現，當臣下沒有臣下該有的表現，當父親的沒有父親該有的表現，當兒子的沒有兒子該有的表現，就算人民進貢粟米，我大概也沒機會可以吃到吧！」

這章講的是政治上每個人的社會地位和角色的相應問題。

齊景公名杵臼，是莊公的同父異母弟。〈季氏12〉說到他死的時候，他沒有留下什麼人民可以稱述的德政。在〈微子3〉他也敷衍孔子，讓孔子決心離開齊國。這麼一位無遺德在民的君王，劉寶楠卻說他死後被諡為「景」，是因為《逸周書·諡法解》〈1〉的「布義行剛曰景」，實在讓我不解。其實諡號是「景」也還有兩個意思：「由義而濟」和「耆意大慮」（實在不知道意思），不過好像也不能從上述的兩章對出其意。

根據《國語·晉語四》〈39〉的說法：「君君、臣臣」一語是古代流傳下來的話。孔子此處應該是引用古話，再多添了「父父、子子」一項。這也算是孔子自謙的「述而不作，信而好古」（〈述而1〉）的例證。

孔子說的「君臣」和「父子」這兩對關係，前者是名詞，後者則是動詞。我們可以分別用現代社會學的「地位」和「角色」概念來解釋：有什麼樣的地位，就應該扮演好什麼樣的角色。每個角色都有應該盡的義務和別人對這個角色的期待。孔子雖然說了「君君、臣臣、父父、子子」，可是他並沒有提及具體的內容。

本章的意旨，《呂氏春秋·似順論》〈處方1〉說得更清楚：「為治必先定分。君、臣、父、子、夫、婦六者當位，則下不踰節而上不苟為矣，少不悍辟而長不簡慢矣。金木異任，水火殊事，陰陽不同，其為民利一也。故異所以安同也，同所以危異也。同異之分，貴賤之別，長少之義，此先王之所慎，而治亂之紀也。」孔子在此沒有提到「三綱」中的「夫婦」關係，可能是因為齊景公問的是「政事」而不是「家事」。不過，從現在觀點看來，就算是政事，夫婦關係也是重要的。

至於孔子在此處並沒有針對君臣關係和父子關係舉例，這是比較可惜之處。我們只好從其他相關經典獲取一些相關的說法。

〈八佾19〉中他提到「君—臣」關係應該是：「君使臣以禮，臣事君以忠。」也就是君臣之間有著互惠的倫理，不是後來流傳的片面倫理：「君要臣死，臣不敢不死。」在《禮記・大學》〈7〉中，還提到「為人君，止於仁；為人臣，止於敬」。奠定後世「三綱五常」說的《白虎通德論・三綱六紀》〈4〉中也說：「君臣者，何謂也？君，群也，下之所歸心；臣者，纏堅也，屬志自堅固。」《荀子・君道》〈3〉也說：「請問為人君？曰：以禮分施，均遍而不偏。請問為人臣？曰：以禮侍君，忠順而不懈。」《說苑・建本》〈3〉也說：「君道義，臣道忠……君以臣為本，臣以君為本。」這些說法基本上都還是秉持著君臣雙方的互惠原則，並非只是一方（為人臣）片面的義務和君上對他的期待而已。

至於「父子關係」，此章因為是「問政」，所以孔子可能針對的是「政一代」和「政二代」之間的父子關係，而不是泛指一般的父子關係。孔子所處的春秋時代，政界不乏「臣弒其君」和「子弒其父」的醜事（《孟子・滕文公下》〈14〉和《易經・坤卦》〈10〉）。這也是孔子怕這樣的事情蔓延下去，所以才開始「作《春秋》」，希望能撥亂反正。

齊景公雖然請教孔子，孔子也給了建議，但是齊景公也只是禮貌性的說說，並沒有真正照著孔子的話去做。後來齊國就被陳氏所滅，替「臣弒其君」又開一例。

附錄

《孟子・滕文公下》〈14〉世衰道微，邪說暴行有作，**臣弒其君**者有之，**子弒其父**者有之。孔子懼，作《春秋》。《春秋》，天子之事也。是故孔子曰：「知我者其惟春秋乎！罪我者其惟春秋乎！」

《易經・坤卦》〈10〉文言：積善之家，必有餘慶；積不善之家，必有餘殃。臣弒其君，子弒其父，非一朝一夕之故，其所由來者漸矣，由辯之不早辯也。《易》曰：「履霜，堅冰至。」蓋言順也。

12

子曰：「片言可以折獄者，其由也與？」子路無宿諾。

孔子說：「只聽一造之言就可以進行司法判決的，大概只有子路這樣的人吧？」子路（不輕易答應別人，但是如果）答應別人要做的事情，不會拖到明天。

這章講的是子路的明快行事風格。有的版本將「子路無宿諾」這句話別立一章。「片」是「偏」（孔安國）或「半」（鄭玄），「片言」是「半言」（朱子）。「折」，是「斷」（朱子），「折獄」是「判辨獄訟之事也」（皇侃）。「宿」有作「豫」（何晏和戴望）、「逆」（皇侃）、「留」（朱子）、「止」（《說文解字》）和「夜」（黃懷信）幾種解釋。「諾」則有「許」（皇侃）和「應」（劉寶楠）二解。

孔安國說：「聽訟必須兩辭以定是非，偏信一言以折獄，為子路可也。」但是這是讚美之辭？還是貶抑之辭？如果從子路「明快」來看，應該是讚美；如果從「公正」來看，子路沒聽兩造之辭就做出司法判決，實在太過莽撞了，這樣就應該是貶抑的批評。皇侃說這段話還有另一種解釋：「子路性直，情無所隱者，若聽子路之辭，則一辭亦足也。」這種解釋強調的是子路的說話風格，和司法審判沒有關係。但是持這種見解的前輩比較少。

孔子雖然這麼講，恐怕只是一個假設之辭，並非發生過的實情。在古籍中找不到子路擔任司法審判的任何記載。

《說苑・政理》〈8〉有個故事：衛靈公請教史鰌、子路和子貢三位「治理的優位順序」，史鰌認為司法（大理）為先，子路認為「軍事」（司馬）為先，子貢則認為「教」（教育文化）為先。這和孔子說的「足食、足兵、民信」（〈顏淵7〉）的治國三階段任務的後兩個階段是吻合的。

子路無宿諾，好像也找不到實例。不過毓老師認為子路即知即行，可已算是比王陽明還要早的「知行合一」的始祖。

話說回來，子路折獄的境界，畢竟不如孔子。欲知詳情，且聽下章分解。

附錄

《說苑・政理》〈8〉衛靈公問於史鰌曰：「政孰為務？」對曰：「大理為務，聽獄不中，死者不可生也，斷者不可屬也，故曰：大理為務。」少焉，**子路**見公，公以史鰌言告之，**子路**曰：「司馬為務，兩國有難，兩軍相當，司馬執枹以行之，一鬥不當，死者數萬，以殺人為非也，此其為殺人亦眾矣，故曰：司馬為務。」少焉，子貢入見，公以二子言告之，子貢曰：「不識哉！昔禹與有扈氏戰，三陳而不服，禹於是修教一年而有扈氏請服，故曰：去民之所事，奚獄之所聽？兵革之不陳，奚鼓之所鳴？故曰：教為務也。」

13

子曰：「聽訟，吾猶人也，必也使無訟乎！」

孔子說：「司法審判（要聽兩造之辭），這點我和別人一樣，（但是，我更希望的是）人民彼此之間沒有訴訟的必要。」

這章講的是孔子對待人民司法訴訟的態度。

《禮記．大學》〈8〉也有這句話，但還多了「無情者不得盡其辭，大畏民志。此謂知本」一句，也就是說：「讓那些沒有具體證據的人不能隨便誣陷別人，讓人民不敢隨便無理就走向訴訟之途。這才是治國所需要知道的最基本要務。」

《周禮．秋官司寇》〈61〉強調：「以五刑聽萬民之獄訟，附於刑，用情訊之；至於旬乃弊之，讀書則用法。凡命夫命婦，不躬坐獄訟。凡王之同族有罪，不即市。以五聲聽獄訟，求民情：一曰辭聽，二曰色聽，三曰氣聽，四曰耳聽，五曰目聽。」這是非常慎重的程序，重點在於「求民情」，也就是「了解事情的真相」。

包咸說：「使無訟，化之在前。」王弼也說：「無訟在於謀始，謀始在於作制。契之不明，訟之所以生也。物有其分，職不相濫，爭何由興？訟之所以起，契之過也。故有德司契而不責於人。」這其實就是《大戴禮記・禮察》〈2〉說的：「凡人之知，能見已然，不能見將然。禮者，禁於將然之前；而法者，禁於已然之後。是故法之用易見，而禮之所為生難知也。」孔子的「必也無訟」的前提是「以禮治國」。他在〈先進26〉時就批評過子路不懂得「為國以禮」。子路就算能「片言折獄」，也只是治標而不是治本。這也呼應《易經・訟卦》〈1〉所說的：「訟，君子以作事謀始。」作事謀始，想周到了，才能無訟。

秦漢古籍中有一個孔子審理司法案件的故事：孔子當魯國的司法長官（大司寇）時，有一對父子互相訴訟，孔子就把父子倆抓起來關在監獄中，三個月都沒審理，也沒判決。後來那個父親受不了，撤銷告訴，孔子就把父子倆給放了。這讓負責國政的季桓子很不高興，懷疑孔子當初跟他說要提倡孝道才會有好的國政，可是現在卻連一個不孝的兒子都不能明快地處決，還加以釋放。孔子因此說了一番大道理：君上不好好教導百姓，不知道以禮教民，卻讓人民迷惑在繁瑣的法令之間，動則得咎，這是為政者的錯，怎能怪到人民頭上呢？（《荀子・宥坐》〈3〉、《說苑・政理》〈10〉、《韓詩外傳・卷三》〈22〉和《孔子家語・始誅》〈2〉）《老子》：「法令滋彰，盜賊多有。」講的也是同一類事。

另外有一個孔門德行門弟子仲弓請問孔子對「至刑無所用政，至政無所用刑」的看法，孔子回答的是「刑政相參」，不可偏廢，還解釋說，首先是要「以德教民，以禮齊之」，其次才是以「政言導民，以刑禁之」。仲弓接著問到「聽訟」，孔子更是囑咐要慎重，要考量到父子和君臣間的感情，根據動機的善惡來決定處分的輕重，並且要全面掌握事情，還要公正審理。所有案件要訊問三次，從犯要從輕量刑，可疑的案件要廣泛徵求群眾的意見，不確定的案件就要赦免，定刑輕重要根據過去的慣例。頒發爵位要在朝廷公開，和大家共享榮耀，處分犯人也要公開在市場上，讓大家一起來唾棄他。仲弓後來還問了審理案件的官員有哪些人，孔子也回答說，是由管理刑獄的官員，向上層主官層層上報到大司寇和君主，最後讓君主做裁決（《孔子家語．刑政》〈1〉）。

在《孔叢子．刑論》中，孔子也數度提及「聽訟」：首先，聽訟必須讓雙方能完全表達自己的說辭，然後從他的說辭或情況來考量。曾子請問孔子「聽獄之術」，孔子的回答是：「要以寬大之懷治理，寬大就要明察犯罪事實，要考量到個別的狀況，特別是要注意他的說辭，他的不得已之處，以及這件事情的合宜之處，再做處置。」（《孔叢子．刑論》〈5〉）

其次是仲弓請問孔子「折獄」的事情。孔子回答說：「古代聽訟者會考量到犯人的貧賤、孤獨、鰥寡，老弱無依等特殊狀況，替犯人找活路。如果只是小過，就加以赦免，以確保老弱不受刑的先王之道。」（《孔叢子．刑論》〈6〉）

最後，孔子提醒子張：「古代的聽訟者考量行為者的動機，能有機會讓人活，就不要讓人死，萬不得已才用刑。不管結果如何，都要讓人民知道整個過程。可是，現在的聽訟者不管行為動機，只想著除掉這個壞人，所以想來想去就是殺人了事。」（《孔叢子．刑論》〈7〉）

以上種種慎重，都不是子路那種「片言折獄」所可同日而語的。

附錄

《荀子・宥坐》〈3〉**孔子**為魯司寇，有**父子**訟者，**孔子**拘之，三月不別。其父請止，**孔子**舍之。季孫聞之，不說，曰：「是老也欺予。語予曰：為國家必以孝。今殺一人以戮不孝！又舍之。」冉子以告。**孔子**慨然歎曰：「嗚呼！上失之，下殺之，其可乎？不教其民，而聽其獄，殺不辜也。三軍大敗，不可斬也；獄犴不治，不可刑也，罪不在民故也。嫚令謹誅，賊也。今生也有時，斂也無時，暴也；不教而責成功，虐也。已此三者，然後刑可即也。《書》曰：『義刑義殺，勿庸以即，予維曰未有順事。』言先教也。故先王既陳之以道，上先服之；若不可，尚賢以綦之；若不可，廢不能以單之；綦三年而百姓從風矣。邪民不從，然後俟之以刑，則民知罪矣。《詩》曰：『尹氏大師，維周之氐；秉國之均，四方是維；天子是庳，卑民不迷。』是以威厲而不試，刑錯而不用，此之謂也。今之世則不然：亂其教，繁其刑，其民迷惑而墮焉，則從而制之，是以刑彌繁，而邪不勝。三尺之岸而虛車不能登也，百仞之山任負車登焉，何則？陵遲故也。數仞之牆而民不踰也，百仞之山而豎子馮而游焉，陵遲故也。今之世陵遲已久矣，而能使民勿踰乎，《詩》曰：『周道如砥，其直如矢。君子所履，小人所視。眷焉顧之，潸焉出涕。』豈不哀哉！」

《孔叢子・刑論》〈5〉《書》曰：「非從維從。」**孔子**曰：「君子之於人也，有不語也，無不聽也。況**聽訟**乎！必盡其辭矣。夫**聽訟**者或從其情，或從其辭。辭不可從，必斷以情。《書》曰：『人有小罪非眚，乃惟終，自作不典；式爾，有厥罪小，乃不可不殺。乃有大罪非終，乃惟眚災適爾；既道極厥辜，時乃不可殺。』」曾子問聽獄之術。**孔子**曰：「其大法也三焉。治必以寬，寬之之術歸於察，察之之術歸於義，是故聽而不寬，是亂也；寬而不察，是慢也；察而不中義，是私也。私則民怨。故善聽者，聽不越辭，辭不越情，情不越義。《書》曰：『上下比罰，亡僭亂辭。』」

——〈6〉《書》曰：「哀敬折獄。」仲弓問曰：「何謂也？」孔子曰：「古之聽訟者察貧賤，哀孤獨，及鰥寡、老弱不肖而無告者，雖得其情，必哀矜之。死者不可生，斷者不可屬。若老而刑之，謂之悖；弱而刑之，謂之克。不赦過謂之逆，率過以小罪謂之枳。故宥過赦小罪，老弱不受刑，先王之道也。《書》曰：『大辟疑赦。』又曰：『與其殺不辜，寧失不經。』」

——〈7〉《書》曰：「若保赤子。」子張問曰：「聽訟可以若此乎？」孔子曰：「可哉！古之聽訟者惡其意，不惡其人，求所以生之，不得其所以生，乃刑之。君必與眾共焉，愛民而重棄之也。今之聽訟者不惡其意，而惡其人，求所以殺。是反古之道也。」

14

子張問政。子曰：「居之無倦，行之以忠。」

子張請教孔子治理的問題。孔子回答說：「在位時（或沒被重用之前）不要懈怠，做事（或被重用之後）要盡己所能。」

這章是孔子回答子張問政的「八字箴言」。「居」，何晏引用王肅說是「居之於身」，朱子說是「存諸心」，鄭玄和戴望都說是「居位也」。「行」，何晏引用王肅說是「行之於民」，朱子說是「發於事」。「忠」則都當成「忠信」二字解（王肅、皇侃和劉寶楠），只有朱子說「以忠則表裡如一」，或許解釋成「忠恕」會比較好。換句話說，有些解釋是以「內聖外王」的基調來看待這兩句話。朱子則強調兩個「如一」：「無倦則始終如一……以忠則表裡如一」。

我覺得另一個可能是將「居」和「行」當成一對概念，彷彿「舍」和「用」，「居之無倦」就是「舍之則藏」，「行之以忠」就是「用之則行」（〈先進26〉中的「居」就有著「尚未被重用」的意思」。

這裡的「居之無倦」和孔子回答子路問政時的答案「先之，勞之。無倦」（〈子路1〉）可以相互呼應，都是「勤政愛民」的意思。

《論語》出現過九次「問政」，五次集中在〈顏淵〉，四次集中在〈子路〉；其中君上問政的有齊景公（〈顏淵11〉）、季康子（問兩次）（〈顏淵17〉和〈顏淵19〉）和葉公（〈子路16〉），學生問政的，除了本章的子張之外，還有子貢（〈顏淵7〉）、子路（〈子路1〉）、仲弓（〈子路2〉）和子夏（〈子路17〉）。值得注意的是，不是只有「政事門」的弟子才會「問政」，子貢、仲弓和子夏就分別屬於「言語」、「德行」和「文學」，而且和子路同屬於「政事」的冉求卻沒有「問政」孔子的紀錄。很明顯地，孔子都會根據對方的地位和身分和場合給予不同的答案，這也是因材施教的好例子。

《荀子．大略》〈87〉中有一個子貢想要「停息」的人際關係和耕種的工作：他先後說了「事君」、「事親」、「妻子」、「朋友」和「耕」，都被孔子一一駁斥。最後請教孔子：「難道就沒有休息的時候？」孔子就暗示他：「只有死了才能休息」。子貢也才恍然大悟，說：「大哉！死乎！君子息焉，小人休焉。」這個故事所說的大概也就是本章的「居之無倦」的意思。《荀子．勸學》〈1〉和《大戴禮記．勸學》〈1〉都說過「學不可以已」（學習是不可以停止的）。現在人說的「終身學習」也是一樣的意思。

天道行健不息，君子法天，當然也要行健不息。此外，還要盡己而為，日新又新。

附錄

《荀子・大略》〈87〉**子貢問於孔子曰**：「賜倦於學矣，願息事君。」孔子曰：「《詩》云：『溫恭朝夕，執事有恪。』事君難，事君焉可息哉！」「然則，賜願息事親。」孔子曰：「《詩》云：『孝子不匱，永錫爾類。』事親難，事親焉可息哉！」「然則賜願息於妻子。」孔子曰：「《詩》云：『刑於寡妻，至於兄弟，以御於家邦。』妻子難，妻子焉可息哉！」「然則賜願息於朋友。」孔子曰：「《詩》云：『朋友攸攝，攝以威儀。』朋友難，朋友焉可息哉！」「然則賜願息耕。」孔子曰：「《詩》云：『晝爾於茅，宵爾索綯，亟其乘屋，其始播百穀。』耕難，耕焉可息哉！」「然則賜無息者乎？」孔子曰：「望其壙，皋如也，顛如也，鬲如也，此則知所息矣。」**子貢曰**：「大哉！死乎！君子息焉，小人休焉。」

15

子曰：「君子博學於文，約之以禮，亦可以弗畔矣夫！」

孔子說：「君子要廣泛學習天下事物，最終要以禮來約束自己的所學和行為，這樣就不會離開君子之道。」

此章在〈雍也27〉已經出現過，讀者可以回頭閱覽該章，當作複習。

16

子曰：「君子成人之美，不成人之惡。小人反是。」

孔子說：「君子鼓勵人向善，做好事，遏止人做壞事。小人剛好相反。」

這章是《論語》中拿君子和小人對舉的十七章之一。

邢昺的解釋不錯：「此章言君子之於人，嘉善而矜不能，又復仁恕，故成人之美，不成人之惡也。小人則妒賢樂禍，而成人之惡，不成人之美，故曰反是。」

〈堯曰2〉也和本章一樣，有美惡對舉的例。孔子回答子張從政的問題時，提出：「尊五美，屏四惡」：「五美」就是「君子惠而不費，勞而不怨，欲而不貪，泰而不驕，威而不猛」，而「四惡」則是「不教而殺謂之虐；不戒視成謂之暴；慢令致期謂之賊；猶之與人也，出納之吝，謂之有司」。

這裡說的「美」也可以說就是「善」或是「善道」，「惡」就是「惡道」。孔子提醒弟子要「舉善而教不能」（〈為政20〉）、「三人行，必有我師焉。擇其善者而從之，其不善者而改之」（〈述而22〉）、

「擇其善者而從之」（〈述而28〉）、「篤信好學，守死善道」（〈泰伯13〉）、「見善如不及，見不善如探湯」（〈季氏11〉）。可是孔子也強調不能從鄉人（現在的網路鄉民？）的意見當成道德的判準，他覺得要區分「鄉人之善者好之，其不善者惡之」（〈子路24〉），這對於「民粹」的時代，是很好的當頭棒喝。「不善不能改」（〈述而3〉）是孔子憂慮的事情之一。

《禮記・大學》〈1〉的三綱「明明德、親（新）民、止於至善」，更把「善」當成「大學之道」的終極目標。

有幾本古籍引用到這章的話：《說苑・君道》〈5〉中孔子回答魯哀公時，就提到：「惡惡道不能甚，則其好善道亦不能甚；好善道不能甚，則百姓之親之也，亦不能甚。」魯哀公聽完就說：「善哉！吾聞君子成人之美，不成人之惡。微孔子，吾焉聞斯言也哉？」這裡也把「美」和「惡」分別當成「善道」和「惡道」。

《大戴禮記・曾子立事》〈16〉則提到君子不先懷疑別人別有用心，不懷疑別人的信用，而且也原諒別人的過錯，就是「成人之美」。這和孔子讚美顏淵「不貳過」是一樣的道理。換句話說，「不貳過」就是消極的「善道」。

《春秋穀梁傳・隱公元年》〈1〉說的則是「《春秋》成人之美，不成人之惡」，指的是鼓勵人的行事動機良善，而不在乎結果。舉的例子就是魯隱公要讓位給魯桓公，結果桓公等不及就先把隱公殺了，所以還是讚美不該讓國的隱公而彰顯桓公的惡行。這裡的「成人之美」也是讚美人走向善道的心意，誅伐走向惡道的人。

這裡對待善惡的態度，其實不是通常誤會的「隱惡揚善」，而是「遏惡揚善」（《易經・大有》

〈1〉），差別就在於對於「惡道」採取現代所謂「零容忍政策」。「隱惡」的結果往往造成「姑息養奸」的意外結果。

孔子鼓勵人當君子，鼓勵人「己立立人」和「己達達人」（〈雍也30〉），這是積極向善的精神。

《老子》中說：「天下皆知美之為美，斯惡已！皆知善之為善，斯不善已！」看起來好像是在跟孔子唱反調。可是老子雖然沒有教人「成人之美」，但也絕對沒教人「成人之惡」，這樣說來，兩人的立場至少不是南轅北轍的差別。

附錄

《大戴禮記．曾子立事》〈16〉君子不先人以惡，不疑人以不信；不說人之過，**成人之美**；存往者，在來者，朝有過，夕改，則與之；夕有過，朝改，則與之。

《春秋穀梁傳．隱公元年》〈1〉元年春，王正月。雖無事，必舉正月，謹始也。公何以不言即位？成公志也。焉成之？言君之不取為公也。君之不取為公何也？將以讓桓也。讓桓正乎？曰不正。《春秋》**成人之美，不成人之惡**。隱不正而成之，何也？將以惡桓也。其惡桓何也？隱將讓而桓弒之，則桓惡矣。桓弒而隱讓，則隱善矣。善則其不正焉何也？《春秋》貴義而不貴惠，信道而不信邪。孝子揚父之美，不揚父之惡。先君之欲與桓，非正也，邪也。雖然，既勝其邪心以與隱矣，已探先君之邪志而遂以與桓，則是成父之惡也。兄弟，天倫也。為子受之父，為諸侯受之君，已廢天倫而忘君父以行小惠，曰小道也。若隱者可謂輕千乘之國，蹈道則未也。

17

季康子問政於孔子。孔子對曰：「政者，正也。子帥以正，孰敢不正？」

季康子請教孔子為政之道。孔子恭敬地回答說：「政治就是從自身的守正開展到天下的公正。只要您自己以正作表率，人民還有誰不會效法您而不守正呢？」

接下來三章都是季康子請教孔子治理的問題。

季康子是魯哀公當政時的掌權大臣，名肥（現在已經沒人敢取這樣的名字了吧！），「康」是他的謚號。根據《逸周書．謚法解》說：「淵源流通曰康。豐年好樂曰康。安樂撫民曰康。令民安樂曰康。」有些古注認為他符合第三項。他連這次總共向孔子請教過六次（〈為政20〉、〈雍也8〉、〈先進7〉、〈顏淵18〉、〈顏淵19〉）。他自己失禮僭位，上梁不正下梁歪，所以對於「使民」的問題相當苦惱。老百姓顯然對於他「使民」顯然也不樂意配合，所以說他謚號是正面的「康」，實在讓我覺得費解。

「帥」是「率」的假借字，就是率領或表率。黃懷信說「正」有「端正、平正、公正、不偏、無邪」等義。

孔子在《論語》中提過「正名」(〈子路3〉),還有身體方面的「正」(「正顏色」(〈泰伯4〉),「正身」(〈子路6〉和〈子路13〉)和「正其衣冠」(〈堯曰2〉)),飲食方面的「正」(「割不正」(〈鄉黨8〉)),禮儀方面的「正」(「樂正」(〈子罕15〉)、「席正」(〈鄉黨9〉和〈鄉黨13〉)和「立正」(〈鄉黨17〉))。所以,「政」和「正」的意義都很廣泛。

「政者,正也」是「同音解字」。《禮記・哀公問》〈4〉和《大戴禮記・哀公問於孔子》〈4〉都記載著和本章同樣的問題和答案的故事,文字完全相同,只是提問者是季康子的君主魯哀公:魯哀公請教孔子何謂為政,孔子就回答說:「政者,正也。君為正,則百姓從政矣。君之所為,百姓之所從也。君所不為,百姓何從?」甚至連老子都說:「以正治國」(《老子》)。

孔子強調君上的示範作用是用「民之表」(人民的表率)這種表述:《禮記・緇衣》〈4〉子曰:「下之事上也,不從其所令,從其所行。上好是物,下必有甚者矣。故上之所好惡,不可不慎也,是民之表也。」這裡明白說到人民是看著君主的「行」,這才是人民真正的表率。《大戴禮記・主言》〈6〉和《孔子家語・王言解》〈6〉中都提到「七教」,並強調君主的表率作用:「七教者,治民之本也,教定是正矣。上者,民之表也。表正,則何物不正?」

季康子和孔子在這裡行禮如儀。可是在別的文獻記載中,兩人的關係是貌合神離的。《說苑・政理》〈42〉和《孔子世家・子路初見》〈3〉都有這樣的故事:孔子去見季康子,惹得季康子不開心,孔子還是請見,讓弟子宰予看不下去,就請教孔子說:「我以前聽老師您說過:『王公不聘請我,我是不會主動求見的。』您現在請見季康子的次數未免也太多了些。」孔子回答說:他是為人民出面說話，這些當君上的人該先自我檢討處罰自己，才可能有太平之治。可是孔子的善意並沒有感動魯國的領導階層。

孔子過世之後，季康子甚至懷疑孔子不如鄭國的子產，因為子產過世的時候，鄭國的男人都捐出自己的玉珮，婦人把自己的珠寶都捐出來給子產陪葬，而孔子死的時候，魯國人卻沒人這麼做。孔子的弟子子游很勇敢地替老師說話：「子產和我們老師若是要相比較的話，就像是一窪水和下雨的差別：浸在一窪水中的人就可以活命，沒有的就會死；人民真正需要的是及時雨，這樣才能滿足人民的當務之急，可是人民因此活命了，卻不知道感恩戴德。」（《說苑．貴德》〈15〉）子游這裡的說法，恐怕也就是顏淵之志：「無伐善，無施勞。」（〈公冶長26〉）

孔子相信從自己做起可以將正能量擴展到全天下。許多人都笑他太天真。難怪他要說「人不知而不慍，不亦君子乎？」（〈學而1〉）

附錄

《孔子世家．子路初見》〈3〉孔子為魯司寇，見**季康子**，康子不悅，孔子又見之。宰予進曰：「昔予也常聞諸夫子曰：『王公不我聘，則弗動。』今夫子之於司寇也，日少而屈節數矣。不可以已乎？」孔子曰：「然。魯國以眾相陵，以兵相暴之日久矣。而有司不治，則將亂也。其聘我者，孰大於是哉！」魯人聞之，曰：「聖人將治，何不先自遠刑罰。」自此之後，國無爭者。孔子謂宰予曰：「違山十里，蟪蛄之聲，猶在於耳，故政事莫如應之。」

《說苑・貴德》〈15〉**季康子**謂子游曰：「仁者愛人乎？」子游曰：「然。」「人亦愛之乎？」子游曰：「然。」康子曰：「鄭子產死，鄭人丈夫舍玦珮，婦人舍珠珥，夫婦巷哭，三月不聞竽琴之聲。仲尼之死，吾不聞魯國之愛夫子奚也？」子游曰：「譬子產之與夫子，其猶浸水之與天雨乎？浸水所及則生，不及則死，斯民之生也必以時雨，既以生，莫愛其賜，故曰：譬子產之與夫子也，猶浸水之與天雨乎？」

18

季康子患盜，問於孔子。孔子對曰：「苟子之不欲，雖賞之不竊。」

> 季康子治理之下的魯國，常常有人民當盜賊，讓季康子甚為苦惱，於是請教孔子禁絕的辦法。孔子恭敬地回答說：「如果您自己不要物質欲望太多，（人民也不會學您貪得無厭而去當強盜，）那麼就算是您獎賞人民去偷盜，他也不會去做。」

這章是季康子問政之後，具體地請問孔子「盜患」要怎麼解決的問題。

這章出現的「盜」和「竊」——有人當同義字解，如皇侃就說：「竊，猶盜也。」劉寶楠也說兩個字「互相訓」。《說文解字》區別兩者：「盜，私利物也」、「竊，盜自中出曰竊」。「賞，賜有功也」（《說文解字》）。「苟」——是假如，說的是一種假定的狀態。「欲」——孔安國說是「多情慾」，我覺得不如說是「多物欲」來得恰當。

上一章孔子的說法比較抽象，這章就非常具體。兩章都同樣表達出孔子的「上行下效」和「風行草偃」的基本信念。

《春秋左傳・襄公二十一年》〈2〉記載「魯多盜」，季孫氏問臧武仲原因，臧武仲就明說在於「上梁不正」：「您把外面的盜賊引進來而且還禮遇他們，怎麼叫我禁止國內的盜賊呢？邾國大夫庶其偷盜了邾國的城邑來到我國，您卻把姬氏給他做妻子，又給他城邑，他的隨從也都有賞賜。這根本就是賞賜盜賊……上層人物的所作所為，是百姓學習的榜樣。上層人物所不允許的事情，人民有人做了，就會被懲罰，這樣就沒人敢不警惕；如果上層人物的所作所為，人民模仿去做，這是誘導的結果，這是情勢所然，這還禁止得了嗎？」臧武仲的說法和孔子的想法是一致的。

《禮記・大學》〈11〉裡也強調這種上行下效的效應：「堯、舜率天下以仁，而民從之；桀、紂率天下以暴，而民從之。其所令反其所好，而民不從。是故君子有諸己而後求諸人，無諸己而後非諸人。所藏乎身不恕，而能喻諸人者，未之有也。」

《說苑・貴德》〈23〉也說：「天子好利則諸侯貪，諸侯貪則大夫鄙，大夫鄙則庶人盜，上之變下，猶風之靡草也，故為人君者明貴德而賤利以道下，下之為惡，尚不可止。」

孔門後學的荀子也有同樣的看法：「聖王在上，分義行乎下，則士大夫無流淫之行，百吏官人無怠慢之事，眾庶百姓無姦怪之俗，無盜賊之罪，莫敢犯上之大禁，天下曉然皆知夫盜竊之不可以為富也，皆知夫賊害之不可以為壽也，皆知夫犯上之禁不可以為安也。由其道則人得其所好焉，不由其道則必遇其所惡焉。是故刑罰綦省而威行如流，世曉然皆知夫為姦則雖隱竄逃亡之由不足以免也，故莫不服罪而請。」（《荀子・君子》〈2〉）

就連老子都有類似的看法：「我無欲，而民自樸」及「不見可欲使〔民〕心不亂」（《老子》）。

孔子在下一章又有進一步的引申和比喻。且看下回分解。

附錄

《春秋左傳．襄公二十一年》〈2〉邾庶其以漆、閭丘來奔，季武子以公姑姊妻之，皆有賜於其從者。於是魯多盜。季孫謂臧武仲曰：「子盍詰盜？」武仲曰：「不可詰也，紇又不能。」季孫曰：「我有四封，而詰其盜，何故不可？子為司寇，將盜是務去，若之何不能？」武仲曰：「子召外盜而大禮焉，何以止吾盜？子為正卿，而來外盜，使紇去之，將何以能？庶其竊邑於邾以來，子以姬氏妻之，而與之邑，其從者皆有賜焉。若大盜禮焉以君之姑姊與其大邑，其次皁牧輿馬，其小者衣裳劍帶，是賞盜也。賞而去之，其或難焉。紇也聞之，在上位者洒濯其心，壹以待人，軌度其信，可明徵也，而後可以治人。夫上之所為，民之歸也。上所不為，而民或為之，是以加刑罰焉，而莫敢不懲。若上之所為，而民亦為之，乃其所也，又可禁乎？夏書曰：『念茲在茲，釋茲在茲，名言茲在茲，允出茲在茲，惟帝念功。』將謂由己壹也，信由己壹，而後功可念也。」庶其非卿也，以地來，雖賤必書，重地也。

19

季康子問政於孔子曰：「如殺無道，以就有道，何如？」孔子對曰：「子為政，焉用殺？子欲善，而民善矣。君子之德風，小人之德草。草上之風，必偃。」

季康子請問孔子治理的問題說：「如果我把不守法令的人全給殺了，這樣人民就會守法，您看這樣如何？」孔子恭敬地回答說：「您治理國家，為何老想著用殺戮來解決問題？如果您自己努力實踐善道，人民也會效法您實踐善道。〔讓我用個比喻來說明：〕君子的德行就像風一樣，人民的德行就像草一樣。風一旦吹過，草一定會隨著風吹的方向而仆倒。」

這章是季康子問政的最後一章。孔子講的還是他一貫的治理主張：「政者，正也。」「草上之風」的「上」也有的版本作「尚」。

「就」是「成」（孔安國和皇侃）或「成就」（黃懷信）。「殺」是「戮」（《說文解字》）或「罪人」（《釋名·釋喪制》〈8〉）〔將人定罪〕。「偃」是「仆」（孔安國和邢昺）或「臥」（皇侃）或「仰」（戴望）或「倒伏」（黃懷信）。這裡所說的「君子」和「小人」是指社會地位而言，而不是道德的高下程度。

《說苑．政理》〈2〉引用到這一章，就申明這講的是教化，治國有「刑」和「德」二種手段：王者以德為主，以刑為輔；霸者刑德並濟；強國刑先於德。可是不管刑或德，都是要看教化而定。德的目的是培養善德，以防患於未然；刑是懲罰惡行，著重在惡行發生以後。德的最高境界是賞，刑的最重懲罰就是誅。是誅還是賞，就要看是賢還是不肖，是有功還是無功。賞德刑惡才能教化天下。這也就是《書經》說的「畢協賞罰」。

《說苑．君道》〈4〉也提到過一個風和草的比喻，不過不是孔子說的。陳靈公行事和說話都有嚴重缺失，泄冶就進言說道：「夫上之化下，猶風靡草，東風則草靡而西，西風則草靡而東，在風所由而草為之靡，是故人君之動不可不慎也。」靈公聽完這段話之後，認為泄冶妖言惑眾，就把他給殺了，後來自己也被臣下給「弒」（地位低的人殺了地位高的人）了。這樣看起來，季康子沒殺了孔子，真是「斯文在茲」的另一明證。

在〈顏淵13〉我提過一個孔子審理司法案件的故事，季康子在這裡就提出過「現在就把這個不孝順的兒子給殺了，給天下人一個警惕」的建議，孔子用類似此章的說法來駁斥刑戮這種治民選項。

「風行草偃」這個譬喻其實有點不好，因為有人就認為：「就那麼一陣風，過了就過了。」可是長期的風吹，確實會造成植物倒向同一個方向。重點在於「長期」而不是「一時」。

這是孔子傳下來的以身作則的道德政治，位高權重，反省的責任也應該更重。這是時時刻刻都要做的事情，不是一陣風。

附錄

《說苑・政理》〈2〉季孫問於孔子曰：「如殺無道，以就有道，何如？」孔子曰：「子為政，焉用殺，子欲善而民善矣。君子之德，風也；小人之德，草也；草上之風必偃。」言明其化而已矣，治國有二機，刑德是也；王者尚其德而布其刑，霸者刑德並湊，強國先其刑而後德。夫刑德者，化之所由興也。德者，養善而進闕者也；刑者，懲惡而禁後者也；故德化之崇者至於賞，刑罰之甚者至於誅；夫誅賞者，所以別賢不肖，而列有功與無功也。故誅賞不可以繆，誅賞繆則善惡亂矣。夫有功而不賞，則善不勸，有過而不誅，則惡不懼，善不勸而能以行化乎天下者，未嘗聞也。《書》曰：「畢協賞罰」，此之謂也。

20

子張問：「士何如斯可謂之達矣？」子曰：「何哉？爾所謂達者？」子張對曰：「在邦必聞，在家必聞。」子曰：「是聞也，非達也。夫達也者，質直而好義，察言而觀色，慮以下人。在邦必達，在家必達。夫聞也者，色取仁而行違，居之不疑。在邦必聞，在家必聞。」

子張請教孔子：「一個立志為士的人，要怎樣才算是達？」孔子反問說：「什麼意思啊？你所說的達（是什麼意思）？」子張回答說：「在邦國大家都聽過（你的大名），在宗族中也都聽過（你的大名）。」孔子回答說：「你說的是聞，不是達（這是不一樣的）。所謂的達，是一個人秉持著直率的本質，而且還熱心公益，能夠注意到別人說話的意思而且也會觀察人的臉色行事，事事都替別人考慮。（這樣才能夠）在邦國能通達，在宗族也能通達。而所謂的聞，只是外表看起來為別人好，可是做起事來完全不是這麼回事，平常讓人不起疑心。這種人，才是在邦國大家都聽聞過（他的底細），在宗族也是大家都聽聞過（他的底細）。」

此章孔子教誨子張區分「聞」和「達」的差別。

「士」——皇侃說是「通謂丈夫也」，邢昺說是「有德之稱」，《說文解字》「士，事也。數始於一，終於十。從一從十。孔子曰：『推十合一為士。』凡士之屬皆從士。」孔子的說法是根據字的構造來解釋士的造字原意，似乎有著「一以貫之」的意思。不過，除了許慎這裡的說法，其他先秦兩漢古籍找不到孔子這句話。從《論語》提到「士」的章節來看，其意義似乎和有德行的「君子」差不多（〈里仁9〉、〈泰伯7〉、〈憲問2〉和〈子張1〉）。

「達」——皇侃說是「身命通達」，朱子說是「德孚於人而行無不得之謂」，戴望和劉寶楠都說是「通」。其實不如「依經解經」，以孔子自己在本章中所說的「質直而好義，察言而觀色，慮以下人」就是最好的答案。

「在邦」——皇侃說是「仕諸侯」，「在家」，皇侃說是「仕卿大夫」。

「質直而好義」——皇侃說是：「質性正直，而所好者義也。」「察言而觀色」則是：「察人言語，觀人容色者也。」「慮以下人」是：「懷於謙退，思以下人也。」邢昺和劉寶楠的解釋也大致不出皇侃的意思。王夫之對每個關鍵字都有解釋：「質」是誠樸而不事文飾，「直」是順理而無阿曲，「義」乃所當為之事，「好義」乃見義則樂為之，不以便利而中沮，皆在應事接物上說。「察言觀色」，若人言色不順，則反求諸己。「慮以下人」，不競立功，不爭立名，不恃己之長而驕，不專利於己而抑人。

馬融解釋最後一句：「此言佞人假仁者之色，行之則違，安居其偽而不自疑。必聞，佞人黨多也。」這也呼應著孔子說過的「巧言、令色，鮮矣仁！」（〈學而3〉）或「色莊」（〈先進21〉），也就是所謂的「沽名釣譽」。

劉寶楠注解「聞」是：「多是虛偽，故以仁之美德而色取之，不顧其行違也，身居於仁，而若無所疑也。如此以得名譽，是之謂聞。」並引用《荀子．宥坐》〈2〉中「孔子誅少正卯」的五個理由：「一曰：心達而險；二曰：行辟而堅；三曰：言偽而辯；四曰：記醜而博；五曰：順非而澤——此五者有一於人，則不得免於君子之誅，而少正卯兼有之。」用以證明孔子深惡「聞」。這裡雖然提到了「達」（心達而險）字，但是五項罪名的實質內容都和「聞」有關。另外，他也提到王莽的故事作為另外一個「聞」的證據。

孔子這麼注重「聞」和「達」差別，也是他力求「正名」的「微言大義」。

子貢和子路也都問過孔子同樣有關「士」的問題。孔子回答子貢的是：「行己有恥，使於四方，不辱君命。」（〈子路20〉）這是從奉命出使的外交事務上著眼；回答子路的是：「切切、偲偲、怡怡如也，可謂士矣。」（〈子路28〉）這是從情感表達方面著眼，此章則強調人際關係。三次回答的重點完全不同。這就是因材施教。可見作為一個士，不只是一個面向，孔子恐怕是希望補強弟子的缺點而施教。

在其他章節，孔子還提過「士」對待物質生活的態度：要志於道，要不恥惡衣惡食（〈里仁9〉），也不要「懷居」（貪圖居處安適）（〈憲問2〉）。弟子曾子也提過「士」要「弘毅」，以「仁為己任」，而且「死而後已」（〈泰伯7〉）。子張大概是在接受孔子教誨之後也認識到：「士見危致命，見得思義，祭思敬，喪思哀，其可已矣！」（〈子張1〉）

21

樊遲從遊於舞雩之下，曰：「敢問崇德、脩慝、辨惑。」子曰：「善哉問！先事後得，非崇德與？攻其惡，無攻人之惡，非脩慝與？一朝之忿，忘其身以及其親，非惑與？」

樊遲隨著孔子到祈雨處，趁機請教孔子說：「請問崇德、修慝、辨惑具體要怎麼做？」孔子回答說：「問得真好啊！做事不求回報，這不就是崇德嗎？自己反省自己做錯的事，不要只看到別人做錯的事，這不是修慝嗎？一旦生氣起來，不顧自己的安危和雙親的擔心，這不是惑嗎？」

這章和下一章都是樊遲請教孔子的記載。

「舞雩」是久旱不雨的祈雨儀式，皇侃認為這個舞雩之處就在孔子家附近，曾皙也曾經提到過（〈先進26〉）。「脩」或作「修」是「治」，「慝」是「惡」，「修慝」就是「治惡」或「為善」。

「先事後得」——孔安國說是「先勞於事，然後得報也」。其實孔子早就在樊遲三次問仁的某一次中說過「先難後獲」（〈雍也22〉）。孔子在回答子張問同一個問題時，答案是：「主忠信，徙義，崇德也。」（〈顏淵10〉）強調的方向略有不同。

「攻」是「治」或「則」，「其」是指「自己」。「攻其惡，無攻人之惡」就是「躬自厚而薄責於人」（〈衛靈公15〉），凡事先要求自己，再來要求別人。子張當初沒問到「脩慝」的問題上。「惑」是沒做好情緒管理。這孔子回答子張同樣問題給的答案：「愛之欲其生，惡之欲其死。既欲其生，又欲其死，是惑也。」（〈顏淵10〉）是一樣的意思。

孔子在這裡強調的是「從自己做起」、「從自己開始踐行」、「從情緒管理做起」這三個做人的基本方向。

22

樊遲問仁。子曰：「愛人。」問知。子曰：「知人。」樊遲未達。子曰：「舉直錯諸枉，能使枉者直。」樊遲退，見子夏。曰：「鄉也吾見於夫子而問知，子曰：『舉直錯諸枉，能使枉者直』，何謂也？」子夏曰：「富哉言乎！舜有天下，選於眾，舉皋陶，不仁者遠矣。湯有天下，選於眾，舉伊尹，不仁者遠矣。」

樊遲請教孔子仁的問題。孔子回答說：「愛人。」再請教「知」（智）的問題。孔子回答說：「知人。」樊遲聽了還是不懂。孔子就再說明：「薦舉正直的人安插在不正直的人之間，這樣就能讓不正直的人（以正直的人為榜樣而）變得正直。」樊遲（還是沒懂，又不敢再問，就）退出來。剛好碰到（小八歲的）學弟子夏，就跟他說：「我剛剛面見老師請教知（智）的問題，老師說：『薦舉正直的人穿插在不正直的人之間，這樣就能讓不正直的人（以正直的人為榜樣而）變得正直。』這是什麼意思啊？」子夏聽完說：「老師這話說得真是富有深義啊！舜治理天下的時候，從群眾中薦舉了皋陶，這樣不仁的人就會潛移默化（或遠走他鄉）。湯治理天下的時候，從群眾中薦舉了伊尹，不仁的人就會潛移默化（或遠走他鄉）。」

這是樊遲請教孔子「仁」和「知」（智）的問題。在〈雍也22〉他就問過一次同樣的問題，在〈子路19〉又問過一次「仁」，所以他總共問過三次「仁」，問過兩次「知」（智）。孔子每次的回答也都不一樣。這章的重點放在「知」（智），樊遲聽完沒懂，子夏再解釋，則完全讓孔子答案的境界降至一個更低的境界。

樊遲小孔子三十六歲，子夏小孔子四十四歲，所以樊遲是大八歲的學長。可是樊遲顯然自覺自己的領悟力不高，所以才請教學弟老師教誨的意思。樊遲顯然知道「愛人」的意思，他不解的是「知人」。

「錯」——皇侃說是「廢」，黃懷信說是「錯同措，置也」。我認同這樣的解釋。「枉」——皇侃說是「邪」。「富」是「盛」（孔安國和皇侃）或「備」（劉寶楠）。「遠」，古注似乎都以「遠惡行」（皇侃）或「變於不覺」（戴望）這種「風行草偃」或「潛移默化」的觀點來解釋，而不是遠走他鄉〔特別是皇侃引用蔡謨的說法〕。可是我覺得，在實際生活中這些人遠走他鄉的可能性，是比改過遷善要高很多的。

樊遲不懂的是孔子說的「知人」，可是子夏的回答裡面似乎把「愛人」和「知人」結合起來看，也就是「知人包括愛人」，才有「不仁者遠矣」的解釋。

孔子對樊遲三次問仁的答覆中，這次是走極簡路線。在〈雍也22〉中，他說「仁者先難而後獲」，在〈子路19〉他說的是：「居處恭，執事敬，與人忠。雖之夷狄，不可棄也。」這都可以涵括在「愛人」之下。這也和孔子回答子貢：「仁者，己欲立而立人，己欲達而達人。」（〈雍也30〉）是一樣的道理。

另一次孔子在解答樊遲問「知」時，說的是「務民之義，敬鬼神而遠之」，和這裡的「知人」不在一個層次上。不過，都是從治民的立場來說的，不是一般人民之間的情況。

其實孔子說的「知人」，是當政者的「知人之明」和「知人善任」。《大戴禮記・主言》〈9〉中孔子就說過一段類似此章「愛人」和「知人」的話：「仁者莫大於愛人，知者莫大於知賢，政者莫大於官賢，有土之君修此三者，則四海之內拱而俟，然後可以征。」這裡除了「知賢」，還明白說出了「官賢」，這就是「知人善任」。

另一個很精彩的故事，可惜沒收到《論語》裡：有一次子路、子貢和顏淵三位弟子在場，孔子就出了「知（智）者若何？仁者若何？」的題目來測驗這三位弟子：子路的答案是：「知者使人知己，仁者使人愛己」，強調的是自己的行為要讓別人肯認，孔子評論說：「真是一個士啊！」子貢的答案是：「知者知人，仁者愛人。」就是孔子在這裡的說法，孔子評論說：「真是一個士君子啊！」顏淵的答案是：「知者自知，仁者自愛。」完詮釋「反求諸己」，孔子的評論是：「真是一位明君子啊！」（《荀子・子道》〈6〉）（《孔子家語・三恕》〈8〉中孔子對於前兩位的評論都是「士」，對於顏淵的評論是「士君子」。）特別值得注意得是：子貢用了孔子在此的答案，可是卻沒得到比顏淵更高的評價。

子貢大概很納悶，為什麼孔子沒有給他最高的評價呢？他給的畢竟是老師曾經給過的答案啊！您覺得這是為什麼呢？

附錄

《荀子．子道》〈6〉子路入，子曰：「由！知者若何？仁者若何？」子路對曰：「知者使人知己，仁者使人愛己。」子曰：「可謂士矣。」子貢入，子曰：「賜！知者若何？仁者若何？」子貢對曰：「**知者知人，仁者愛人**。」子曰：「可謂士君子矣。」顏淵入，子曰：「回！知者若何？仁者若何？」顏淵對曰：「知者自知，仁者自愛。」子曰：「可謂明君子矣。」

《孔子家語．三恕》〈8〉子路見於孔子。孔子曰：「智者若何？仁者若何？」子路對曰：「智者使人知己，仁者使人愛己。」子曰：「可謂士矣。」子路出，子貢入。問亦如之，子貢對曰：「**智者知人，仁者愛人**。」子曰：「可謂士矣。」子貢出，顏回入。問亦如之，對曰：「智者自知，仁者自愛。」子曰：「可謂士君子矣。」

23

子貢問友。子曰：「忠告而善道之，不可則止，無自辱焉。」

> 子貢請教孔子交朋友要注意哪些事。孔子說：「朋友做錯了，要告訴他，讓他走向正道；但是如果他不聽，就不要再說了（或別再跟這樣的人交朋友），別自討無趣（別自取其辱）。」

這章是孔子教誨子貢交友之道。

「友」——現在都當「朋友」解。可是原來「朋」和「友」是有差別的。《白虎通德論・卷七》〈三綱六紀5〉引用《禮記》說：「同門曰朋，同志曰友。」（現在的《禮記》沒這句話）自己的解釋卻是：「朋者，黨也；友者，有也。」可是〈泰伯5〉和〈子張15〉中曾子和子游提到同門的時候，說的都是「友」而非「朋」，所以「同門曰朋」恐怕不如說是「同門曰友」。

「忠告」——包咸說是「以是非告之」（以是非糾正朋友的言行），戴望說是「告以中心」（明白告訴朋友自己心中的想法）。「善道」的「道」——該念成「導」，戴望說是「以道誘掖之」，也就是在朋友犯錯時，規勸他返回正道。

這裡是從一個假設的最壞情況來說的。孔子其實對於「益友」和「損友」有比此章更詳細的論述：「益友」是「直，諒，多聞」，「損友」是「便辟，善柔，便佞」（〈季氏4〉）。這裡說的「忠告而善導之」，應該就是「益友」的「直」。可是，有時候「直」會讓聽的人受不了，拂袖而去。子夏曾經說過：「信而後諫，未信則以為謗己也。」（〈子張10〉）雖然他說的是君臣之間的關係，也適用到各種人際關係。這種強調人際關係之間互信的基礎，是特別有洞見的說法。孟子就強調「朋友有信」（《孟子．滕文公上》〈4〉）。

子游也說過類似的話：「事君數，斯辱矣，朋友數，斯疏矣。」（〈里仁26〉）孔子的私淑弟子孟子也強調「責善」是朋友之道（《孟子．離婁下》〈58〉），還特別強調不是父子之道（《孟子．離婁上》〈18〉）。這都是和此章相類似的發揮。

朋友之間，「同甘共苦」都不容易，一旦意見不同，誰是誰非，如果沒有共識，朋友關係也毀於一旦。朋友以義合，義不合，則不是朋友。

孔子所說的「不可則止」，看來是中止勸諫，難道不也是中止朋友關係嗎？就算曾為「同門」，但已經不是「同志」了。

孔子不是說過：「可與共學，未可與適道；可與適道，未可與立；可與立，未可與權。」（〈子罕30〉）看來，孔子對於共學的弟子也有他的無力和無奈！

附錄

《孟子》〈離婁下58〉責善，朋友之道也；父子責善，賊恩之大者。

——〈離婁上18〉父子之間不責善。責善則離，離則不祥莫大焉。

24

曾子曰：「君子以文會友，以友輔仁。」

曾子說：「有德的君子是靠著共學《詩》、《書》、禮、樂而認識同門的，目標是要彼此相親相愛，成就大同世界。」

這是繼前章之後，正面談論同門之間應該向著「仁」的目標前進。不過，這不是孔子說的話，卻有著孔門思想的一脈相傳。

「文」——許多古注都解作「文德」（孔安國、皇侃和邢昺），戴望說是「禮文」，劉寶楠說是「《詩》、《書》、禮、樂」。「以文會友」——孔安國說是「友以文德合也」，劉寶楠說是「共處一學者也」，也就是我上一章說的「同門曰友」，也就是「共學的同門」（〈子罕30〉），學的內容就是「《詩》、《書》、禮、樂」或是「文、行、忠、信」（〈述而25〉）。「以文會友」就是避免「獨學而無友，則孤陋而寡聞」（《禮記・學記》〈8〉和《說苑・建本》〈8〉）。「輔仁」，孔安國說是「輔成己之仁」。

「仁」人際之間的正面關係，所以似乎不該只是著重在自己，而是要輔成彼此之間正能量關係。朱子將這兩句做了一個對仗工整的解釋：「講學以會友，則道益明；取善以輔仁，則德日進。」

「以文會友」只是同門結緣的第一步，可是最終的目標是「以友輔仁」，這需要同門的人有「共識」，並且願意「共事」，才有「適道」的可能。至於更高層次的「立」與「權」，就是難上加難，需要更多的溝通來決定對於目標和手段之間要採行妥協或堅持。

孔門都做不到，後來的其他師門就更要努力！

子路

•

第十三

1

子路問政。子曰：「先之，勞之。」請益。曰：「無倦。」

> 子路請問孔子為政之道。孔子回答說：「比人民要先想到他們的需要，而且要盡力為人民服務。」子路請孔子再多說一點。孔子就說：「從事政治的人應該行健不息，不可以有絲毫的懈怠。」

這章是《論語》第十三篇〈子路〉的首章，全篇共三十章，古注都沒有異議。

子路請問孔子為政之道。孔子回答說：「比人民要先想到他們的需要，而且要盡力為人民服務。」子路請孔子再多說一點。孔子就說：「從事政治的人應該行健不息，不可以有絲毫的懈怠。」

孔安國解釋：「先導之以德，使民信之，然後勞之。《易》曰：『說〔即「悅」〕以使〔原文作「先」〕民，民忘其勞。』」這是引用《易經．兌卦》〈1〉彖傳的話。

後來的皇侃和邢昺也都跟著這麼解釋。這是根據「道之以德，齊之以禮」（〈為政3〉）來作「依經解經」的解釋。

朱子引用蘇軾的說法：「凡民之行，以身先之，則不令而行。凡民之事，以身勞之，則雖勤不怨。」這是強調君上自身率先做起，也是根據「其身正，不令而行；其身不正，雖令不從」（〈子路6〉）、「苟正其身矣，於從政乎何有？不能正其身，如正人何？」（〈子路13〉）、「政者，正也。子帥以正，孰敢不正？」（〈顏淵17〉），以及「恭己正南面」（〈衛靈公5〉），甚至「以教道民，必躬親之」（《禮記・月令》〈6〉）和「躬行者，政之始也」（《大戴禮記・子張問入官》〈6〉）來作「依經解經」的解釋。

宋朝陳天祥的《四書辨疑》認為是：「先之謂先己之勞，勞之為後勞其民。」劉寶楠也是類似的解釋。這種解是根據的是「君子信而後勞其民」（〈子張10〉）。這樣一來，兩句話的主詞就不一致了。戴望的解釋很特別：「先之者，謂天子親耕、王后親蠶。勞之者，謂若不耕者祭無盛、不蠶者不帛。」

我還是覺得從「為人民服務」的「公僕」觀點來看，似乎先之和勞之都應該是當政者的自我要求。

「益」有「加多」的意思。孔安國認為「子路嫌其少，故請益」，可是黃式三的說法是「受說不了，欲師更明說之」，也就是「沒聽懂，請老師再詳細說清楚」。戴望也認同這樣的解釋。

「無倦」，朱子引用吳氏（吳棫）的說法：「勇者喜於有為而不能持久，故以此告之。」又引用程子的說法：「子路問政，孔子既告之矣，及請益，則曰無倦而已，未嘗復有所告，姑使之深思也。」這是將孔子的建議當成「對症下藥」的解釋法。可是子張問政時，孔子的回答也和此處類似：「居之無倦，行之以忠。」（〈顏淵14〉）所以朱子這種解釋恐怕是有問題的。

子路曾經用假設性問題請教過孔子為政的當務之急，孔子說「正名」（〈子路3〉），他也問過「事君」，孔子說「勿欺也，而犯」（〈憲問22〉）。《論語》中也有不少「問政」的章節。君上問政的有齊景公、季康子和葉公：孔子的回答分別是：「君君，臣臣，父父，子子」（〈顏淵11〉）、「政者，正也。子帥以正，孰敢不正？」（〈顏淵17〉）、「子為政，焉用殺？子欲善，而民善矣。君子之德風，小人之德草。草上之風，必偃」（〈顏淵19〉）和「近者說（悅），遠者來」（〈子路16〉）。除了子路之外，弟子子貢、子張、仲弓和子夏也分別問過政，孔子的答覆分別是：「足食、足兵、民信之矣」（〈顏淵7〉）、「居之無倦，行之以忠」（〈顏淵14〉）、「先有司，赦小過，舉賢才」（〈子路2〉）和「無欲速，無見小利。欲速，則不達；見小利，則大事不成」（〈子路17〉）。

其實，不只是為政，其他生活領域也同樣適用「先之、勞之、無倦」的倫理要求。孔子教學生的目標之一應該是為政，而不是修己而已。修己只是安人的起步，將修己的功夫用到安人的事務，這樣的學而時習，才能完成孔子的「大同」志業。有人認為孔子自己都做不到，可見這樣的志業是不合時宜的，算是「千古大夢」。可是另外有些人認為正因為孔子沒做到，所以要繼孔子大同之志，述堯舜公天下之事，知行合一，才能完成這個「千古大業」。

2

仲弓為季氏宰，問政。子曰：「先有司。赦小過，舉賢才。」曰：「焉知賢才而舉之？」曰：「舉爾所知；爾所不知，人其舍諸？」

冉雍（仲弓）當了季氏的家臣，請教孔子為政之道。孔子說：「先請專業人士擔任執政團隊，赦免人所犯的無心之過，薦舉還在民間的賢能之士。」冉雍又問：「怎麼知道誰是賢能之士而加以薦舉呢？」孔子回答說：「就從你所知道的薦舉。你所不知道的賢能之士，別人也會薦舉的。」

這章是仲弓當了季氏的家臣之後，請教孔子治理之道，特別強調「舉賢才」的重要性。

「宰」是「大夫家臣及大夫邑長之通稱」（劉寶楠）。「有司」是「屬吏」（皇侃和邢昺）或「眾職」（朱子）或「宰之群屬」（劉寶楠），也就是「家臣所管轄的下屬」。「先有司」就是先找好執政團隊，也就是「知人善任」。「過」是「誤」（皇侃），就是不要太計較別人（有司及人民）的無心之過，這也是

「寬則得眾」（〈陽貨6〉和〈堯曰1〉）。「舉賢才」是「有司」的職責，這也就是「名譽既聞，有司不舉，有司之罪也；有司舉之，王者不用，王者之過也」（《春秋穀梁傳·昭公十九年》〈4〉），也是《禮記·禮運》〈1〉中的「選賢與（舉）能」。

仲弓是被歸在孔門四科的「德行」門下，從這章看來，他也是有「政事」的才幹，孔子就誇他「可以南面」（〈雍也1〉），雖然他的出身不好，可是孔子很看好他（〈雍也6〉）。別人挑剔說他「是個好人，就是不會說好聽話」，孔子也替他辯駁（〈公冶長5〉）。他強調「居敬而行簡」也得到孔子的讚賞（〈雍也2〉）。他請教過孔子「仁」的問題，孔子教誨他：「出們如見大賓，使民如承大祭。己所不欲，勿施於人。在邦無怨，在家無怨。」（〈顏淵2〉）這也和這章的問政有著密切的關聯。

這章是他最後一次出現在《論語》之中。可是他的形象和能力也是鮮活地活在讀者心中。其他秦漢古籍中還提到他屢次請教孔子為政用刑（《孔子家語·刑政》〈1〉和《孔叢子·刑論》〈1〉）和折獄（《孔叢子·刑論》〈6〉）的問題。這和此處所說的「赦小過」也不無關聯。這恐怕也是孔子誇他可以「南面」的重要理由。

如果顏淵排孔門第一，仲弓大概無疑地可以稱為孔門第二。不過，顏淵沒有政事經驗，這樣說來，仲弓既有「德行」又有「政事」，既能「修己」還能「安人」，恐怕還可以算得上是孔門第一。

附錄

《孔子家語·刑政》〈1〉**仲弓**問於孔子曰：「雍問至刑無所用政，至政無所用刑。至刑無所用政，桀、紂之世是也；至政無所用刑，成、康之世是也。信乎？」孔子曰：「聖人之治化也，必刑政相參焉。太上以德教民，而以禮齊之。其次以政言導民，以刑禁之，刑不刑也。化之弗變，導之弗從，傷義以敗俗，於是乎用刑矣。顓五刑必即天倫，行刑罰則輕無赦。刑，侀也；侀，成也。壹成而不可更，故君子盡心焉。」仲弓曰：「古之聽訟，尤罰麗於事，不以其心，可得聞乎？」孔子曰：「凡聽五刑之訟，必原父子之情，立君臣之義以權之；意論輕重之序，慎深淺之量以別之；悉其聰明，正其忠愛以盡。大司寇正刑明辟以察獄，獄必三訊焉。有旨無簡，則不聽也。附從輕，赦從重，疑獄則泛與眾共之，疑則赦之，皆以小大之比成之。是故爵人必於朝，與眾共之也；刑人必於市，與眾棄之也。古者公家不畜刑人，大夫弗養其。士遇之塗，弗與之言，屏諸四方，唯其所之，弗及與政，弗欲生之也。」仲弓曰：「聽獄，獄之成成何官？」孔子曰：「成獄於吏，吏以獄之成告於正；正既聽之，乃告大司寇；大司寇聽之，乃奉於王；王命三公卿士，參聽棘木之下，然後乃以獄之成疑於王。王三宥之，以聽命而制刑焉。所以重之也。」仲弓曰：「其禁何禁？」孔子曰：「巧言破律，遁名改作，執左道與亂政者，殺；作婬聲，造異服，設伎奇器以蕩上心者，殺；行偽而堅，言詐而辯，學非而博，順非而澤，以惑眾者，殺；假於鬼神時日卜筮以疑眾者，殺。此四誅者，不以聽。」仲弓曰：「其禁盡於此而已？」孔子曰：「此其急者。其餘禁者十有四焉。命服命車不粥於市；珪璋璧琮不粥於市；宗廟之器不粥於市；兵車旍旗不粥於市；犧牲秬鬯不粥於市；戎器兵甲不粥於市；用器不中度，不粥於市；布帛精麤不中數，廣狹不中量，不粥於市；姦色亂正色，不粥於市；文錦珠玉之器，雕飾靡麗，不粥於市；衣服飲食不粥於市；果食不時，不粥於市；五木不中伐，不粥於市；鳥獸魚鱉不中殺，不粥於市。凡執此禁以齊眾者，不赦過也。」

《孔叢子．刑論》〈1〉仲弓問古之刑教與今之刑教。孔子曰：「古之刑省，今之刑繁。其為教，古有禮然後有刑，是以刑省；今無禮以教，而齊之以刑，刑是以繁。《書》曰：『伯夷降典，折民維刑』，謂下禮以教之，然後維以刑折之也。夫無禮則民無恥，而正之以刑，故民苟免。」

——〈6〉《書》曰：「哀敬折獄。」仲弓問曰：「何謂也？」孔子曰：「古之聽訟者察貧賤，哀孤獨，及鰥寡、老弱不肖而無告者，雖得其情，必哀矜之。死者不可生，斷者不可屬。若老而刑之，謂之悖；弱而刑之，謂之克。不赦過謂之逆，率過以小罪謂之枳。故宥過赦小罪，老弱不受刑，先王之道也。《書》曰：『大辟疑赦。』又曰：『與其殺不辜，寧失不經。』」

3

子路曰：「衛君待子而為政，子將奚先？」子曰：「必也正名乎！」子路曰：「有是哉，子之迂也！奚其正？」子曰：「野哉由也！君子於其所不知，蓋闕如也。名不正，則言不順；言不順，則事不成；事不成，則禮樂不興；禮樂不興，則刑罰不中；刑罰不中，則民無所措手足。故君子名之必可言也，言之必可行也。君子於其言，無所苟而已矣！」

子路請教孔子：「如果衛出公請您去治理衛國，您要先從哪一項開始？」孔子回答說：「那就一定要從正名實開始啊！」子路聽了就（很不以為然地）說：「有這種事？您是不是扯得太遠了（不切實際）？正什麼名實啊？」孔子也很不客氣地回答說：「由啊！你講話怎麼這麼粗魯！一位有德的君子對於他所不知道的事情，就會有所保留。君臣之名實如果不正，正式場合說話就不會順暢；正式場合說話不順暢，那麼國家大事就沒法成功；國家大事沒法成功，禮樂就不能落實運行；禮樂不能落實運行，刑罰就會失去它的公正性；刑罰失去公正性，那麼人民就不知道該如何是好。所以，一位有德的統治者先正名實，然後才可以在正式場合說話順暢，正式場合說出來的話也才能踐行。有德的統治者對於在正式場合說的話都不是隨隨便便的。」

這章是孔子教誨子路為政先後的順序。

這件事情發生的年代有二說：一說是魯哀公六年（西元前四八九年，孔子時年六十三）（戴望）；一說魯哀公十年（西元前四八五年，孔子時年六十七）。

「衛君」是指「衛出公」，名輒，因為父親蒯聵謀害祖父衛靈公之妻事敗出走，所以出公輒就繼承了祖父的君位。後來父親蒯聵奪位復辟，他又逃往他鄉。四年後蒯聵被趕走，出公輒才又回到衛國當政。朱子認為「是時出公不父其父而禰其祖，名實紊矣，故孔子以正名為先。」劉寶楠也認為「正名」是指「蒯聵之事」。

「正名」的說法有數種：一、馬融說是「正百事之名」，皇侃說是「正百物之名」；二、朱子說是「名實」，程樹德也這麼主張；三、戴望說：「名有三科：一曰命物之名，方圓白黑是也；二曰毀譽之名，善惡貴賤是也；三曰況謂之名，賢愚愛憎是也」；四、劉寶楠說是「正世子之名」，特別是根據孔子的看法，蒯聵沒有被靈公廢除其繼承權，雖然逃亡在外，靈公死後應該繼位，所以稱其為世子，表示他應該有繼承權。

「迂」是「遠」（包咸和皇侃）或「遠於事情，非今日之急務也」（朱子）或「往」（戴望）。「野」是「不達」（孔安國和皇侃）或「鄙俗」（朱子），也就是「質勝文則野」（〈雍也18〉）。這也是孔子告誡他「知之為知之，不知為不知，是知也」（〈為政17〉）的重要理由。「興」是「行」（皇侃）或「改作憲章」（戴望）。「措」是「置立」。「刑」是大罪，「罰」是小罪。「不中」是「不得中正」（戴望）。

最後孔子說：「君子名之必可言也，言之必可行也。君子於其言，無所苟而已矣！」朱子和黃式三都引證蒯聵相關史實來解說。黃懷信則認為這段話是純就「正名」而說，不必然是指衛公子事。

「正名」的重要性，傳承到荀子思想中。《荀子・正名》〈3〉就說過：「王者之制名，名定而實辨，道行而志通，則慎率民而一焉。」董仲舒的《春秋繁露・實性》〈1〉則引用孔子這裡說的「名不正則言不順」，延伸到「性有善質，而未能為善也」的結論。甚至《呂氏春秋・審分覽》〈審分3—4〉中也說道：「人主不可以不審名分」，以及得出「國之亡也，名之傷也」的結論。

有幾個孔子「正名」的實例。〈顏淵20〉中孔子就在回答子張的問題時，將「聞」和「達」加以「正名」。《韓詩外傳・卷五》〈33〉孔子也恭敬地回答季孫：「吾聞君取於臣，謂之取，不曰假。」季孫氏也欣然接受告訴他的下屬說：「今以往，君有取，謂之取，無曰假。」最後故事的結尾是：「孔子曰正假馬之言，而君臣之義定矣。《論語》曰：『必也正名乎！』《詩》曰：『君子無易由言。』」（《詩經・小雅・節南山之什》〈小弁8〉，大致的意思是：君子不要輕易發言。）

「名、言、事、禮樂、刑罰」這五項指的應該都是「國家的制度」，因為子路這裡問的是「為政」，而不是一般生活。前四項都是從正面來說，後一項則是負面的；制度不立，人民就不知所措，君臣上下就處於一個疏離崩解的狀態。

不同的時代，政治上的名和實也會不同。譬如：以前稱作「官員」，現在稱作「公僕」，原來「管人」的意象轉化成「服務」的意象，雖然實質上差別可能不大。

在同門的關係上，我也強調過幾次「正名」的問題：一是老師的名諱「愛新覺羅毓鋆」應該是一個完整的單位，不該因為名字太長就隨便改成「愛新覺羅・毓鋆」，應該去掉中間的點；另一個是我們受教於老師門下的弟子，應該稱老師為「毓老師」，不能隨老師同輩或外人那樣稱「毓老」，縱然同門這樣稱呼沒有不敬的意思，但總是不合於學生稱呼老師之禮。別人沒跟老師讀過書可以不懂，我們這些弟子跟著老師念過幾年聖賢書，應該更注意些。

附錄

《呂氏春秋．審分覽》〈審分3〉 夫名多不當其實，而事多不當其用者，故人主不可以不審名分也。不審名分，是惡壅而愈塞也。壅塞之任，不在臣下，在於人主。堯、舜之臣不獨義，湯、禹之臣不獨忠，得其數也；桀、紂之臣不獨鄙，幽、厲之臣不獨辟，失其理也。——〈4〉今有人於此，求牛則名馬，求馬則名牛，所求必不得矣；而因用威怒，有司必誹怨矣，牛馬必擾亂矣。百官，眾有司也；萬物，群牛馬也。不正其名，不分其職，而數用刑罰，亂莫大焉。夫說以智通，而實以過悗；譽以高賢，而充以卑下；贊以潔白，而隨以汙德；任以公法，而處以貪枉；用以勇敢，而堙以罷怯：此五者，皆以牛為馬，以馬為牛，名不正也。故名不正，則人主憂勞勤苦，而官職煩亂悖逆矣。國之亡也，名之傷也，從此生矣。

4

樊遲請學稼，子曰：「吾不如老農。」請學為圃。曰：「吾不如老圃。」樊遲出。子曰：「小人哉，樊須也！上好禮，則民莫敢不敬；上好義，則民莫敢不服；上好信，則民莫敢不用情。夫如是，則四方之民襁負其子而至矣，焉用稼？」

> 樊遲向孔子請教種五穀方面的事情，孔子回答說：「我在這方面的知識不如有經驗的農夫。」又請教種蔬菜方面的事情，孔子回答說：「我在這方面的知識不如有經驗的園丁。」樊遲退出後，孔子就說：「真是個志向不恢弘的人啊！這個樊須！如果君上崇愛禮，那麼人民就不敢不敬慎；君上好意，那麼人民就不敢不服從；如果君上講信用，那麼人民就不敢不講實情。如果能夠這樣的話，各地的人民都會帶著一家老小來追隨你，從事農業是可以達到這樣的效果嗎？」

這章是孔子回答樊遲想學農業時，希望他能往更高層次的禮、義和敬三方面去努力。

「稼」是「種五穀」，「圃」是「種蔬菜」。「小人」不是指社會地位或是道德修為，較強調的是志向的不恢弘。「情」是「情實」（孔安國）或「誠實」（朱子）。「襁」是把小孩綁在背上的布。

樊遲問「稼」和「圃」，孔子的回答都說是「不如」而不是「不會」，這反映出他小時候環境不好，所以這樣的事情也做過，不是真不知道。皇侃認為孔子罵樊遲是「小人」，乃是因為：「樊遲在孔子之門不請學仁義忠信之道，而學求利之術。」邢昺也持同樣的看法。這點看法實在不對，因為樊遲在《論語》中出現六次，一次孔子教他「孝」（〈為政5〉），兩次他請教孔子「知」（智）（〈雍也22〉和〈顏淵22〉），三次他請教「仁」（〈雍也22〉、〈顏淵22〉和〈子路19〉），一次他請教「崇德、修慝、辨惑」（〈顏淵21〉），他只有在這一章才請教「稼」和「圃」。合理的推論，這應該是他第一次請教孔子問題才會有不知孔門教學的本末輕重，這也才開啟了他日後對以上其他問題的請教。如果是因為幾次請教孔子「孝」、「知」（智）、「仁」以及「崇德、脩慝和辨惑」而不得要領，轉而去請教最適合他自己的「稼」和「圃」，似乎就貶低了孔子「因材施教」的教育理念。

這也有別解。王夫之認為「樊遲蓋欲用稼以致民歸」，也就是「用農業來吸引人民歸順」。戴望說得更清楚些：「哀公時魯數年饑，樊遲請教稼圃，以及流民。」這些從現在賑災或有機農業的立場來看，未嘗不是孔子沒想到的一種當代智慧。

如果只看這一段，性急的或立志打倒孔家店的人就認為「孔子看不起農民」。這恐怕真是斷章取義，忘了孔子後面的話。

孔子強調的是一種「長期效果」和「短期效益」的對比。師徒兩人原來討論的問題應該是「如何可以讓四方之民襁負其子而至」，也就是如何讓人「近悅遠來」（〈子路16〉）？這可以從孔子後來的回答推論而得。樊遲認為農業可以解決這樣的問題，而孔子認為治國層次應該提高到「禮」、「義」和「信」的層次。這些德目，我們幾乎不用詳細列舉就可以從前面的章節得到深刻的印象。

孔子確實說過「君子謀道不謀食」〈衛靈公32〉，但是這是他鼓勵弟子要立志恢弘，不表示他覺得農業不重要。否則子貢再請教他「治理」的問題時，他就不會提出「足食」是治國的三要務之一（〈顏淵7〉）。

所以，除了「依經解經」之外，我們還要注意「依思想脈絡解經」，這樣才不會被一偏之見所蒙蔽。

5

子曰：「誦《詩》三百，授之以政，不達；使於四方，不能專對；雖多，亦奚以為？」

孔子說：「就算把整本《詩經》三百篇都背得滾瓜爛熟，可是一旦受命治理國政，卻無法達成使命；受命擔任外交工作，也卻無法（運用《詩經》的恰當辭句）應對得體。如果是這樣，就算能多背誦，又怎樣？」

這章孔子強調誦讀《詩經》的目的在於能用而不在於多。

「誦」是「諷誦」（邢昺）或「背誦」（黃懷信）。「三百」是指詩經的總篇數（或是經過孔子刪定過後的篇數），其實是三百零五篇。《墨子．卷十二》〈公孟8〉提到的除了「誦詩三百」之外，還有「弦詩三百，歌詩三百，舞詩三百」，所以「誦詩」只是其中一種，《詩》還是可以「弦」、「歌」和「舞」。「達」是「曉」（皇侃）或「至」（黃懷信）。「專」是「獨」（何晏和皇侃）或「擅」（戴望）。「奚」是「何」。

邢昺很清楚地提供了這章的背景知識來解釋孔子此章的意旨：「《詩》有〈國風〉、〈雅〉、〈頌〉凡三百五篇，皆言天子諸侯之政也。古者使適四方，有會同之事，皆賦《詩》以見意。今有人能諷誦《詩》文三百篇之多，若授之以政，使居位治民，而不能通達；始於四方、不能獨對。誦諷雖多，亦何以為？言無所益也。」

孔子很重視《詩》：他認為三百篇都是「無邪」（「思」是無意義的語辭）的作品（〈為政2〉）；他的雅言也包括《詩》（〈述而18〉）；他跟自己的兒子說：「不學《詩》，無以言。」（在正式場合說話就不會得體）（〈季氏13〉）；他也強調《詩》可以「興、觀、群、怨」（表達人民的集體意志、也可以借以觀察民情、可以團結人民，可以表達人民的不滿）（〈陽貨9〉）。

孔門弟子子貢、子夏和曾子都曾經引用過《詩經》的話來得體地表達自己的想法（〈學而15〉、〈八佾8〉和〈泰伯3〉）。

《漢書・藝文志》〈300〉在提到「縱橫家源自於行人之官」之後，就引用了這章的話，彰顯了《詩經》在外交場合的重要性。可見《詩經》的政治功能強過後世所強調的文學功能。

附錄

《墨子・卷十二》〈公孟8〉子墨子謂公孟子曰：「喪禮，君與父母、妻、後子死，三年喪服，伯父、叔父、兄弟期，族人五月，姑、姊、舅、甥皆有數月之喪。或以不喪之閒，**誦詩三百，弦詩三百，歌詩三百，舞詩三百**。若用子之言，則君子何日以聽治？庶人何日以從事？」公孟子曰：「國亂則治之，國治則為禮樂。國治則從事，國富則為禮樂。」子墨子曰：「國之治。治之廢，則國之治亦廢。國之富也，從事，故富也。從事廢，則國之富亦廢。故雖治國，勸之無饜，然後可也。今子曰：『國治，則為禮樂，亂則治之』，是譬猶噎而穿井也，死而求醫也。古者三代暴王桀紂幽厲，薾為聲樂，不顧其民，是以身為刑僇，國為戾虛者，皆從此道也。」

《漢書．藝文志》〈300〉從橫家者流，蓋出於行人之官。孔子曰：「**誦詩三百，使於四方，不能專對，雖多，亦奚以為？**」又曰：「使乎，使乎！」言其當權事制宜，受命而不受辭，此其所長也。及邪人為之，則上詐諼而棄其信。

6

子曰：「其身正，不令而行；其身不正，雖令不從。」

孔子說：「一個（居上位的）人自己篤守中正，（這樣的話）不必發號施令，人民就會實行；一個（居上位的）人自己不篤守中正，（這樣的話）就算發號施令，人民也不會服從。」

這章是孔子強調居上位者的道德力量可以影響人民的順從。「令」是「教令」（何晏）。「不從」是「言弗行」（戴望），也就是：「言之者諄諄，聽之者渺渺。」

這章其實和其他幾章都是可以呼應的：「政者，正也。子帥以正，孰敢不正？」（〈顏淵17〉）、「苟正其身矣，於從政乎何有？不能正其身，如正人何？」（〈子路13〉）、「無為而治者，其舜也與？夫何為哉，恭己正南面而已矣！」（〈衛靈公5〉）

《論語》強調這種「正己」的擴大效應：《禮記・大學》〈2〉就有著名的公式：「誠意→正心→修身→齊家→治國→平天下。」

此外，除了「正己」之外，還有身體方面的「正」（「正顏色」（〈泰伯4〉）和「正其衣冠」（〈堯曰2〉））、飲食方面的「正」（「割不正」（〈鄉黨8〉））、禮儀方面的「正」（「樂正」（〈子罕15〉）、「席正」（〈鄉黨9〉和〈鄉黨13〉）和「立正」（〈鄉黨17〉））、為政方面的「正名」（〈子路3〉）。

這樣看來，居上位者要「以身作則」的可是全方位的「正」，而且還是持久的「正」，不是一陣風吹過就算了。

附錄

《禮記．大學》〈2〉古之欲明明德於天下者，先治其國；欲治其國者，先齊其家；欲齊其家者，先修其身；欲修其身者，先正其心；欲正其心者，先誠其意；欲誠其意者，先致其知，致知在格物。物格而後知至，知至而後意誠，意誠而後**心正**，心正而後身修，身修而後家齊，家齊而後國治，國治而後天下平。自天子以至於庶人，壹是皆以修身為本。其本亂而末治者否矣，其所厚者薄，而其所薄者厚，未之有也！此謂知本，此謂知之至也。

7

子曰：「魯衛之政，兄弟也。」

孔子說過：「魯國和衛國的政治是兄弟關係（因為都源自當年周武王的分封）。」

這章是孔子評論魯國和衛國的歷史關係。

這章需要有歷史背景知識，才好理解。包咸說：「魯，周公之封。衛，康叔之封。周公、康叔既為兄弟，康叔睦於周公，其國之政亦如兄弟。」皇侃補充說：「當周公初時，則二國風化，政亦具能治化，如兄弟。至周末，二國風化俱惡，亦如兄弟。故衛瓘曰：『言治亂略同也。』」戴望又有別解：「於時魯、衛皆役於吳鄫之會，至徵百勞。孔子傷其以周公、康叔之後而從夷狄，故歎之。」所以，好像是患難兄弟。

如果真是感嘆，大概這章就得翻譯成：「魯國和衛國的政治真是兄弟關係（因為興衰治亂都相隨）。」

8

子謂衛公子荊，「善居室。始有，曰：『苟合矣。』少有，曰：『苟完矣。』富有，曰：『苟美矣。』」

孔子評論衛國的國君的庶子名叫荊的人說：「他剛開始有財富的時候，都說：『可以湊合著過』；等到財富再積累，他就說：『這樣已經很完備了』；再更富有的時候，他說：『這樣就已經很完美了。』」

這章是孔子評論衛公子荊不崇尚奢侈的行為。

「公子」是諸侯的庶子（非正室所生的子嗣）。根據戴望的說法，衛公子荊，是衛國大夫，字南楚，獻公之子。「善居室」是「居其家能治，不為奢侈」（皇侃），或「居家理」（邢昺），或「居室之善，能齊家之謂也」（王夫之）。「苟」是「苟且」（皇侃）或「聊且粗略」（朱子）或「誠」（俞樾、戴望和劉寶楠）或「且也，粗略、大致之義，今所謂湊合、將就」（黃懷信）。「有」是「有財帛」（皇侃）或「富有」（邢昺）或「有財」（劉寶楠）。「合」是「聚」（朱子）或「足」（俞樾）或「給」（戴望）或「言已合禮，不以儉為嫌也」（戴望）。「完」是「備」（朱子）或「器用完備」（劉寶楠）。「美」只有劉寶楠解釋是「盡飾」，應該就是「裝潢得很漂亮」。

孔子在這裡講到了「始有」、「少有」和「富有」三個不同的階段，以及相應的「合」、「完」和「美」。孔子在這裡沒有明白說出讚美或是譴責的話，古注都因為衛公子荊是該國著名的「君子」，所以都理所當然從讚美的角度來解釋：皇侃說是誇獎他「不奢侈」，邢昺說是讚美他「有君子之德」，朱子說是讚美他「循序而有節，不以欲速盡美累其心」，戴望認為孔子藉著衛公子荊的例子來諷刺當時的奢華風氣；劉寶楠也是這麼認為：「公子荊處衛當庶之時，知國奢當示之以儉，又深習驕盈之戒」。這些說法都可以在《論語》的其他章節中找到對應。

孔子在林放請教「禮的根本」時就強調：「寧儉勿奢」（〈八佾4〉），他也進一步說過：「奢則不孫，儉則固」（〈述而36〉）。曾子也曾經和有子辯論晏子知禮與否時，說：「國奢，則示之以儉；國儉，則示之以禮。」（《禮記・檀弓下》〈159〉）但是「奢」或「儉」的抉擇有時也要適時，特別是祭典，不可拘泥：「祭，豐年不奢，凶年不儉。」（《禮記・王制》〈23〉）

「驕」也是孔子的大忌，有美才如周公者，一旦驕且吝，就算再好，也得不到孔子的讚賞（〈泰伯11〉），孔子還強調要「泰而不驕」（〈子路26〉和〈堯曰2〉），並列為君子的「五美」之一。「不驕」也就是「謙」，「滿招損，謙受益」（《尚書・虞書》〈大禹謨20〉），也是「謙謙君子，卑以自牧也。」（《易經・謙卦》〈2〉）這章也顯示了衛公子荊在任何情況下都顯示出了謙德。

9

子適衛，冉有僕。子曰：「庶矣哉！」冉有曰：「既庶矣，又何加焉？」曰：「富之。」曰：「既富矣，又何加焉？」曰：「教之。」

孔子到衛國去，冉有駕車。孔子說：「人口真多啊！」冉有就問道：「既然已經人口富庶了，接下來要致力於什麼呢？」（孔子）回答說：「讓人民富起來！」（冉有）又問：「讓人民富起來以後，又要致力於什麼？」（孔子）回答說：「教育人民（，讓人民有文化）。」

這章是孔子藉著衛國的人口富庶狀況，進一步答覆冉有治國的先後順序。「適」適「往」。「僕」是「駕車」。「庶」是「眾」，表示人口眾多。「加」是「益」，也就是「還可以努力的空間」。

這章的意旨很清楚。儒家後學的孟子和荀子都遵循類似的看法：孟子強調要：「制民之產，使仰足以事父母，俯足以畜妻子，樂歲終身飽，凶年免於死亡。然後驅而之善，故民之從之也輕。」（《孟子·梁惠王上》〈7〉）荀子也說：「不富無以養民情，不教無以理民性。故家五畝宅，百畝田，務其業，而勿奪其時，所以富之也。立大學，設庠序，修六禮，明七教，所以道之也。《詩》曰：『飲之食之，教之誨之。』王事具矣。」（《荀子·大略》〈52〉）就連被歸在法家的管子，也有類似的想法：「倉廩實，則知禮節；衣食足，則知榮辱。」（《管子·牧民》〈1〉）所以他強調「富民」（《管子·治國》〈1〉）。這章就看出孔子強調的人民經濟生活的這種「經濟基礎」。

這章和孔子回答子貢問政時，先回答「足食」的部分是一致的。只是子貢用假設性問題請教孔子「必不得已而去之」時，孔子強調的是「民無信不立」（〈顏淵7〉）。子貢問的是特殊狀況，不能拿來跟本章說的一般狀況相提並論。

這章是《論語》中跟「衛國」有關的十章之一：幾次是弟子請問孔子是否會為衛君服務（〈述而15〉）或者為政的順序（〈子路3〉），一次是衛靈公請教孔子軍事的問題，讓孔子不高興（〈衛靈公1〉），一次是孔子解釋衛靈公無道而不亡是因為還有賢人輔政（〈憲問19〉），他稱讚過衛公子荊（〈子路8〉），也被衛國的公孫朝問過子貢他的學歷（〈子張22〉）；他在衛國擊磬，也被一位路過的隱士聽出心聲（〈憲問39〉）；他強調「魯、衛之政，兄弟也」（〈子路7〉），也從衛國帶回了「樂」的相關制度，補足了魯國樂的闕失（〈子罕15〉）。

魯國沒做到的，衛國似乎還保留了一些「斯文」。所以這裡說的「教之」，恐怕當時真還是衛國還是有條件可以完成這樣的文化重建工程，只是衛國國君的心思不放在孔子和斯文之上。時也？命也？

如果是這樣，下一章就很有意思了！

附錄

《管子．治國》〈1〉凡治國之道，必先**富民**；民富則易治也，民貧則難治也；奚以知其然也？民富則安鄉重家；安鄉重家，則敬上畏罪；敬上畏罪，則易治也；民貧則危鄉輕家；危鄉輕家，則敢陵上犯禁；陵上犯禁，則難治也。故治國常富，而亂國常貧；是以善為國者，必先**富民**，然後治之。

10

子曰：「苟有用我者。期月而已可也，三年有成。」

孔子說過：「如果君上願意聘用我，（讓我實踐我的治國理想，）一年就可以見到初步成效，三年就可以看到成果。」

這章是孔子自承如果有機會治國的時間表。接著上章而來。

「苟」是假設的話。「期（音基）月」是指「一年」。「可」是「未足之辭……小治也」（皇侃）或「僅辭，言綱紀布也」（朱子）。「成」是「大成」（皇侃）或「治功成也」（朱子）。

劉寶楠引用《史記．孔子世家》〈31〉：「靈公老，怠於政，不用孔子。孔子喟然歎曰：『苟有用我者，朞月而已，三年有成。』孔子行。」因此章是孔子在衛國時說的話，所以《論語》的編纂者，把這章和其他與衛國相關的章節放在一起。

根據「脈絡解經」，雖然孔子在此沒有明說他會怎麼治國，怎樣達到「可」和「成」的境界，但是我們還是可以從他建議過的幾個方向來整理出一個梗概：首先應該是「知己」（〈學而16〉、〈里仁14〉、〈憲問30〉和〈衛靈公19〉）或「恭己」（〈衛靈公5〉）或「修己」（〈憲問42〉），也就是「正己」、「正身」（〈子路6〉和〈子路13〉）、「正名」（〈子路3〉），其次是「知人」（〈學而16〉）或「任賢」，也就是「知人善任」，也就是「先有司」和「舉賢才」（〈子路2〉）。這兩項大概就是一年就可以做到的「可也」境界。接下來才是「足食」（〈顏淵7〉）和「富民」（〈子路9〉），特別是要「省刑罰」和「薄稅歛」，還有「足兵」（〈顏淵7〉），最後應該是「教民」（〈子路9〉），這樣才可以達到「民信」（〈顏淵7〉）的「安民」（〈憲問42〉）最高境界，這恐怕非三年不成。如果「成」是指孔子後來的大同理想，恐怕這裡說的「三年」就得當成「多年」來解才成。

子路和冉有在和眾學弟跟孔子談到「如或知我，則何以哉」時，都不約而同提到「比及三年」就可以見到成效，這種「三年」的說法恐怕是孔門對於治國時間表的一貫說辭。當然，「三年」不一定是實指三年。

子游治理武城，成效卓著，孔子看了高興而說出「割雞焉用牛刀」（〈陽貨4〉）的玩笑話。不知子游治理武城到能有「弦歌之聲」，到底花了幾年？

孔子的教誨到今天還有用嗎？三年有成了嗎？不知道孔子自己會怎麼評價？

11

子曰：「『善人為邦百年，亦可以勝殘去殺矣。』誠哉是言也！」

> 孔子說：「（有一句古話說）就算是善人來治國，大概也要一百年才能讓殘暴之人不為惡，國家刑罰可以不用殺戮人民。這句話說得真對！」

這章是孔子強調善人不用殺戮治國，但這需要一段時間才能達成。

「善人」，皇侃說是「賢人」，《論語》出現過五次。〈子路29〉說：「善人教民七年，亦可以即戎矣！」（善人教民七年，也可以讓人民上戰場打仗了！）看來這裡的善人應該是統治階層，而且這裡提到的看似消極的不為惡，其實有著孔子期待的「為政不用殺」的理想（〈顏淵19〉）。

「為」是「治」（皇侃），「為邦」是「為諸侯」（皇侃）。「勝殘」是「勝殘暴之人使不為惡也」（王弼）或「政教理勝而殘暴之人不起也」（皇侃）或「化殘暴之人，始不為惡也」（朱子）。「去殺」是「不用行殺」（皇侃）或「無復刑殺也」（皇侃）或「民化於善，可以不用行殺也」（朱子）。「誠」是「信」

（皇侃）。

孔子反對統治者對人民殘暴，也反對統治者對人民的「不教而殺」（〈堯曰2〉）。他唯一許可的「殺」是人民自發性的「殺身成仁」（〈衛靈公9〉）。他雖然相信「仁」和「信」（「自古皆有死，民不信不立」（〈顏淵7〉））的種種價值是高於人的生命，但是總要讓人活下來，才有完成這些理念的機會。

孔子一貫相信：不用殘暴的手段，不用殺人的威嚇，而以身作則，國家才能長治久安。孔子放眼的是治國和平天下之下人民的長遠願景，不是統治者短期的榮華富貴。

12

子曰：「如有王者，必世而後仁。」

> 孔子說：「開國之君受天命而統治天下，至少需要三十年的時間才能讓人民彼此相愛而且有文化。」

這章還是講治理天下至少要有三十年（一代）的時間，才能讓天下太平。

「世」是三十年。「王者」是「聖人為天子者」（皇侃）或「聖人受命而興也」（朱子），黃懷信認為是指「開國之君」，比較有道理。「仁」是「教化浹也」（朱子）或「相親耦之謂也」（黃式三），也就是「人人都有文明的行為」。

為什麼最少需要三十年？孔子並沒有解釋。皇侃認為：「就被惡化之民已盡，新生之民得三十年則所稟聖化易成。」我想除了人民的文明程度問題之外，還有足食和足兵的問題要在三十年內解決，才進而有教化的推行，這恐怕真是一代人的工程。

孔子曾經說過如果自己治國，一年就可以有基本成效，三年就可以見到進階的成果（〈子路10〉）。這種說法看來和此章的說法不一致。朱子引用了程子的解釋：「三年有成，謂法度紀綱有成而化行也。漸民以仁，摩民以義，始之浹於肌膚，淪於骨髓，而禮樂可興，所謂仁也。此非積久，何以能致？」也就是說：「三年有成」指的是「制度的建立」，「世而後仁」則是禮樂滲入人心和社會之中，已經具有大同世界的雛形。

治國要從物質基礎（如：足食）開始，然後經過制度的建立（如：足兵），再到禮樂教化的盛行。這些不同的階段都需要不同的時間。《春秋公羊傳》有「三世」之說：據亂世、升平世和太平世。孫中山先生也提過三階段：「軍政」、「訓政」和「憲政」，想法也是和這章一脈相承。

13

子曰：「苟正其身矣，於從政乎何有？不能正其身，如正人何？」

孔子說：「假如能夠從自身開始篤守中正，這樣（別人也會追隨君上而守正）從政就（會無往不利，而）沒有困難吧？如果自身不能篤守中正，那麼怎麼還能去要求別人要篤守中正呢？」

這章講的是從政要從正身做起，否則無法正人。此說法前面已經多次出現過（〈顏淵17〉、〈子路6〉和〈衛靈公5〉），都是強調「以身作則」、「上行下效」的「正己正人」的連鎖反應。

但是，正己的長官往往還是有不正的下屬，恐怕孔子也莫可奈何？

14

冉子退朝。子曰：「何晏也？」對曰：「有政。」子曰：「其事也。如有政，雖不吾以，吾其與聞之。」

冉求（去當季氏的家臣）結束季氏早上召開的會議回來。孔子問他說：「為什麼今天比平常晚了？」（冉求）回答說：「有政事要談。」孔子說：「這是季氏家的私事（不算政事）。如果有邦國的政事，我（身為大夫）雖然不見任用，也會讓我參與知道並徵詢我的意見。」

這章是孔子正名「事」和「政」，並說明自己「與聞其政」。「退朝」，何晏引周曰：「罷朝於魯君」，但是朱子遵循鄭玄的說法恐怕比較正確：「冉有時為季氏宰，朝季氏之私朝也。」「政」和「事」有別：馬融說：「政者，有所改更匡正也。事者，凡所行常事也。」邢昺引用杜預的注解說：「在君為政，在臣為事。」朱子也乾脆說：「政，國政；事，家事。」戴望另有說法：「大曰政，小曰事。政者，有所改更匡正；事，日行常事也。」這也符合孔子的「必也正名」（〈子路3〉）想法：「政」是國政，是邦國層級的事務；季氏並非諸侯，開的會充其量只能說是「家事」而絕對不能稱是「政事」。這是孔子的堅持。

「晏」是「晚」。剛好最早注解《論語》的前輩就叫「何晏」，應該是他長輩有意取的名字吧！「以」是「用」，也就是被任用。

馬融替孔子解釋說：「如有政，非常之事，我為大夫，雖不見任用，必當與聞之。」朱子也說：「禮，大夫雖不治事，猶得與聞國政。」後來季氏伐顓臾（〈季氏1〉）以及增加田賦的事情（〈先進17〉），冉有都來告知孔子，大概也是銜季氏之命。另外，孔子到一個邦國就愛「聞其政」，也讓子禽好奇地問過子貢（〈學而10〉），所以孔子的「愛管政事」，也不是只有在魯國因為他有大夫身分才這樣。這大概是個改不掉的習慣，讓子禽或像子禽一樣的人都以為他想當官想瘋了。

孔子顯然認為只有與聞政事才能實踐他的大同理想。現在，從政不是唯一一條邁向大同世界的路。許多跨國人道組織和非營利機構，也都在各自的能力範圍內盡力。最近還有「社會企業」和「企業的社會責任」這樣的做法出現，通往人類共同理想的世界的道路也更多條了，在滾滾歷史長河中，也可以算是「人類的一小步」吧！

15

定公問：「一言而可以興邦，有諸？」孔子對曰：「言不可以若是，其幾也。人之言曰：『為君難，為臣不易。』如知為君之難也，不幾乎一言而興邦乎？」曰：「一言而喪邦，有諸？」孔子對曰：「言不可以若是，其幾也。人之言曰：『予無樂乎為君，唯其言而莫予違也。』如其善而莫之違也，不亦善乎？如不善而莫之違也，不幾乎一言而喪邦乎？」

〔魯〕定公請教孔子：「聽說『一句話就可以振興邦國』，有這樣的情況嗎？」孔子恭敬地回答說：「話不能講得這樣絕對，不過有近似的情況。有人說：『當君主的很艱難，當臣子的也不容易。』如果知道當君主不容易〔而能戰戰兢兢當好一個稱職的君主〕，就不就近似『一句話就可以振興邦國』嗎？」〔魯定公繼續〕問：「〔那麼〕『一句話就可以搞垮邦國』，有這樣的情況嗎？」孔子恭敬地回答說：「話不能講得這樣絕對，不過有近似的情況。有人說：『我當國君沒什麼樂趣，唯一的樂趣就是我講話沒人敢違背。』如果講的話是對的而沒有人敢違背，就不是一件好事嗎？如果講的話是錯的而沒有人敢違背，這不就近似『一句話就可以搞垮邦國』嗎？」

這章是孔子從「一言興邦」或「一言喪邦」講起，雖然這兩句話太過極端，但是希望當政者記取教訓，謹言慎行。

「幾」有兩種解釋：一是「近」（《爾雅》、王弼、皇侃和戴望），也就是「近似」，「其幾也」就是「有近似的情況」；一是「期」（朱子和黃式三），「其幾也」就是「一言之間，未可以如此而必期其效」（朱子），也就是「未必可以期待有這樣的效果」。

「為君難，為臣不易」是孔子引用前人的話，當成是近似「一言興邦」的例證。皇侃解釋說：「在上為君，既為人主，不可輕脫，罪歸元首，故為難也。又云：為人臣者，國家之事應之無不為也，必致身竭命，故云不易也。」

「予無樂乎為君，唯其言而莫予違也」也是孔子引用前人的話，當成是近似「一言喪邦」的例證。這句話顯示出當君主的掌握權力之後的傲慢和頑固，無法察納雅言，孔子認為這就是亡國之兆。

《韓非子·難一》〈9〉記載晉平公（—西元前五三二年）一句近似此處引用來當成近似「一言喪邦」的話：晉平公與群臣飲酒，到了酒酣耳熱之際，平公就說：「莫樂為人君，唯其言而莫之違。」這時候坐在一旁的盲人樂師師曠就拿琴去撞平公，平公躲開，琴撞到牆壁。平公很生氣問道：「你這是要撞誰啊？」師曠回答說：「我剛剛聽到有小人在旁邊亂說話，所以要撞這個小人。」平公說：「說話的人是我。」師曠說：「啊？這可不是當君主的人該說的話。」平公左右的人覺得師曠太僭越了，就把他抓了起來。平公說：「放了他吧！他說這話也是在告誡我。」

博學多聞的孔子應該聽過這個故事。

不過，更可怕的是這恐怕不是只有晉平公一個人發生過的故事。現在的當政者公開說話都先有人捉刀代筆，很難抓出毛病，只有脫稿演出時，才多少會流露出他們的內心真實想法。言語可以表達情意，也可以遮掩。要真做到表裡如一，言行如一，大概還是千古難事一樁。所以，講真話、勤做事的當政者，還是令人激賞的，雖然這樣的人是政界的稀有品種。

毓老師常常提醒同學要養成謹言慎行的習慣，也常常引用《易經・繫辭上傳》〈8〉的話來告誡同學：「言行，君子之樞機，樞機之發，榮辱之主也。言行，君子之所以動天地也，可不慎乎！」

現在網路時代，言論相對開放，許多人習慣大放厥詞，雖然不至於興邦或喪邦，但是對於個人及他人名譽的興或喪，本章應該也有些警惕作用。

當人上司的各位「君子」要特別注意自己的言辭，不要傷害到同仁、下屬和自己工作的單位。

附錄

《韓非子・難一》〈9〉晉平公與群臣飲，飲酣，乃喟然歎曰：「莫樂為人君！惟其言而莫之違。」師曠侍坐於前，援琴撞之，公披衽而避，琴壞於壁。公曰：「太師誰撞？」師曠曰：「今者有小人言於側者，故撞之。」公曰：「寡人也。」師曠曰：「啞！是非君人者之言也。」左右請除之。公曰：「釋之，以為寡人戒。」

16

葉公問政。子曰：「近者說，遠者來。」

> 楚國葉（音社）縣的當政者請教孔子為政的方向。孔子恭敬地回答說：「讓國人同享國家富庶，禮樂文明的成果，這樣遠方的鄰國也會跟著來和你建立外交關係。」

這章彰顯了孔子為政要讓遠近國家都同享安定和平的果實，應該蘊藏著和全球倫理等同的禮運大同的理想。

「說」就是「悅」。葉公在〈述而19〉出現過一次，當時他請教子路孔子是個怎樣的人，子路沒有回答。孔子就建議用下面的方式來回應：「其為人也，發憤忘食，樂以忘憂，不知老之將至云爾。」兩章之後（〈子路18〉），我們還會看到他再度出現。

「葉公問政於孔子」這件事在許多秦漢古籍中都有提到，首先是用字或順序略有不同：《史記・孔子世家》〈41〉說是「政在來遠附邇」；《說苑・政理》〈18〉說是「政在附近來遠」；《韓非子・

難》〈三7〉說是「政在悅近而來遠」；《孔子家語・辯政》〈1〉說是「政在悅近而來遠」。《墨子・卷十一》〈耕柱9〉說得最長：「善為政者，遠者近之，而舊者新之。」

其次是各自有不同的解釋：《說苑・政理》〈18〉孔子回答子貢他之所以這樣回答葉公是因為：「葉公治理的荊這個地方廣大可是人口都集中在國家中心，讓人民紛紛想離去，所以才建議葉公『附近來遠』，要讓外人都來，而別讓自己人全跑了。」《韓非子・難三》〈7〉和《孔子家語・辯政》〈1〉的說法都一樣。《墨子・卷十一》〈耕柱9〉的看法不同，他認為這兩個人的問答都不得要領。墨子認為葉公問的是達到「遠者近之、舊者新之」的方法，孔子沒懂這意思，所以回答了等於沒有回答。墨子和孔子的對立，由此可見一斑。

孔子在其他地方確實講過「導國」該做的事情，例如：「道千乘之國：敬事而信，節用而愛人，使民以時。」（〈學而5〉）此外，他也講過如果衛君聘用他，他要先「正名」，這樣才可以「言順」、「事成」、「禮樂興」，及「刑罰不作」（〈子路3〉）。他也提出過：「遠人不服，則修文德以來之。既來之，則安之。」（〈季氏1〉）他還在〈學而1〉提到「有朋自遠方來，不亦樂乎！」看來也和此章有關。

現代世界出現空前的國際移民現象，經濟狀況差的人往往是為了經濟原因而到外國當移工，經濟狀況好的人是為了政治安定到外國當「寓公」。這種國際上政治和經濟的不平等所造成的「推拉效應」恐怕是「近悅遠來」的重要原因。

禮樂文明是不是也可以成為「近悅遠來」的一種重要考量？孔子後來提出的「禮運大同」就是這麼想的。這種「全球倫理」的倡議，比起一九九〇年後興起的「全球倫理」的討論，可以算是有遠見。

可是幾千年來這樣的理想一直只停在「遠見」，而沒有「落實」。一旦落實了「禮運大同」，大家都安居樂業，除了觀光旅遊的原因之外，就不必有政治和經濟原因上的「近悅遠來」了。

附錄

《說苑．政理》〈18〉子貢曰：「**葉公**問政於夫子，夫子曰：『**政在附近來遠**。』魯哀公問政於夫子，夫子曰：『政在於諭臣。』齊景公問政於夫子，夫子曰：『政在於節用。』三君問政於夫子，夫子應之不同，然則政有異乎？」孔子曰：「夫荊之地廣而都狹，民有離志焉，故曰：『**在於附近而來遠**。』哀公有臣三人，內比周公以惑其君，外障諸侯賓客以蔽其明，故曰：『政在諭臣』。齊景公奢於臺榭，淫於苑囿，五官之樂不解，一旦而賜人百乘之家者三，故曰：『政在於節用。』此三者政也，詩不云乎：『亂離斯瘼，爰其適歸。』此傷離散以為亂者也，『匪其止共，惟王之邛』，此傷姦臣蔽主以為亂者也，『相亂蔑資，曾莫惠我師』，此傷奢侈不節以為亂者也，察此三者之所欲，政其同乎哉！」

《墨子．卷十一》〈耕柱9〉**葉公**子高問政於仲尼曰：「善為政者若之何？」仲尼對曰：「**善為政者**，**遠者近之**，**而舊者新之**。」子墨子聞之曰：「**葉公**子高未得其問也，仲尼亦未得其所以對也。**葉公**子高豈不知善為政者之遠者近也，而舊者新是哉？問所以為之若之何也。不以人之所不智告人，以所智告之，故**葉公**子高未得其問也，仲尼亦未得其所以對也。」

17

子夏為莒父宰，問政。子曰：「無欲速，無見小利。欲速，則不達；見小利，則大事不成。」

子夏要去莒父這個地方去當家臣，請教孔子為政要注意的事項。孔子說：「不要求立竿見影，也不要只想到針對當下和少數人的政策。想要立竿見影，往往達不到目標；只想著當下和少數人的政策，往往會忽略掉更長遠和造福更多人的政策。」

這章是孔子給子夏的為政心法。

孔子這裡提到的是兩個為政心法的對立：「速」和「達」，「小利」和「大事」。這兩項其實也都是強調「更長遠的目標」和「更大的受利者」，而不是「眼前的效果」和「少量的受利者」。「莒」是魯國的一個地方。這裡的「達」應該就是「達到目標」，而不是「聞達」的「達」。

孔子提到如果自己可以施展抱負，也要花一年時間才能有初步模樣，三年才會見到成效（〈子路10〉）。連一向做事求快的子路說自己為政大概也要「三年」才可以使人民「有勇」（〈先進26〉）；行事作風比較保守的冉求也說自己要花「三年」時間才可能「足民」（〈先進26〉）。這兩位列名孔門「政事」的大將都要花「三年」才可以見到為政的初步成果，這個以「文學」門著稱的子夏，要在「三年之內」就讓為政立竿見影，恐怕是不可能的任務。如果再加上孔子說的善人教民「七年」，才可以上戰場（〈子路29〉），或是「百年」才可以「勝殘去殺」（〈子路11〉）或是「王者」必須「三十年（世）」而後仁（〈子路12〉），看來為政真是個永續發展的大工程。

朱子引用程子的說法，對比子張問政（〈顏淵14〉）和子夏問政，孔子回答的差異：「子張問政，子曰：『居之無倦，行之以忠。』子夏問政，子曰：『無欲速，無見小利。』子張常過高而未仁，子夏之病常在近小，故各以切己之事告之。」這也是因材施教的表現。

這章是孔門弟子問政的最後一章。之前子貢（〈顏淵7〉）、子張（〈顏淵14〉）、子路（〈子路1〉）、仲弓（〈子路2〉）都請教過同一個問題，甚至顏淵都請教過孔子「為邦」（〈衛靈公11〉）。孔子的答案也都不同：回答子貢的是「足食、足兵和民信」；子張的是「居之不倦，行之以忠」；子路的是「先之、勞之、無倦」；仲弓的是「先有司、赦小過、舉賢才」；顏淵的是：「行夏之時，乘殷之輅，服周之冕，樂則韶舞。放鄭聲，遠佞人。鄭聲淫，佞人殆。」這些都值得拿來與本章對照，可以看出孔子為弟子量身訂製了治國大綱。如果再加上他自己說過的「正名→順言→成事→禮樂興→刑罰中」，這些全部參考了，還只是為人臣該做的事。此外還得配合上他對君上的為政建言：他對齊景公說要「君君、臣臣、父父、子子」（〈顏淵11〉）；他對季康子說：「子帥以正，孰敢不正？」（〈顏淵17〉）以及「子為政，焉用殺？」（〈顏淵19〉）；他對葉公說：「近者說、遠者來」（〈子路16〉）。君臣各安其位，各盡其職，神武不殺（《易經・繫辭上》〈11〉），再參酌「禮運大同」的終極理想，才能拼出孔子對於治國理想的全圖。

除了治國之外，一般人日常生活的做人做事，不也可以用上「勿欲速，勿見小利」的心法嗎？

18

葉公語孔子曰：「吾黨有直躬者，其父攘羊，而子證之。」孔子曰：「吾黨之直者異於是：父為子隱，子為父隱，直在其中矣！」

> 葉公（很自豪地）跟孔子說：「我們這裡有很正直的人，他的父親因為某些緣故去偷了別人的羊，這個做兒子的就舉發（父親）這種偷盜的行為。」孔子回應說：「我們這裡的正直的人跟您的不一樣。父親為兒子隱諱，兒子為父親隱諱，這樣（父子相互隱諱）就體現出了正直。」

這章是孔子藉討論父子之間如果犯罪時的處置方式來論及「直」的真義。「躬」是「身」（皇侃和邢昺），「直躬」是「直身而行」（孔安國和邢昺），也有說當作「直弓」是人名（鄭玄、俞樾和戴望）或分開說「直舉其行，躬舉其名。直躬猶楚狂接輿、盜跖之比」（劉寶楠）。黃懷信認為，葉公說到「直躬」而孔子回答只說「直」，所以應該是「直身而行」比較合理。我覺得也是。「攘」是「盜」（皇侃）或更細地說是「有因而盜」（何晏引周曰，陸德明）。「證」是「告」（《說文解字》）。「隱」是「蔽」（《說文解字》）或「不稱揚其過失也」（鄭玄）。

葉公此處和孔子的不同是：一個強調國家法律至上，不容父子親恩破壞；一個強調是父子之間的親恩，不容法律破壞。

這個故事在其他古籍中有不同的版本：《韓非子．五蠹》〈8〉中說楚國的直躬者，最後被當地的官員給殺了，理由是「他效忠了君王，卻對不起父親」，所以把他給殺了。韓非子的結論是：「是君主的直臣，就是父親的暴子。」也就是「忠孝難以兩全」。有人提倡「移孝作忠」，這顯然不是孔子的意思，不能把這筆帳怪在他老人家頭上。《呂氏春秋．仲冬紀》〈3〉的故事結尾又不一樣：楚國的直躬者將父親告進官府之後，官府本來要將這個父親給殺了。萬萬沒想到直躬者要替父親代罪受死，不過他的一番「信孝不能兩全說」，加上「如果信孝的人都殺了，國中恐怕沒有活人」的警語，讓他自己和父親逃過死劫。結論是「直躬之信，不若無信」，白忙一場。

孔子在這個故事中強調「直」，甚至是「因隱而直」，可是在其他古籍中提到這個故事時都認為和「信」有關（《莊子．雜篇》〈盜跖2〉和《淮南子．氾論訓》〈15〉）。

這種「隱」不僅要在父子之間（《禮記．檀弓上》〈2〉和《白虎通德論．諫諍》〈17〉），甚至要推及「兄弟」之間（〈諫諍18〉和《鹽鐵論．周秦》〈2〉）。孔子或後來的儒家強調血緣關係，於此可見一斑。

所以孔子或後來的儒家不重視法律正義嗎？

孔子的私淑弟子孟子，在回答弟子桃應的假設性問題時，給了一個孔子應該也會點頭稱是的答案：桃應問：「舜當天子，皋陶當司法主管，舜的那位眼盲父親如果殺了人，這該怎麼處理？」孟子回答說：「當然抓起來。」桃應說：「舜這個當天子的兒子難道不應該介入關說一下嗎？」孟子回答說：「舜貴為天子怎麼可以做這樣的事？」桃應問：「那麼舜這時候該怎麼辦呢？」（如果用現在台灣流行的「翻轉教室」的做法，這時候就該請問各位，如果你是舜，你該怎麼辦？想好了，來看看這個自稱「好辯是不得已」的孟子怎麼說。）孟子的回答是：「舜應該放棄統治天下的位子，就像把破鞋丟了一樣，然後背著老爸爸逃到天涯海角，一輩子都快快樂樂地，也快樂地忘掉治理天下的事情。」孟子這樣說，當然隱藏著各司其位的「直」。抓犯人是司法人員的事情，舜退掉了天子的職位就沒有義務要管這檔子事，專心做個兒子，跑到天涯海角，法律不及之處，終身孝順父親（《孟子・盡心上》〈35〉）。這也就是「不在其位，不謀其政」或「思不出其位」（〈憲問26〉）的踐行。

總之，在孔子看來「直」是有前提的，並不是最高的處事原則，特別是碰到血緣親恩的時候。父子之間有這樣的「隱」，表示這是個毓老師期待中的「孝友家庭」，在這種家庭中，不會發生這種讓惡滋長的事情。

這是孔子的信念。葉公不懂。所以葉公還自以為有這樣的人民，是孔子上一章教誨的「近悅遠來」的榜樣。真是萬萬沒想到啊！葉公這時候大概會有「瞻之在前，忽焉在後」（〈子罕11〉）的感觸吧！

附錄

《韓非子．五蠹》〈8〉楚之有**直躬**，其父竊羊而謁之吏，令尹曰：「殺之。」以為直於君而曲於父，報而罪之。以是觀之，夫君之直臣，父之暴子也。

《呂氏春秋．仲冬紀》〈3〉楚有**直躬**者，其父竊羊而謁之上，上執而將誅之。**直躬**者請代之。將誅矣，告吏曰：「父竊羊而謁之，不亦信乎？父誅而代之，不亦孝乎？信且孝而誅之，國將有不誅者乎？」荊王聞之，乃不誅也。孔子聞之曰：「異哉**直躬**之為信也，一父而載取名焉。」故**直躬**之信，不若無信。

《孟子．盡心上》〈35〉桃應問曰：「舜為天子，皋陶為士，瞽瞍殺人，則如之何？」孟子曰：「執之而已矣。」「然則舜不禁與？」曰：「夫舜惡得而禁之？夫有所受之也。」「然則舜如之何？」曰：「舜視棄天下，猶棄敝蹝也。竊負而逃，遵海濱而處，終身訢然，樂而忘天下。」

19

樊遲問仁。子曰：「居處恭，執事敬，與人忠。雖之夷狄，不可棄也。」

> 樊遲請教孔子「仁」具體要怎麼做。孔子說：「平常要態度謙恭，行事要謹慎，對人要盡己所能。（如果能夠這樣的話）就算到了文化程度不高的地方，也不能放棄這樣的堅持。」

這是樊遲第三次（也是最後一次）向孔子請教「仁」的問題。前兩次都是請問「仁」和「知」（智）兩項，見於〈雍也22〉和〈顏淵22〉，這章只提問「仁」。

「居」是「常居」（皇侃），「居處」是「所居之處」（劉寶楠），其實也就是「平常」，相對於後面說的「執事」。「執」是「行」（劉寶楠），「執事」是「行禮執事」（皇侃）或「詔相禮事」（奉命主持重要典禮）（戴望）。「恭」和「敬」我們現在都放在一起用，在《爾雅》中也當成同義字，但是《漢書・五行志》〈五行志中之上4〉中做了區分：「內曰恭，外曰敬。」朱子則顛倒這樣的說法，說：「恭主容，敬主事；恭見於外，敬主乎中。」放在這章來說，「居處恭」似乎就是「修身以恭」，「執事敬」就是「主事以敬」。總之，都是從心態和行事上表現出戰戰兢兢，小心謹慎的樣子。

孔子這裡除了修己和行事之外，還強調「與人忠」，這和曾子每日三省的「為人謀而不忠乎」（〈學而4〉）是一致的，孔子也說過：「臣事君以忠」（〈八佾19〉），以及「行之以忠」（〈顏淵14〉），這些地方的「忠」都是「盡己」，而不到後來所強調的「賣命」（君要臣死，臣不敢不死）。後來曾子認為孔子的一貫之道就是「忠恕」，也算是能遵循此處隱含著「仁」的「推己及人」的意涵。

《論語》中另外一次提到「恭」、「敬」和「忠」三項德目的是說「貌思恭、言思忠和事思敬」（〈季氏10〉），這占了孔子說的「九思」中的三分之一。其他兩章，「恭」和「敬」一起出現：「其行己也恭，其事上也敬」（〈公冶長16〉），以及「君子敬而無失，與人恭而有禮」（〈顏淵5〉）。「恭」有時候也是指對人的德目而言。

孔子認為「恭」、「敬」和「忠」是「普世倫理」，就算和文化程度低的夷狄也都適用。很多前輩都強調：孔子是從文化的高低來區分華夏和夷狄的。自詡為華夏文明的民族應該以「恭」、「敬」和「忠」作為基本的普世倫理，來和世界各民族來往，相互影響，攜手合作共創「禮運大同」世界。這樣就不再有「華夏」和「夷狄」的分野。這也是「仁者無敵」（《孟子・梁惠王上》〈5〉），「四海之內皆兄弟」（〈顏淵5〉）的境界。

樊遲三次問仁（〈雍也22〉、〈顏淵22〉和〈子路19〉），兩次問仁兼及問知（智）（〈雍也22〉和〈顏淵22〉），一次問崇德、脩慝和辨惑（〈顏淵21〉），一次問學稼和學圃（〈子路4〉）。他雖然才德都不夠被排在孔門四科中，但是他在《論語》中出現的二十八位孔門弟子中，出現了六次，在眾弟子中和冉雍並列第七，甚至比「德行門」的閔子騫和冉伯牛出現次數還多。所以次數和品德之間的關係，還是有待思量的。

這裡最後提到的「雖之夷狄，不可棄也」，在下一章也有相關的討論。且聽下回分解。

附錄

《孟子．梁惠王上》〈5〉梁惠王曰：「晉國，天下莫強焉，叟之所知也。及寡人之身，東敗於齊，長子死焉；西喪地於秦七百里；南辱於楚。寡人恥之，願比死者一洒之，如之何則可？」孟子對曰：「地方百里而可以王。王如施仁政於民，省刑罰，薄稅斂，深耕易耨。壯者以暇日修其孝悌忠信，入以事其父兄，出以事其長上，可使制梃以撻秦楚之堅甲利兵矣。彼奪其民時，使不得耕耨以養其父母，父母凍餓，兄弟妻子離散。彼陷溺其民，王往而征之，夫誰與王敵？故曰：『**仁者無敵**。』王請勿疑！」

20

子貢問曰：「何如斯可謂之士矣？」子曰：「行己有恥，使於四方，不辱君命，可謂士矣。」曰：「敢問其次。」曰：「宗族稱孝焉，鄉黨稱弟焉。」曰：「敢問其次。」曰：「言必信，行必果，硜硜然小人哉！抑亦可以為次矣。」曰：「今之從政者何如？」子曰：「噫！斗筲之人，何足算也。」

子貢請問〔孔子〕說：「怎麼樣才可以稱為是一個『士』？」孔子回答說：「自己有知恥的自我要求，這樣出使外交任務，才不會辜負了國君的付託，這樣才可以稱得上是『士』。」〔子貢又〕問道：「請問還有次一等的情況嗎？」〔孔子〕回答說：「整個宗族的人都稱讚這個人孝順，地方上的人也都稱讚他謙恭待人。」〔子貢繼續〕問道：「請問還有次一等的狀況嗎？」〔孔子〕回答說：「說話算話、答應別人的一定做到，這種執著於小事的人也可以勉強算上吧！這也算得上是次一等的情況。」〔子貢轉〕問道：「現在在朝當政的人，您的評價如何？〔稱不稱得上是個『士』？」孔子〔不屑地〕回答說：「唉！這些人就好像那些只能裝少量東西的竹器，哪能算得上〔是『士』〕呢！」

這章是子貢請教孔子「士」該做些什麼事。孔子分了三個層次回答，最後不帶髒字地罵了當時的政治人物。

「有恥」是「有所不為」（孔安國和皇侃）。「果」是「必行」（朱子）或「成」（戴望）。「硜」是「小石之堅確者」（朱子），「硜硜」是「堅正難移之貌」（皇侃）或「堅確之意」（劉寶楠），也就是「像是石頭一樣的頑固」，這是一般心無大志的人〔此處稱為「小人」〕常表現出來的樣子。「噫」是「心不平之聲」（鄭玄、皇侃和邢昺）。「筲」是「竹器，容斗二升」（鄭玄和皇侃）。「斗筲之人」，一說形容其「氣量小」（皇侃），一說形容其「事聚斂」（劉寶楠），好像合起來看更完整。「算」是「數」（鄭玄和皇侃）。

在〈顏淵20〉中的「士」，皇侃說是「通謂丈夫也」，邢昺說是「有德之稱」，《說文解字》：「士，事也。數始於一，終於十。從一從十。孔子曰：『推十合一為士。』凡士之屬皆從士。」孔子的說法是根據字的構造來解釋士的造字原意，似乎有著「一以貫之」的意思。不過，除了許慎這裡的說法，其他先秦兩漢古籍找不到孔子這句話。此章劉寶楠說「士，為已仕者也」就是「現在在位當官的人」，可是這樣解釋的話和孔子最後一段似乎不合。從《論語》提到「士」的章節來看，其意義似乎和有德行的「君子」差不多（〈里仁9〉、〈泰伯7〉、〈憲問2〉和〈子張1〉）。

在其他章節，孔子還提過「士」對待物質生活的態度：要志於道，要不恥惡衣惡食（〈里仁9〉），也不要「懷居」（貪圖居處安適）〈憲問2〉。弟子曾子也提過「士」要「弘毅」，以「仁為己任」，而且「死而後已」（〈泰伯7〉）。子張大概是在接受孔子教誨之後也認識到：「士見危致命，見得思義，祭思敬，喪思哀，其可已矣！」（〈子張1〉）

子貢之問和孔子之答都是分層次的：先從修身和天下的關係說起，接著落到家族和鄉黨，然後才落到不考慮大局的私人層次。子貢多問了一個當時政治人物的情況，讓孔子轉而氣到罵人。

孔子說「言必信，行必果，硜硜然小人哉」，常常會讓讀者困惑：孔子強調過「民無信不立」（〈顏淵7〉）和「人而無信不知其可也」（〈為政22〉），怎麼這裡卻把「言必信」說成是「小人」的事？這裡的小人的「言必信」應該指的是那種不知變通的固執，就像尾生和女子相約在橋下，結果女子未到，洪水先到，不知變通的尾生就這樣抱著橋柱而亡。孟子後來說：「大人者，言不必信，行不必果，為義所在。」（《孟子．離婁下》〈39〉）似乎就在替這章做注解。這就是「權變」的重要性。不過不守正念和正道的權變，就和說話不算話的奸詐小人沒有區別。

這裡問的是「士」，可是當子貢問到今之從政者的「仕」時，孔子生氣了。「士」要有個「知恥」的「人」的基本資格才能成為「仕」吧？《大戴禮記．曾子制言上》〈2〉說：「夫有恥之士，富而不以道則恥之，貧而不以道則恥之。」這應該是本章一個很好的注腳。也可以和〈憲問1〉相呼應。就請大家拭目以待。

附錄

《大戴禮記．曾子制言上》〈2〉故君子不貴興道之士，而貴**有恥之士**也；若由富貴興道者與？貧賤，吾恐其或失也；若由貧賤興道者與？富貴，吾恐其贏驕也。夫**有恥之士**，富而不以道則恥之，貧而不以道則恥之。

21

子曰：「不得中行而與之，必也狂狷乎！狂者進取，狷者有所不為也。」

孔子說：「已經找不到做事篤守中道的人，只剩下狂狷兩種人了！狂者過度有為，狷者過度無為。」

這章是孔子感嘆人們都不走中道，而在狂狷兩極擺盪。

「行」——朱子認為是「道」，所以「中行」就是「中道」。包咸說法不同：「中行，行能得其中者」（皇侃和邢昺也遵照前輩的說法），只從行為上說，沒有拉高到「道」的層次。劉寶楠引用凌鳴喈的說法比較有理：「中行者，依中庸而行。」這段和〈雍也29〉的說法是可以呼應的：「中庸之為德也，其至矣乎！民鮮久矣。」

古注都忽略「而與之」三個字的解釋。我認為「與」可以解釋成「參與」，（「吾非斯人之徒與而誰與？」（〈微子6〉））就是「為了一個共同目標而奮鬥」的意思。

《說文解字》中有對「狂」的解釋，不過說的是一種狗「猘犬」，對此章的解釋沒太大幫助。「狷」是「褊急也」（「『獧』，疾跳也。一曰急也。」（《說文解字》）），和這裡說的「有所不為」似乎也沒有關係。可見《說文解字》有時候是幫不上忙的。

「狂」和「狷」是兩個極端：包咸率先以進取於善道與否來區分：「狂者進取於善道，狷者守節無為。」皇侃用進退來解釋差異：「狂謂應直進而不退也，狷謂應退而不進也。」邢昺綜合兩位前輩的說法：「狂者進取於善道，知進而不知退；狷者守節無為，應進而退也。」朱子用志、行、知、守四項，對仗工整地對比說：「狂者志極高而行不掩，狷者知未及而守有餘。」這些前輩都注意到「狂者進取」是針對「善道」，而「有所不為」就是針對「惡道」。就像在〈先進24〉中，孔子雖然批評子路和冉求充其量只能算是「具臣」，但是「弒父與君」這種惡行還是不會去做的。

孟子是最早提到這章的人。他在答覆弟子萬章的提問時，舉到的孔門「狂者」包括：琴張（有人說是子張，有人說不是）、曾皙（曾子的父親，〈先進26〉出現過）和牧皮（不知何許人也），而且說明這些人的特質是「志大而言誇，嘴上總是掛著：『古人啊！古人啊！』可是考察他們的所作所為，卻和說的不一樣」（《孟子・盡心下》〈83〉）。在這裡，孟子沒有提到孔門「狷者」。孟子認為：「孔子『不得中道而與之，必也狂獧乎！狂者進取，獧者有所不為也』。孔子豈不欲中道哉？不可必得，故思其次也。」我不同意他的說法。因為孔子讚許的是篤守中道或中庸之道的人，也就是「文質彬彬」（〈雍也18〉）的君子。這裡的「狂」和「狷」都是偏離的中道或中庸之道，他就曾經說過「過猶不及」（〈先進16〉），晚年也希望能矯正門人的「狂簡」（〈公冶長22〉）。總之，孔子教學生往中道或中庸之道方向走，過頭或是不及都不是他所樂見的。所以，我認為孔子不是「不可必得中道之士而思其次也」。孔子悲歎過

「中庸之為德其至矣乎！民鮮能久矣！」〈雍也29〉他要帶領學生往這個方向努力，不會向狂狷兩端妥協。

《論語》提到「狂」的次數多，而除了這章之外，沒有再提到狷者。「狂而不直，侗而不愿，悾悾而不信，吾不知之矣。」（〈泰伯16〉）（狂妄自大而不正直，還未成器就已經沒有志向，自己無能還不相信別人，我真搞不懂這些人想要怎樣！）「好剛不好學，其蔽也狂」（〈陽貨8〉）（只強調本性的剛強而沒有後天學習的調教，流弊就是狂）、「古之狂也肆，今之狂也蕩」〈陽貨16〉（古代的狂妄是不居小節，現在人的狂妄是放蕩違背禮法）。簡單說，都是超過「中道」的要求。

孔子對於「狷」的詳細說法，出現在《孔子家語・子路初見》〈6〉：子貢請教孔子「泄冶」因為諫諍陳靈公而被殺，是否可以和比干的諫而死同稱為仁，孔的答覆是兩者雖然同為臣，但是和君的關係不同。比干和紂王的關係是有血緣的長幼關係，他在朝廷也是大官，所以於公於私，他都該以死諫諍，希望紂王可以悔悟，這是以仁為出發點。可是泄冶和陳靈公並沒有血緣關係，只有君臣關係，就靠著君主對他的寵愛而沒離開，在昏庸的君主之下當官，這樣還想以一人之力來矯正君主的荒淫，就算死了也是白死，這只能算是「狷」了。孔子在意的不是泄冶的諫諍行為，在這點上他是「有為」的，而不是本章說的「有所不為」；孔子比較在乎的好像是他和君主沒有血緣關係，而且沒有離開昏亂的國君，所以只能算是不「同流合汙」，這符合本章所說的「有所不為」，所以給他的「狷」按個讚。

我的經驗是很多人（當然包括我自己）不是整體人格上的「狂」和「狷」，而是針對不同的事務而有「狂」和「狷」的態度和行為。對自己有興趣的事情，人們往往會展現「狂態度」，而沒興趣的事情，則表現出「狷態度」。

看看小孩，看看學生，看看員工，最好再看看自己，大概就可以知道了。

附錄

《孟子．盡心下》〈83〉萬章問曰：「孔子在陳曰：『盍歸乎來！吾黨之士狂簡，進取，不忘其初。』孔子在陳，何思魯之狂士？」孟子曰：「孔子『**不得中道而與之，必也狂獧乎！狂者進取，獧者有所不為也**』。孔子豈不欲中道哉？不可必得，故思其次也。」「敢問何如斯可謂狂矣？」曰：「如琴張、曾皙、牧皮者，孔子之所謂狂矣。」「何以謂之狂也？」曰：「其志嘐嘐然，曰『古之人，古之人』。夷考其行而不掩焉者也。狂者又不可得，欲得不屑不潔之士而與之，是獧也，是又其次也。孔子曰：『過我門而不入我室，我不憾焉者，其惟鄉原乎！鄉原，德之賊也。』」

《孔子家語．子路初見》〈6〉子貢曰：「陳靈公宣婬於朝，泄冶正諫而殺之，是與比干諫而死同，可謂仁乎？」子曰：「比干於紂，親則諸父，官則少師，忠報之心，在於宗廟而已。固必以死爭之，冀身死之後，紂將悔寤，其本志情在於仁者也。泄冶之於靈公，位在大夫，無骨肉之親，懷寵不去，仕於亂朝，以區區之一身，欲正一國之婬昏，死而無益，可謂狷矣。《詩》曰：『民之多辟，無自立辟。』其泄冶之謂乎？」

22

子曰：「南人有言曰：『人而無恆，不可以作巫醫。』善夫！」「不恆其德，或承之羞。」子曰：「不占而已矣！」

孔子說：「南方人有這麼一句話：『無恆心的人，是無法當巫醫的（或：一個無恆心的人是巫醫都救不了的）。』說得真好！」（孔子接著引用《易經・恆卦》〈4〉的話說：）「如果不長久持續堅持過德行的生活，總會碰到讓自己蒙羞的事。」孔子（又補充）說道：「這是不必占卜就知道的事（或：占卜對這種人是無效的）。」

這章是孔子強調做人要守恆（或作恒），特別說明這是不用占卜就可以知道的事情。

「南人」是「南國之人」（孔安國）或「殷掌卜之人」（戴望）。「恆」是「久」（《易經・恆卦》〈1〉）或「常久（沒錯，不是長久）」（朱子），「無恆」是「用行無常」（皇侃）。「作」是「治」（戴望）。「巫」是「祝」（《說文解字》）（女的稱「巫」，男的稱「覡」（《說文解字》），劉寶楠引用古籍證明男女皆稱

「巫」）或「接事鬼神者」（皇侃），「醫」是「治病工」（《說文解字》）或「能治人病者」（皇侃）。俞樾引用《廣雅》說：「醫，巫也。」戴望也當同義字解。

「人而無恆不可以作巫醫」看似簡單，卻有個前後因果相反的說法：一說照字面解釋是：「無恆心的人無法當巫醫。」一說是鄭玄說：「言巫醫不能治無常之人也。」皇侃兩說並列。反正都是說「恆」德的重要性，這點是共同點。《禮記・緇衣》〈25〉也引到這句話，不過「作巫醫」改作「為卜筮」，也說是「古之遺言」。

「不恆其德，或承之羞」是出現在《易經・恆卦》〈4〉第三爻，只是少了「貞吝」兩字。「或」是「常」（皇侃）。〈恆卦1〉強調「君子立不易方」，也就是要長久堅守並「時行」（與時偕行）正道。「不占而已矣」，鄭玄的解釋是：「《易》所以占吉凶也。無恆之人，《易》所不占也。」宋朝的張載在《正蒙》〈大易篇第十四〉說：「《易》為君子謀，不為小人謀。」也是同樣的道理。後來的人不管自己的德行，卻都想從學《易經》中謀得求升官發財之術，這是《易經》大受歡迎的原因之一。

孔子在〈述而26〉感嘆地說過，現在連個有恆的人都見不著了。他認為「天何言哉」（〈陽貨19〉），似乎也希望讓我們透過語言背後看到天的有恆不懈。《老子》〈25〉也表明「道」是「周行而不殆」，這也是「有恆」的意思，所以老子也說：「人法地，地法天，天法道，道法自然。」

孔子鼓勵人法天，天之道就是尚公和有恆，有恆就是行健不息，生生不息。換成日常的話，就是每天都努力做好自己分內的事。長輩教導晚輩寫日記，其實也是這樣的心理。

可是我們這些當人長輩的，又做了什麼有恆的事情可以作晚輩的榜樣呢？

附錄

《禮記・緇衣》〈25〉子曰：「南人有言曰：『**人而無恆，不可以為卜筮。**』古之遺言與？龜筮猶不能知也，而況於人乎？《詩》云：『我龜既厭，不我告猶。』《兑命》曰：『爵無及惡德，民立而正事，純而祭祀，是為不敬；事煩則亂，事神則難。』《易》曰：『不恆其德，或承之羞。恆其德偵，婦人吉，夫子凶。』」

23

子曰：「君子和而不同，小人同而不和。」

孔子說：「君子尊重彼此差異而不強求彼此相同，小人則是強迫彼此相同而不尊重彼此差異。」

這章是《論語》中君子和小人對比的十七章之一。關鍵當然就是「和」和「同」。何晏首先解釋：「君子心和，然其所見各異，故曰不同；小人所嗜好者則同，然各爭利，故曰不和。」皇侃的說法差不多：「君子之人千萬，千萬其心和如一，而所習立之志業不同也……小人為惡如一，故云同也；好鬬爭，故云不和也。」邢昺的說法是抄襲何晏的。朱子說法和前輩不同：「和者無乖戾之心，同者有阿比之意。」劉寶楠則以「義利」之別來做區分：「和因義起，同由利生，義者，宜也，各適其宜，未有方體，故不同。然不同因乎義，而非執己之見，無傷於和。利者，人之同欲也。民務於是，則有爭心，故同而不和。」

其實這些解釋都不如下面這個故事昭示得清楚明白：齊侯打獵回來，晏嬰在遄臺侍候著，這時候梁丘據驅車前來。齊侯很高興地說：「只有梁丘據跟我『和』！」晏嬰回答說：「梁丘據只不過和您相同而已，怎麼算得上是『和』呢？」齊侯就問說：「『和』和『同』有差別嗎？」晏嬰回答說：「當然有差別。『和』就好比做羹湯，用水、火、醋、醬、鹽、梅來烹調魚和肉，用柴禾燒煮，廚工加以調和，使味道適中，味道太淡就增加劑量，味道太濃就加水沖淡。君子食用羹湯，內心平靜。君臣之間也是這樣。國君認為可行而其中有不可行的，臣下指出它不可行的部分而使可行的更加完備；國君認為不可行的，臣下指出它可行的部分而去掉它的不可行，因此政事平和而不違背禮儀，百姓就沒有爭奪之心。所以《詩經》說：『德音沒有缺失。』現在梁丘據不是這樣。國君認為可行的，梁丘據也認為可行；國君認為不可行的，梁丘據也認為不可行。如同用清水去調劑清水，誰能吃它呢？如同琴瑟老彈一個聲音，誰會去聽它呢？相同之所以不可取的道理就是這樣。」（《春秋左傳．昭公二十年》〈2〉）

從以上故事看來，「和而不同」是以尊重彼此差異為前提來進行大家的磨合；「同而不和」則是要求大家要和君上一樣而不能有個別差異。如果放在君臣關係來看，「和而不同」是臣下敢和君上持不同的意見，甚至據理力爭，這應該算是「君子儒」（〈雍也13〉）；「同而不和」則是臣下只求和君上苟合，不敢表達不同的意見，這應該算是「小人儒」（〈雍也13〉）。

附錄

《春秋左傳．昭公二十年》〈2〉齊侯至自田，晏子侍於遄臺，子猶馳而造焉。公曰：「唯據與我和夫？」晏子對曰：「據亦同也，焉得為和？」公曰：「**和與同異乎？**」對曰：「異。和如羹焉，水、火、醯、醢、鹽、梅，以烹魚肉，燀之以薪，宰夫和之，齊之以味，濟其不及，以洩其過。君子食之，以平其心，君臣亦然。君所謂可而有否焉，臣獻其否以成其可；君所謂否而有可焉，臣獻其可以去其否，是以政平而不干，民無爭心。故《詩》曰：『亦有和羹，既戒既平。鬷假無言，時靡有爭。』先王之濟五味、和五聲也，以平其心，成其政也。聲亦如味，一氣、二體、三類、四物、五聲、六律、七音、八風、九歌，以相成也；清濁、大小、長短、疾徐、哀樂、剛柔、遲速、高下、出入、周疏，以相濟也。君子聽之，以平其心。心平，德和。故《詩》曰：『德音不瑕。』今據不然。君所謂可，據亦曰可；君所謂否，據亦曰否。若以水濟水，誰能食之？若琴瑟之專壹，誰能聽之？同之不可也如是。」

24

子貢問曰：「鄉人皆好之，何如？」子曰：「未可也。」「鄉人皆惡之，何如？」子曰：「未可也。不如鄉人之善者好之，其不善者惡之。」

子貢請問孔子：「一鄉的人都喜歡的人（或事務），該就根據這些人的意見處理嗎？」孔子說：「不可以這樣。」（子貢又問：）「一鄉人都厭惡的人（或事務），該就根據這些人的意見處理嗎？」孔子說：「不可以這樣。還不如（根據下列原則處理）：一鄉中的好人都喜歡的人（或事務，就聘用或去做）；一鄉人厭惡的人（或事務，就不錄用或不做）。」

這章孔子說明，判斷是非不能以人數的多寡為準，而應該以判斷者的道德品質為優先考量，然後再考量數量，這樣才是合乎公義的。

這章沒有難懂的字。只是「好之」和「惡之」，古注都將「之」當成「人」來解，可是我覺得應該也包含著「事」才夠周延。

孔子在此也沒講出個道理。劉寶楠有不錯的補充，他引用了徐彥對於《春秋公羊傳・莊公十七年》的注疏時說：「『一鄉之人皆好此人，此人何如？』子曰：『未可即以為善。何者？此人或者行與眾同，或朋黨矣！』子貢又曰：『若一鄉之人皆惡此人，此人何如？？』子曰：『未可即以為惡也。何者？此人或者行與眾異，或孤特矣！不若鄉人之善行者善之，惡行者惡之。』與善人同，復與惡人異，道理勝於前，故知是『實善』……」這樣就把此章的真義說得清楚多了。

王充的《論衡・定賢》〈4〉在徵引這段時也說明「善人稱之」和「惡人毀之」這樣「毀譽參半」的情況，才能發現「賢人」。不過問題就變成要先區分「稱人者是否為善人」以及「毀人者是否為惡人」，才能確認孔子所說的：「鄉人之善者好之，其不善者惡之。」

王充的說法不無道理，可是孔子的這種想法應該算是比只注意數量的「民意調查」要周密多了。現在許多人和媒體動不動就說「網民」或「鄉民」怎麼說，連個數量都不查一下，就不用談去區分這些說話的人是否有專業的資格可以評論某些社會現象，而不是單純發洩自己對事件的不滿而已。所以該被當成「輿論」的往往就只是「余論」或是「愚論」，如果說說還能讓人發笑，那還能是「娛論」，如果只是無關痛癢的抒發，那真就淪為「餘論」了。

在專業問題上，專家意見應該勝過一般人的意見。怕只怕專家之間意見不一致，那就很容易讓人無所適從，或者淪入「信者恆信，不信者恆不信」的各說各話的狀態。這不就是現代的知識狀況嗎？

附錄

《論衡・定賢》〈4〉子貢問曰：「鄉人皆好之，何如？」孔子曰：「未可也。」「鄉人皆惡之，何如？」曰：「未可也。不若鄉人之善者好之，其不善者惡之。」夫如是，稱譽多而小大皆言善者，非賢也。善人稱之，惡人毀之，毀譽者半，乃可有賢。以善人所稱，惡人所毀，可以知賢乎？夫如是，孔子之言可以知賢，不知譽此人也者，賢？毀此人者，惡也？或時稱者惡而毀者善也？人眩惑無別也。

25

子曰：「君子易事而難說也：說之不以道，不說也；及其使人也，器之。小人難事而易說也：說之雖不以道，說也；及其使人也，求備焉。」

孔子說：「君子人很容易共事，卻很難討好，（特別是）如果不行正道而想討好他，他不會高興的；至於在役使人民方面，他會根據各人專長來任事。小人則很難共事，卻很容易討好，（就算是）不用正道來討好他，他也會很高興；至於在役使人民方面，他往往對人求全責備。」

這章也是《論語》中君子和小人對舉的十七章之一，只是這裡對照點比其他章節要長很多。「說」一般都作「悅」，惟有毛奇齡說是「言說」。「器」是「能」（皇侃）。「器之」是「度材而任官也」（孔安國）或「隨其材器而使之也」（朱子）。劉寶楠認為這裡對舉的「君子」和「小人」是指「居位者」而不是「有德者」。可是我覺得拿有德無德來對比也說得通。

這章拿行道和用人兩方面來比較君子和小人。君子還是講求走正道，用人唯才；小人走樂（說）道，把人當奴才。

這樣不同的長官，大概大家即使沒見過也聽說過吧？

26

子曰：「君子泰而不驕，小人驕而不泰。」

孔子說：「君子態度舒泰而不驕縱，小人態度驕縱而不舒泰。」

這章也是《論語》中拿君子和小人對舉的十七章之一。關鍵在於「泰」和「驕」，這兩個字是相反詞。

何晏的解釋是：「君子自縱泰，似驕而不驕。小人拘忌，而實自驕矜。」皇侃的解釋是：「君子坦蕩蕩，心貌怡平，是泰而不為驕慢也。小人性好輕凌，而心恆戚戚，是驕而不泰。」朱子的解釋是：「君子循理，故安舒而不矜肆。小人逞欲，故反是。」黃懷信說：「泰，大也，謂自大。驕，驕傲、傲慢。」泰字作如此解釋，是發前人所未發，仍有待商榷。根據李運益主編的《論語詞典》說，「泰」有三種意思：一是安詳舒坦，一是傲慢，一是富裕。這裡應該算是第一種意思。

孔子在〈堯曰2〉把「泰而不驕」當成是「五美」之一，他的解釋是說：「君子無眾寡，無小大，無敢慢，斯不亦泰而不驕乎？」所以，「依經解經」來看，君子對於人民的眾寡和國之大小是沒有分別心，都一律平等對待，一視同仁，而且對待這些人民和國家都不敢怠慢，態度謹慎，這些都是「泰而不驕」的具體態度。〔這裡沒有黃懷信說的「自大」的意思在內。〕

在此章中，「泰」和「驕」被當成相反詞，可是也有將兩字連用，當成相似詞的：「君子有大道，必忠信以得之，驕泰以失之。」（《禮記・大學》〈14〉）這裡的「驕泰」是和「忠信」相對的詞組。這就令人費解了。「依經解經」在此反而行不通。

附錄

《禮記・大學》〈14〉《秦誓》曰：「若有一个臣，斷斷兮無他技，其心休休焉，其如有容焉。人之有技，若己有之；人之彥聖，其心好之，不啻若自其口出。實能容之，以能保我子孫黎民，尚亦有利哉！人之有技，媢嫉以惡之；人之彥聖，而違之俾不通。實不能容，以不能保我子孫黎民，亦曰殆哉！」唯仁人放流之，迸諸四夷，不與同中國，此謂唯仁人為能愛人，能惡人。見賢而不能舉，舉而不能先，命也；見不善而不能退，退而不能遠，過也。好人之所惡，惡人之所好，是謂拂人之性，災必逮夫身。是故君子有大道，必忠信以得之，驕泰以失之。

27

子曰：「剛、毅、木、訥，近仁。」

1. 孔子說：「無欲（或堅強不屈）、果決勇敢、質樸無華、不擅言辭，這四種德行都接近仁德。」
2. 孔子說：「剛強決斷和不善言辭，這兩種德行都接近仁德。」

這章是講和仁差不多的兩種（黃懷信）或四種德行，端看怎麼看待「剛」、「毅」、「木」和「訥」這四個字之間的關係。

王弼最早提出四種德性的解釋：「剛，無欲；毅，果敢；木，質樸；訥，遲鈍。有斯四者，近於仁。」

皇侃根據王弼的解釋進一步發揮四種德行「近於仁」的部分：「剛者性無求欲，仁者靜，故剛者近仁也。毅者性果敢，仁者必有勇，周窮濟急，殺身成仁，故毅者近仁也。木者質樸，仁者不尚華飾，故木者近仁也。訥者言語遲鈍，仁者慎言，故訥者近仁也。」

「剛」一說是「無欲」（王弼），根據的大概是「棖也欲，焉得剛？」（〈公冶長11〉），一說是「堅強」（黃式三）。「剛毅」是「彊而能斷」（戴望）或「言其性格剛強行事果毅」。「毅」是「果敢」（王弼）或「果斷」（黃式三），也就是「士不可以不弘毅」（〈泰伯8〉）。「木」是「質樸」（王弼）或「樸愨貌」（戴望），大概就是我們刻版印象中的「老實人」。「訥」是「遲鈍」（王弼）或「吶於言」（戴望），也就是「君子欲訥於言而敏於行」（〈里仁24〉）。「木訥」是：「形容反應遲鈍，不善言談，而心地寬厚，故近仁。」（黃懷信）

這裡說的「近仁」表示接近仁德的標準，但還不是「仁」。就像「巧言」和「令色」是「鮮矣仁」（〈學而3〉和〈陽貨17〉）而不是「不仁」。這大概都是因為孔子認為仁德的境界很高，平常很難看到，所以才從平常容易看到的德行來說明接近或遠離仁德。

28

子路問曰：「何如斯可謂之士矣？」子曰：「切切、偲偲、怡怡如也，可謂士矣。朋友切切，偲偲，兄弟怡怡。」

子路請教〔孔子〕說：「怎麼樣才算是個士呢？」孔子說：「〔和別人的交往上，情感和心態〕要做到彼此相互切磋琢磨、砥礪上進，以及一團和樂，這樣就可以稱得上是士了。朋友之間要相互切磋琢磨、砥礪上進，兄弟之間一團和樂。」

這章是子路問「士」，孔子從情感方面來回答士和朋友以及兄弟之間的情感表現。

「切切偲偲」最早的注釋家都當成一個詞組來解釋：馬融和邢昺就說是「相切責之貌」，皇侃說是「相切磋之貌」，鄭玄和戴望都說是「勸競貌」。朱子則引用胡氏（胡寅）的說法分別解釋：「切切，懇到也。偲偲，詳勉也。」黃式三引用朱子自己在《四書或問》的說法是：「切切，教告懇惻而不揚其過。偲偲，勸勉詳盡而不強其從。」總之都是形容朋友之間相互勸勉、砥礪上進的意思。《大戴禮記・曾子立事》〈49〉中有「兄弟僖僖，朋友切切」的說法，足以和此章相互參照。「怡怡」是「和順之貌」（馬融和邢昺）或「和從之貌」（皇侃）或「和悅也」（朱子引胡氏）。「怡怡如也」在〈鄉黨4〉已經出現過一次。

劉寶楠認為孔子的回答應該只有前一句：「切切、偲偲、怡怡如也，可謂士矣！」下面的句子是後來孔門弟子所加上的注解，也就是所謂的「七十子之大義」。黃懷信也這麼認為，還補充說作為一個士，重視的是他的任事能力，與朋友和兄弟無關。

孔子在回答子貢（〈子路20〉）同樣的問題時，分了三個層次回答：首先是「行己有恥，使於四方，不辱君命」，這裡配合的心態和情感就是本章的「切切、偲偲」；其次是「宗族稱孝焉，鄉黨稱弟焉」，也就是這章所說的「怡怡如也」。

孔子在回答子張問士怎樣才稱得上「達」時（〈顏淵20〉），也回答過：「夫達也者，質直而好義，察言而觀色，慮以下人。在邦必達，在家必達。」本章的「切切、偲偲」可以對應「在邦」的心態和情感表達，「怡怡如也」則對應「在家」的心態和情感表達。

在其他章節，孔子還提過「士」對待物質生活的態度：要志於道，要不恥惡衣惡食（〈里仁9〉），也不要「懷居」（貪圖居處安適）（〈憲問2〉）。弟子曾子也提過「士」要「弘毅」，以「仁為己任」，而且「死而後已」（〈泰伯7〉）。子張大概是在接受孔子教誨之後也認識到：「士見危致命，見得思義，祭思敬，喪思哀，其可已矣！」（〈子張1〉）這些和本章所說的「切切、偲偲、怡怡如也」也都可以得到相乎發揮的效果。

孔子所說的「士」和他心目中有德的「君子」應該是同樣的意思。在〈學而1〉中就提出過「悅

（說）樂君子」的目標，這何嘗不是「切切、偲偲、怡怡如也」呢？

附錄

《大戴禮記・曾子立事》〈49〉宮中雍雍，外焉肅肅，兄弟僖僖，朋友切切，遠者以貌，近者以情。

29

子曰：「善人教民七年，亦可以即戎矣！」

孔子說：「一個以人民為念的領導人，〔如果一定要保家衛國去打仗，就必須〕要花七年時間教導人民各種戰爭的知識，這樣才可以派他們上戰場保家衛國。」

這章是孔子認為君上要讓人民上戰場，必須先有教育訓練。如果不如此，就要看下一章孔子怎麼說了。

「善人」——在《論語》中出現了五次，似乎不只是「行善之人」這樣的字面意思而已。皇侃說是「賢人也」，等於沒解釋。邢昺說是「君子」，如果是指在位者，也就是國家領導人，那就比較貼近本章的原意。

「教民」——朱子說是：「教之以孝悌忠信之行，務農講武之法。民之親其上、死其長，故可以即戎。」所以教育訓練的內容不是只有打仗，還有平常的基本倫理道德。

「七年」——皇侃認為：「教民要三年一次考核，九年總共三次考核，七年剛好是在兩次考核完畢之後。如有急事，那麼不必等待九年，七年也可以。」戴望認為：「這個七年指的是周文王治理周朝的經驗之談，孔子這裡希望魯國的政治也能仿效周文王的七年之治。」劉寶楠引用吳嘉賓的說法，認為七年只是表示一段長久的時間。我覺得戴望的說法似乎比較勝出。

包咸說：「即，就也；戎，兵也，言以攻戰。」皇侃說：「即戎，謂就兵戰之事。」戴望說是「兵事」。

孔子這裡強調的是對打仗用兵的事情要謹慎（〈述而13〉），雖然他謙稱「軍旅之事未之學也」（〈衛靈公1〉），可是他認為「為政」的步驟中有著「足兵」這一項。顯然這是一個他不可避免要去面對的問題。

孟子說，孔門弟子都不談論齊桓公和晉文公這些霸主的事情（《孟子．梁惠王上》〈7〉）。所以有關用兵打仗這一方面的事情，就得請教我們本家祖宗的兵法，可以補充孔門的不足之處。

《孫子兵法．始計》〈1〉開頭就說：「兵者，國之大事，死生之地，存亡之道，不可不察也。」這種慎重之情，和孔子是不相上下的。接下來，就講到打仗之前要詳細考慮和準備的五件事：「道、天、地、將、法」（《孫子兵法．始計》〈2〉），然後又分別說明這五件事的內涵：「道者，令民與上同意也，可與之死，可與之生，而不畏危。天者，陰陽，寒暑，時制也。地者，遠近，險易，廣狹，死生也。將者，智，信，仁，勇，嚴也。法者，曲制，官道，主用也。凡此五者，將莫不聞，知之者勝，不知者不勝。」這些天文、地文和人文的預備知識，可以彌補孔子在此處所說的教民。換句話說，要讓人民知道「為何而戰」、「為誰而戰」以及「如何戰」。

不過，大家習慣把《孫子兵法》看成是《兵法》，或英文翻譯的「戰爭的藝術」我覺得孫子真正的主張恐怕也是「必也無戰乎」！所以我喜歡只稱《孫子》而省去「兵法」，因為我看到的其實是「和平的藝術」。

戰爭的殘酷是沒有贏家的。這是我們該學到的古人智慧。

附錄

《孟子・梁惠王上》〈7〉仲尼之徒無道桓、文之事者，是以後世無傳焉。

30

子曰：「以不教民戰，是謂棄之。」

孔子說：「君上不教導人民有關戰爭的各項事宜，就讓他們去打仗，這不等於讓人民去白白送死嗎！」

這章其實是上一章的補充。

「以」是「用」（朱子）。「棄」是「棄擲」（邢昺）或「棄其師」（戴望）或「絕去之也」（劉寶楠）。《春秋穀梁傳．僖公二十三年》〈2〉有相關的故事：「夏，五月庚寅，宋公茲父卒。茲父之不葬何也？失民也。其失民何也？以其不教民戰，則是棄其師也。為人君而棄其師，其民孰以為君哉！」多麼慘痛的歷史教訓！

《孟子．告子下》〈28〉中也有類似的故事：「魯欲使慎子為將軍。孟子曰：『不教民而用之，謂之殃民。殃民者，不容於堯舜之世。』」這裡不用「棄之」而變成了我們現在還在使用的「禍國殃民」的「殃民」。

前一章孔子提出了非不得已要打仗，至少要有七年的教育訓練的準備。如果連這樣的準備都沒有就把人民趕上戰場，就是「棄民」。

棄民者，民亦先氣之（君上）而後棄之（君上）。上下交相棄，沒有贏家。

憲問

•

第十四

1

憲問恥。子曰：「邦有道，穀；邦無道，穀，恥也。」「克、伐、怨、欲不行焉，可以為仁矣？」子曰：「可以為難矣，仁則吾不知也。」

> 原憲請教孔子怎樣才算是恥辱。孔子回答說：「國政昇平，當官食俸祿（這是理所當然之事）。國政混亂，竟然還當官食俸祿，這就是恥辱。」（又問：）「只要沒有好勝、驕傲、妒怨、貪欲，是不是就可以算是仁呢？」孔子回答說：「這些都是很難做到的事情，可是是否算得上是仁，我可不知道。」

這章是《論語》第十四篇〈憲問〉的第一章。傳統有四十四章（皇侃）和四十七章（朱子）兩種版本。我根據的是四十四章的版本。

皇侃認為這章排在〈子路〉之後，是因為「顏（淵）、（子）路既允文、允武，則學優者宜仕，故〈憲問〉次於〈子路〉也。」邢昺說：「此篇論三王二霸之迹，諸侯大夫之行、為仁知恥、修己安民、皆政之大節也，故以類相聚，次於問政也。」這章有的版本將第一句和後面兩句分成兩章。因為前一部分問恥，後一部分問仁。合成一章的人認為，都是原憲請問孔子的問題，如果分成兩章，後一部分就要增加「憲問」兩字，增字解經顯然不妥。雙方都有各自的堅持。

原憲是宋國人，字子思（《史記・仲尼弟子列傳》〈48〉），小孔子三十六歲，曾經做過孔子的家臣（《孔子家語・七十二弟子解》〈19〉），不過沒有被列入孔門「四科十哲」（〈先進3〉）之中。孔子死後，原憲潔身自愛，過著清貧生活，死後四百年弟子都還奉行祖師爺的身教，影響到後來「游俠」的形成（《史記・游俠列傳》〈1〉）。

「穀」——是「祿」（孔安國、皇侃），就是當官的俸祿，當時是以糧食計算的。〈雍也5〉就記載孔子當時聘請原思（就是原憲）時，俸祿是「粟九百」。《史記・孔子世家》〈21〉提到孔子在衛國的薪水是「粟六萬」。

「恥」是「辱」（《說文解字》），也就是「恥辱」或「羞恥」，這可以是自我的道德審查或俗稱的「良心」（「行己有恥」（〈子路20〉）），也可以是別人的道德評斷（「你這個人到底知不知道羞恥啊？這種事也做得出來（或這種話也說得出口）！」）。孔子和孟子（《孟子・盡心上》〈6—7〉）都強調前者。

「克」——是「好勝人」（馬融）或「勝也，謂性好凌人」（皇侃）或「好勝」（朱子），也是有些人對「克己復禮」（〈顏淵1〉）的「克」字作同樣的解釋。「伐」是「自伐其功」（馬融）或「謂有功而自稱」（皇侃）或「自矜」（朱子），也就是「無伐善」（〈公冶長26〉）或「孟之反不伐」（〈雍也15〉）。「怨」是「小忌怨」（馬融）或「小小忌怨」（皇侃）或「忿恨」（朱子），也就是伯夷和叔齊的「怨是用希」（〈公冶長25〉）和「求仁得仁」（〈述而15〉）的無怨。「欲」是「貪欲」（馬融、皇侃和朱子）。「不行」是「不行於其中國」（戴望）或「不行於其身，即不為也」（黃懷信）。

孔子常常將「邦有道」和「邦無道」對舉，替君子的行道或藏道（於民）給予建議：他讚賞南容「邦有道，不廢；邦無道，免於刑戮」，並且因此將他姪女嫁給南容（〈公冶長2〉）；他也誇獎過甯武子：「邦有道則知，邦無道則愚。其知可及也，其愚不可及也」（〈公冶長21〉）；他還表揚過史魚「邦有道，如矢；邦無道，如矢」，以及蘧伯玉：「邦有道，則仕；邦無道，則可卷而懷之」（〈衛靈公7〉）；他也主張：「天下有道則見，無道則隱。邦有道，貧且賤焉，恥也；邦無道，富且貴焉，恥也。」（〈泰伯13〉）和「邦有道，危言危行；邦無道，危行言孫。」（〈憲問3〉）有時孔子用的是更大範圍的「天下有道」和「天下無道」的對比：「天下有道，則禮樂征伐自天子出；天下無道，則禮樂征伐自諸侯出。自諸侯出，蓋十世希不失矣；自大夫出，五世希不失矣；陪臣執國命，三世希不失矣。天下有道，則政不在大夫。天下有道，則庶人不議。」（〈季氏2〉）。對孔子來說，「有道」是理想，「無道」是現實。

最後要再提一次以前說過的，很有啟發性的故事：孔子過世之後，子貢（或作「子贛」）在衛國做官，穿金戴銀、威風凜凜去拜訪隱居草萊之間小他六歲的學弟原憲。原憲衣履破爛出來接見，讓子貢大吃一驚，說：「你生病了嗎？怎麼這個樣子？」原憲就回答說：「我以前聽老師說過：沒錢財叫做貧，學了而不知道用才叫做病。我是貧，不是病。」一席話，教子貢知恥。這個故事精彩到許多古籍都有記載（《韓詩外傳．卷一》〈9〉、《新序．節士》〈16〉、《孔子家語．七十二弟子解》〈6〉、《莊子．讓王》〈9〉和《史記．仲尼弟子列傳》〈48〉），也有人加以對比評論兩人的作為（《列子．楊朱》〈5〉和《史記．貨殖列傳》〈8〉）。

這是我鍾愛的孔門氣象：弟子之間以「正德」相砥礪，知錯必改，回歸「正道」。

附錄

《史記・游俠列傳》〈1〉韓子曰：「儒以文亂法，而俠以武犯禁。」二者皆譏，而學士多稱於世云。至如以術取宰相卿大夫，輔翼其世主，功名俱著於春秋，固無可言者。及若季次、**原憲**，閭巷人也，讀書懷獨行君子之德，義不苟合當世，當世亦笑之。故季次、**原憲**終身空室蓬戶，褐衣疏食不厭。死而已四百餘年，而弟子志之不倦。今游俠，其行雖不軌於正義，然其言必信，其行必果，已諾必誠，不愛其軀，赴士之阨困，既已存亡死生矣，而不矜其能，羞伐其德，蓋亦有足多者焉。

《孟子・盡心上》〈6〉孟子曰：「人不可以無**恥**。無**恥**之**恥**，無**恥**矣。」

——〈7〉孟子曰：「**恥**之於人大矣。為機變之巧者，無所用**恥**焉。不**恥**不若人，何若人有？」

2

子曰：「士而懷居，不足以為士矣！」

孔子說：「一個立志為士的人一天到晚老想著住所的安適，這樣還能稱為士嗎？」

這章是孔子談士的關懷之處不應該是居所。《說文解字》說：「士，事也。數始於一，終於十。從一從十。孔子曰：『推十合一為士。』凡士之屬皆從士。」這是說「士」是有個服務的目標，這應該就是「志於道」（〈里仁9〉）。這裡引用孔子說的話，在其他古籍中並未出現過。

「而」是「若」（黃懷信），就是「假若」。「懷」是「眷戀」（黃懷信）。「居」是「意所便安處也」（朱子）或「安居故里」（黃懷信）。「懷居」是「居求安也」（皇侃）或「思安其居」（戴望），都是現在所謂的「安居」，找個安適的好地方住下來。

《論語》中提到的「士」，恐怕和孔子提倡的有德的君子是一樣的。孔子認為士要「志於道」（〈里仁9〉），所以不管衣、食、住各方面都不應該是自己關懷的重點。弟子子張、子貢和子路都分別問過「士」的問題：孔子回答子張問士的「達」是修身和一般人際關係：「質直而好義，察言而觀色，慮以下人。」（〈顏淵20〉）子張後來的說法，和孔子給的意見不同：「士見危致命，見得思義，祭思敬，喪思哀。」（〈子張1〉）他對子貢的回答分了「國」、「家」和「身」三個層次：首先是「行己有恥，使於四方，不辱君命」，其次是「宗族稱孝焉，鄉黨稱弟焉」，最下是「言必信，行必果，硜硜然小人哉！」（〈子路20〉）。他對子路的回答是情感方面的表達：「切切、偲偲、怡怡如也」（〈子路28〉）。他的弟子曾子說過：「士不可以不弘毅，任重而道遠」（〈泰伯7〉）。

孔子這裡所說的「懷居」應該也就是「居無求安」（〈學而14〉），就像他曾經誇獎衛國的公子荊對於居室不求奢華的低調態度（〈子路8〉）。他甚至有著可以「四海為家」的想法，他認為只要一個地方有君子住，就不會固陋。他重視的是文化的傳播而不是居處的安適。

孔子不希望志於道的士一天到晚想的只是住的問題，真要關心，就是要「擇仁而處」（〈里仁1〉），也就是找個好人比較多的地方當鄰里。我們現在找房子，不也會考慮鄰居的好壞嗎？誰願意與惡人為鄰？誰又願意自己成為別人口中的惡鄰呢？這恐怕是孔子希望大家能以身作則，率先行仁。否則只有自己住得好，別人都住得差，這樣的居住品質的懸殊，只會埋下社會不安的種子，不是社會長久之福。

士真要念茲在茲的，恐怕就是這種從自身做起的鄰里道德或是推廣眾人的居住品質。士志於道，也應該影響大家一起來志於道。

3

子曰：「邦有道，危言危行；邦無道，危行言孫。」

孔子說：「國家昇平的時候，（君子的）言行都應該篤守正道（高於常人）；國家昏亂的時候，（君子的）行為該篤守正道，言論要溫和卑順。」

這章是孔子認為在邦有道和邦無道時一個人言行該有的規範。

「危」是「厲」（包咸、皇侃和邢昺）或「高」（鄭玄）、「高峻」（朱子）或「正」（《廣雅》和戴望），程樹德總結以上，認為：「危字有厲、高、正三訓，當以《廣雅》訓正義較長。」黃懷信認為：「『危』訓『正』別無他例，《廣雅》恐不可據。『危』當訓『高』，超乎常人也。」「孫」讀作「遜」，是「順」（何晏、皇侃）或「卑順」（朱子）或「謙抑」（黃懷信），和「危」字是相對的。其實不管是「危言危行」和「危行言孫」都是超乎常人的表現。

在〈憲問1〉我就提過，孔子常常將「邦有道」和「邦無道」對舉，替君子的行道或藏道（於民）

給予建議。他讚賞南容：「邦有道，不廢；邦無道，免於刑戮。」並且因此將他姪女嫁給南容（〈公冶長2〉）；他也誇獎過甯武子：「邦有道則知，邦無道則愚。其知可及也，其愚不可及也。」（〈公冶長21〉）他還表揚過史魚：「邦有道，如矢；邦無道，如矢。」以及蘧伯玉：「邦有道，則仕；邦無道，則可卷而懷之。」（〈衛靈公7〉）他也主張：「天下有道則見，無道則隱。邦有道，貧且賤焉，恥也；邦無道，富且貴焉，恥也。」（〈泰伯13〉）和「邦有道，穀；邦無道，穀，恥也。」（〈憲問1〉）有時孔子用的是更大範圍的「天下有道」和「天下無道」的對比：「天下有道，則禮樂征伐自天子出；天下無道，則禮樂征伐自諸侯出。自諸侯出，蓋十世希不失矣；自大夫出，五世希不失矣；陪臣執國命，三世希不失矣。天下有道，則政不在大夫。天下有道，則庶人不議。」（〈季氏2〉）對孔子來說，「有道」是要努力去達成的未來理想，「無道」是冷酷的當下現實。

戴望在這段用「經」（平常時期）和「權」（非常時期）來解釋：「正行以善經，言孫以行權」（平常時期行事要篤守正道，非常時期言論要看情況而變）。

孔子這裡談道言和行，言可因邦有道或無道而變，但是行則不管何時都要篤守善道。所以「言行合一」，是一般狀況，特別是邦有道的時候，可是「言行不一」，在特殊狀況之下也是可以允許的，不必「言必信，行必果」（〈子路20〉）那樣不知變通。這種權變的思想和作為最不容易找到知己（〈子罕30〉），也最不容易把持，如果不篤守正道，就和一般常人無異。

孔子特別強調：「言行，君子之樞機，樞機之發，榮辱之主也。言行，君子之所以動天地也，可不慎乎。」（《易經・繫辭上》〈8〉）孔子也感嘆：「知進退存亡而不失其正者，其為聖人乎！」（《易經・乾卦》〈24〉）

孔子這種「無可無不可」（〈微子8〉）的準則看似簡單，其實正是弟子和後人最難企及的境界。

4

子曰：「有德者，必有言。有言者，不必有德。仁者，必有勇。勇者，不必有仁。」

孔子說：「有德行的君子一定有為人稱道的言論，而有人稱道言論的人則未必有〔君子的〕德行。有仁德的君子一定勇敢力行，而勇敢力行的人未必是有仁德的〔君子〕。」

這章是孔子強調德包含言，仁包含勇，可是言者不必然有德，勇者不必然有仁。這是道德的不同位階。

孔子強調在「德」與「言」的關係上，有「德」比有「言」重要，所以他說：「巧言亂德」（〈衛靈公27〉）。《春秋左傳・襄公二十四年》〈2〉提出的「三不朽」是「立德」為先、「立功」其次和「立言」居後。如果照這章的邏輯，恐怕也可以說：「有德者必有功，有功者不必有德。」這也是孔子強調寧可「訥於言」而不可不「敏於行」（〈里仁24〉）。他也強調過行先於言（〈為政13〉）。他對列入言語科的弟子宰我，就很不以為然地從原先的「聽其言而信其行」改成「聽其言而觀其行」（〈公治長10〉）。另外一位同列名言語科的子貢也往往是言過其行。我們在〈憲問1〉提過的原憲對子貢的勸諫就是一個例證。

至於「仁」和「勇」的關係，孔子此章雖然說是前者包含後者，可是在其他地方他是將「知（智）」、「仁」和「勇」三項並舉，稱為「君子之道」或「天下之達道」（〈子罕29〉、〈憲問28〉和《禮記・中庸》〈20〉），並沒有大小先後的問題。可是從《論語》的相關章節來看，他對於「勇」並沒有太多稱讚：「勇而無禮則亂」（〈泰伯2〉）、「好勇疾貧，亂也」（〈泰伯10〉）、「好勇不好學，其蔽也亂」（〈陽貨8〉），他還特別提及「勇」和「義」的關係：「君子有勇而無義為亂，小人有勇而無義為盜」（〈陽貨23〉）以及「見義不為，無勇也」（〈為政24〉）。到了董仲舒的《春秋繁露・必仁且知》〈1〉也說：「不仁而有勇力材能，則狂而操利兵也。」顯然也不是讚美。仁者最大的勇，恐怕是孟子說的「仁者無敵」（《孟子・梁惠王上》〈5〉）。

孔子這裡說的「勇者，不必有仁」指的是誰？恐怕要等下一章分曉。

附錄

《春秋左傳・襄公二十四年》〈2〉二十四年，春，穆叔如晉，范宣子逆之問焉，曰，古人有言曰，死而不朽，何謂也，穆叔未對，宣子曰，昔丐之祖，自虞以上為陶唐氏，在夏為御龍氏，在商為豕韋氏，在周為唐杜氏，晉主夏盟為范氏，其是之謂乎，穆叔曰，以豹所聞，此之謂世祿，非不朽也，魯有先大夫曰臧文仲，既沒，其言立，其是之謂乎，豹聞之。大上有

立德，其次有**立功**，其次有**立言**。雖久不廢，此之謂不朽，若夫保姓受氏，以守宗祊，世不絕祀，無國無之，祿之大者，不可謂不朽。

《孟子．梁惠王上》〈5〉孟子對曰：「地方百里而可以王。王如施仁政於民，省刑罰，薄稅斂，深耕易耨。壯者以暇日修其孝悌忠信，入以事其父兄，出以事其長上，可使制梃以撻秦楚之堅甲利兵矣。彼奪其民時，使不得耕耨以養其父母，父母凍餓，兄弟妻子離散。彼陷溺其民，王往而征之，夫誰與王敵？故曰：『**仁者無敵**。』王請勿疑！」

5

南宮适問於孔子曰：「羿善射，奡盪舟，俱不得其死然。禹稷躬稼，而有天下。」夫子不答。南宮适出，子曰：「君子哉若人！尚德哉若人！」

南宮适跟孔子說：「羿是射箭高手、奡（音傲）是能在陸地行舟的大力士，可是這兩人（因為自恃勇力而不修德行，結果）都不得好死；禹和稷兩人（替人民生活著想）親自播種耕種，（大得民心，）所以得到天下。」（這其實是在誇獎孔子之德可比禹和稷。）孔子謙虛地沒有回答。等到南宮适離開了，孔子才讚嘆地說：「這個人真是君子啊！這個人真是崇尚德行啊！」

這章是南宮适（音擴）引用四位古人來對比以力服人和以德服人的差別。孔子稱讚他對德行的重視。

「南宮适」的身分有不同的說法：孔安國說是「南宮敬叔，魯大夫」，朱子說是「南容」，還有人說古籍中的「南宮縚」、「南宮适」和「南宮括」就是同一個人。

如果是「南宮敬叔」，他很早就跟孔子學禮（《春秋左傳・昭公七年》〈2〉和《史記》〈孔子世家4〉）；他也曾經送車給孔子搭乘（《孔子家語・致思》〈5〉）；他還和孔子一起去拜訪過老子（《孔子家語・觀周》〈1〉）；他也認為孔子之道必興（《孔子家語・本姓解》〈2〉）。可是除了這裡孔子對他的誇讚之外，弟子曾經提到南宮适出使外交任務回國時，一定會攜帶金銀財寶給邦君，讓孔子很不滿意（《禮記・檀弓上》〈75〉），甚至認為他因為「富而不好禮」才遭劫難（《孔子家語・本姓解》〈2〉），和這裡孔子對他的誇獎有很大的落差。

「羿」——孔安國說是指特定的人，他是有窮國之君，也就是那個射下九個太陽的神射手，邢昺和劉寶楠都說是世襲的官名，是射箭高手。「奡」——孔安國說他是大力士，能「陸地行舟」。皇侃說：「盪」是「行」，「舟」是「船」。「禹」是以治水著名的大禹，「稷」以播種百穀聞名。「躬稼」是「播種」（皇侃）。

馬融說：「适意欲以禹、稷比孔子，孔子謙故不答也。」朱子的說法完整些：「适之意蓋以羿、奡比當世之有權力者，而以禹、稷比孔子也，故孔子不答。」王夫之的看法不同，他認為：「夫子不答，以其言已盡，若再加一語，則是以禍福論人也。」孔子也許謙虛，也許根本沒聽出弦外之音。

孔安國認為這是一個「不義」和「有德」的對比。戴望則認為這是「以力服人」和「以德服人」的對照。

孔子在前一章說：「仁者必有勇，勇者不必有仁。」應該可以和此章互相參照來看。

6

子曰：「君子而不仁者有矣夫，未有小人而仁者也。」

孔子說：「君子中也有沒達到仁德標準的人，可是從來就沒有小人而有仁德的情況。」

這章也是《論語》中將君子和小人對舉的十七章中的一章。

這裡的「君子」和「小人」一般都以德行來區分。孔安國就說：「雖曰君子，猶未能備。」皇侃和邢昺都以管仲的例子來說明，邢昺說：「管仲九合諸侯，無以兵車，可謂仁矣！而鏤簋朱紘，山節藻棁，是不仁也。小人性不及仁道，故未有仁者。」朱子自己沒有解釋，只引用謝氏（謝良佐）的說法：「君子至於仁矣！然毫忽之間，心不在焉，則未免為不仁也。」

戴望則是把「君子」和「小人」當成在位與否來解釋：「君子在位者之宜仁，若小人則力富而已。」也就是說在位的君子如果不仁則應該力求行仁，不在位的小人則不關心這個仁的問題。這似乎是以「君子喻於義，小人喻於利」（〈里仁16〉）當成是解釋此章的基準。

劉寶楠則認為：「仁道難成，故以令尹子文之忠，陳文子之清，猶不得為仁，及克、伐、怨、欲不行，亦言『不知其仁』，故雖君子有不仁也。《易．繫辭傳》：『小人以小善為無益而弗為也，以小惡為無傷而弗去也，故惡積而不可掩，最大而不可解。』」我認為這是比其他前輩更好的解釋。

這章不管怎麼解釋，都會和其他章節的說法相衝突，例如：孔子說過「君子去仁，惡乎成名？君子無終食之間違仁，造次必於是，顛沛必於是。」（〈里仁5〉）

孔子不輕易拿「仁」來稱讚人：別人評論冉雍「仁而不佞」，孔子就替他辯駁說：冉雍不逞口舌之快，所以「不佞」不是什麼缺點，可是冉雍是否稱得上是「仁」，他就No comment（〈公治長5〉）；孟武伯問到兩位弟子子路和冉求是否為仁時，孔子也提到他們各自的才能，對於他們是否為仁，也一樣No comment（〈公治長8〉）；子張問到令尹子文和陳文子是否為仁時，孔子分別讚許兩人「清」和「忠」，對於是否為仁，還是No comment（〈公治長19〉）。

孔子罵過弟子宰我「不仁」，因為他覺得三年之喪太久，而忘了當初父母在他襁褓時養育他三年（〈陽貨21〉）。子游和曾子也都批評過同門的子張「不仁」（〈子張15〉）或「難與並為仁」（〈子張16〉）。所以，「不仁」後來又變成「麻木不仁」，成了不帶髒字的罵人話。

孔子稱許過「仁」的人有：管仲（〈憲問16〉）、殷之「三仁」：微子、箕子、比干（〈微子1〉）。

有些別人以為稱得上是仁的德行，他也不這麼認為：原憲請問他：如果沒有「克、伐、怨、欲」這四種負面表列的行為，算不算是「仁」，他也只說這是「難能也」，算不算得上仁，他依舊No comment（〈憲問1〉）；他也說過：「仁者必有勇，勇者不必有仁」（〈憲問4〉）。不過，他也認為：「知（智）及之」，不如「仁守之」，又不如「莊以蒞之」，更不如「動之以禮」（〈衛靈公33〉），「仁」似乎還不如「莊」和「禮」，還不是最高境界。此外，他也認為「好仁不好學，其蔽也愚」（〈陽貨8〉），「仁」還需要「學」來矯正「愚」的流弊。

有人拍他馬屁，說他是「聖仁兼備」，嚇得他連忙說：「豈敢」，自己只是「為之不厭，誨人不倦而已」（〈述而34〉）。

從以上看來，孔子對於「仁」並沒有前後一致的看法。這也是解釋《論語》時必須面對的一個難題。

7

子曰：「愛之，能勿勞乎？忠焉，能勿誨乎？」

孔子說：「愛護一個人，能夠不讓他勞動嗎？為了盡到自己的本分，能不好好教誨他嗎？」

孔子這章講的是「愛而能勞，忠而能誨」，可是主詞和受詞都不明確。「愛」是「慕」（皇侃）。「勞」是「勞來」（孔安國和邢昺）或「勞賴」（皇侃）（都是「慰勞」的意思，」或「勤」（戴望）或「憂」（劉寶楠）（也就是「勤思之」），我覺得當成「勞動」恐怕比較好。「忠」是「盡中心」（皇侃），也就是「盡己」。「誨」是「教」（皇侃）。

孔安國的解釋是放在學生和老師的相對立場上來說：「言人有所愛，必欲勞來之；有所忠，必欲教誨之。」皇侃遵循此套解釋，多做些說明：「既有心愛慕此人學問之道，不無勞賴之辭也……有人盡中心來者，不無教誨之辭也。」邢昺的說法也和兩位前輩差不多。

朱子的立場比較曖昧。他引用了蘇氏（蘇軾）的說法：「愛而勿勞，禽犢之愛也；忠而勿誨，婦寺之忠也。愛而知勞之，忠而知誨之，則其為忠也大矣！」好像前者是講家長而後者是講朋友或臣下。王夫之是持這種看法的。

黃式三認為這是為臣之道：「臣之於君，忠愛兼盡，慰勞納誨互用也。」《論語》中提到「勞」的章節，有時指的是為人子女該做的事：「有事弟子服其勞」（〈為政8〉）和「勞而不怨」（〈里仁18〉）。有時指的是君上要人民服勞役：「先之、勞之」（〈子路1〉）、「君子信而後勞其民」（〈子張10〉），以及「則其可勞而勞之」才能讓人民「勞而不怨」（〈堯曰2〉）。有時後「勞」指的是「功勞」或「辛勞」，如「無施勞」（〈公冶長26〉）；有時候則是指相反的「徒勞無功」，如「恭而無禮則勞」（〈泰伯2〉）。在這裡，似乎從家和國的領域來講，甚至從教育的場域來說，都是一體適用的。

「誨」——在《論語》中連同本章總共出現過五次，講的都是老師對學生的教誨：「誨女知之乎」（〈為政17〉）、「誨人不倦」（〈述而2〉和〈述而34〉），以及「吾未嘗無誨焉」（〈述而7〉）。所以這章應該也是講師生關係，或許可以稱為老師的職業倫理。

我能想到這章適用的狀況，就是現在的家庭教育和學校教育的某些弊端。有些家長在教育小孩的時候，希望小孩不要再像自己成長時那樣吃苦，就不讓小孩負擔生活的基本勞動，許多孩子因此養成了生活安逸的「公主病」或「王子病」，無法了解民間疾苦，也沒有關懷別人的心，成為唯我獨尊的「小皇帝」或「小女皇」。有些家長自己不會管教小孩，希望學校老師能幫上忙，可是學校老師往往怕被家長投訴對小孩管教太嚴，而不在道德上教誨小孩，讓這些「小皇帝」或「小女皇」更加肆無忌憚，於是出現了軍事管理型的學校來矯正這樣的弊端。

雖說如此，但這些都是現代少數極端狀況吧？難道孔子的時代早就有著類似的狀況，讓他老人家發出此章的感嘆？

「愛而能勞，忠而能誨」恐怕還是古今適用的良方吧！

8

子曰：「為命，裨諶草創之，世叔討論之，行人子羽脩飾之，東里子產潤色之。」

孔子說過：「（鄭國的）外交文書，由裨諶起草，世叔審查，行人子羽增損內容，東里子產最後做文辭上的潤色。」

這章是講鄭國的外交文書是靠幾個大臣合力完成的，強調的是慎重和團隊合作。

古注都挑著解釋字義：「為」是「作」（皇侃），「命」是「君命」（皇侃）或「聘會之書，圖於使者未行之前」（黃式三）或「國書，使者載以行者」（戴望），「為命」就是「作盟會之書」（皇侃），用現在的話說就是「製作外交文書」。「草」是「略」（朱子）或「使制之」（劉寶楠）或「起草」（黃懷信），「創」是「造」（朱子）。「討」是「治」（皇侃）或「尋究」（朱子），「論」是「評」（皇侃）或「講議」（朱子），「討論」就是「審查、提修改意見」（黃懷信）。「修飾」是「增損之」（朱子）。「潤色」是「加以文采」（朱子）或「增美其辭，使有文采可觀也」（劉寶楠）。

本章提到的四個人都是鄭國的政治人物；裨諶（音杯陳）是鄭國大夫，皇侃說他：「性靜怯弱。謂其君作盟會之辭，則入於草野之中以創之，獲之。」如果是這樣，真是有怪僻。「世叔」，叫做游吉，《春秋左傳．襄公三十一年》〈2〉稱他做「子大叔」。「行人」是掌管使者的官名，「子羽」是公孫揮。「東里」是子產所住地方的地名，子產就是公孫橋的字。

〈襄公三十一年2〉曾經記載北宮文子誇獎子產從政，「則能而使之」：「馮簡子能斷大事，子大叔美秀而文，公孫揮能知四國之為，而辨於其大夫之族姓、班位、貴賤、能否，而又善為辭令；裨諶能謀，謀於野則獲，謀於邑則否。鄭國將有諸侯之事，子產乃問四國之為於子羽，且使多為辭令；與裨諶乘以適野，使謀可否；而告馮簡子，使斷之。事成，乃授子大叔使行之，以應對賓客，是以鮮有敗事。」這裡還多了一位此章沒有提及的馮簡子。

《說苑．政理》〈20〉也有類似的說法：「子產相鄭，終簡公之身，內無國中之亂，外無諸侯之患也；子產之從政也，擇能而使之：馮簡子善斷事，子太叔善決而文，公孫揮知四國之為而辨於其大夫之族姓，變而立至，又善為辭令，裨諶善謀，於野則獲，於邑則否，有事乃載裨諶與之適野，使謀可否，而告馮簡子斷之，使公孫揮為之辭令，成乃受子太叔行之，以應對賓客，是以鮮有敗事也。」所以〈尊賢2〉誇獎鄭簡公知人善任：「至簡公用子產、裨諶、世叔、行人子羽，賊臣除，正臣進，去強楚，合中國，國家安寧，二十餘年，無強楚之患。」

孔子很佩服子產的為政（《史記．仲尼弟子列傳》〈2〉），聽到子產過世的消息，孔子掉下了男兒淚，還稱讚他是「古之遺愛也」（《孔子家語．正論解》〈12〉和《史記．鄭世》〈家48〉），大概也就是「典型在宿昔」的意思。

附錄

《史記・仲尼弟子列傳》〈2〉**孔子**之所嚴事：於周則老子；於衛，蘧伯玉；於齊，晏平仲；於楚，老萊子；於鄭，**子產**；於魯，孟公綽。數稱臧文仲、柳下惠、銅鞮伯華、介山子然，**孔子**皆後之，不並世。

9

或問子產。子曰：「惠人也。」問子西。曰：「彼哉！彼哉！」問管仲。曰：「人也。奪伯氏駢邑三百，飯疏食，沒齒無怨言。」

有人請問孔子對子產的評價。孔子說：「（子產是個）愛護人民的長官。」問對子西的評論。孔子說：「那個人啊！那個人啊！（不提也罷）」問對管仲的評論。孔子說：「他是一個（有仁德的）人。當時伯氏有罪，管仲將他所管轄的三百戶采邑都沒收了，讓他過著粗茶淡飯的生活，可是伯氏一輩子也沒有一句抱怨的話（因為他自覺罪有應得）。」

孔子在這章評論了子產、子西和管仲三位政治人物。

子產是鄭國的大夫，名公孫橋。「惠」是「愛」（孔安國和邢昺），上章說過他「遺愛人間」。戴望說他：治理鄭國「先恩後法」，所以才稱為「古之遺愛」。孔子曾經在〈公冶長16〉稱讚過子產：「有君子之道四焉：其行己也恭，其事上也敬，其養民也惠，其使民也義」，其中「其養民也惠」和這裡是一樣的指涉。在《孔子家語．正論解》〈24〉孔子的評價就更清楚了：子游請孔子進一步說明「子產之惠」，孔子說：「子產就像人民的母親，能夠讓人民吃得飽，卻不能進一步讓人民有文化。」所以孔子在此章雖然誇獎他能在國內領域做到「惠人也」，可是還不能達到孔子期許的更高的天下領域的「仁人」的地步。

「子西」，一說是鄭國大夫（馬融），一說是楚國令尹（何晏引或說）。朱子說得最清楚：「楚公子申，能遜楚國立昭王而改紀其政，亦賢大夫也。然不能革其僭王之號，昭王欲用孔子，又沮止之，其後卒召白公以致禍亂，則其為人可知矣！」後來的戴望遵循朱子說法。劉寶楠則認為鄭國和楚國都各有一個名叫「子西」的人，前者沒做過什麼足以稱道的事，所以應該是指楚國的子西。「彼哉！彼哉！」，皇侃說是「人自是彼人耳，無別行可稱也」，朱子說是「外之之辭」，其實也就是「沒什麼好說的」，就像他在〈子路20〉所說的「斗筲之人」。如果這個子西是曾經阻止孔子到楚國去的那個子西，孔子這話就有點意思了。

孔子在回答管仲時所說的「人也」，一說「猶云此人也」（邢昺和朱子），劉寶楠也引證了很多古書和古注的說法，讓人看了眼花撩亂。可是黃懷信說的比較有理，如果對應說子產是「惠人也」來看，可能漏了一個「仁」字，也就是應該「仁人也」。否則說管仲是「人也」，要把其他「人」往哪兒擺？不是罵其他人「不是人」了嗎？溫良恭儉讓的老夫子應該不至於如此。

「管仲」和「伯氏」都是齊國大夫。「奪」是「臣有大罪，沒入家財者」（焦循）。「駢邑」是地名（孔安國）。「飯」是「食」（皇侃）。「沒」是「終」（皇侃）。「齒」是「年」（孔安國和皇侃），「沒齒」就是「終身」。「無怨言」，黃懷信認為伯氏認為管仲這樣做是「愛己」也，是真心不怨，而不是不敢怨。

孔子在其他地方還有提到管仲：在〈八佾22〉中，孔子批評他「小器」、「不儉」和「不知禮」；在〈憲問16〉子路問道管仲當初沒隨著公子糾而死是否為「不仁」的道德問題時，孔子又稱讚他能夠和平統一天下，這就是他的「仁」；〈憲問17〉是子貢問道管仲的「仁德」問題，孔子還是誇獎他，不拘泥於匹夫匹婦的小信小諒，沒有因為忠君而亡，反而能輔佐齊桓公，稱霸諸侯，統一天下，讓天下百姓同蒙和平的果實。和前面的批評比起來，孔子認為管仲的功大於過。

孔子在此並沒有特別說明他對於管仲的歷史評價比子產高，但是孔門後學的荀子曾經做過這樣的評價：「子產惠人也，不如管仲；管仲之為人，力功不力義，力知不力仁，野人也，不可為天子大夫。」（《荀子．大略》〈57〉）我覺得子產的貢獻只在鄭國，而管仲則恩披天下。

孔子過世後，也有人比較過子產和孔子過世後人民的反應來評論兩人的歷史功績：《說苑．貴德》〈15〉中季康子就曾問過子游說：「鄭國子產過世時，鄭國的男人都捨棄了自己的玉珮，女人都捨棄了自己的玉耳環，人民也痛哭失聲，三個月聽不到音樂；可是仲尼過世時，魯國人民並沒有同樣的反應，魯國人民不敬愛您的老師吧？」子游回答說：「拿我們老師和子產相比的話，子產就像一潭水，我們老師像天降雨。人民要進到一潭水中才能得救，如果進不去也只有死路一條；人民要能夠延續生活和生命就必須有像我們老師這種及時雨，可是人民一旦活下來了，就忘了是及時雨救了他們。」（《孔叢子．雜訓》〈3〉的故事換成是懸子問孔子的孫子子思，然後子思就提到這個故事。）這應該也是「惠人」和「仁人」的差別吧！

不管怎麼比，這些都是對我們的歷史有貢獻的人，是我們該效法的榜樣。其他不如的人，就不提也罷。

為了我們的祖先、我們自己以及我們的子孫，該選擇的道路應該是很清楚的。

附錄

《孔子家語・正論解》〈24〉子游問於**孔子**曰：「夫子之極言**子產**之惠也，可得聞乎？」**孔子**曰：「謂在愛民而已矣。」子游曰：「愛民謂之德教。何翅施惠哉？」**孔子**曰：「夫子產者，猶眾人之母也。能食之，而不能教也。」子游曰：「其事可言乎？」**孔子**曰：「子產以所乘之車濟冬涉，是愛而無教也。」

《荀子・大略》〈57〉子謂子家駒續然大夫，不如晏子；晏子功用之臣也，不如**子產**；**子產**惠人也，不如管仲；管仲之為人，力功不力義，力知不力仁，野人也，不可為天子大夫。

《說苑・貴德》〈15〉季康子謂子游曰：「仁者愛人乎？」子游曰：「然。」「人亦愛之乎？」子游曰：「然。」康子曰：「鄭**子產**死，鄭人丈夫舍玦珮，婦人舍珠珥，夫婦巷哭，三月不聞竽琴之聲。**仲尼**之死，吾不聞魯國之愛夫子奚也？」子游曰：「譬**子產**之與夫子，其猶浸水之與天雨乎？浸水所及則生，不及則死，斯民之生也必以時雨，既以生，莫愛其賜，故曰：譬**子產**之與夫子也，猶浸水之與天雨乎？」

10

子曰：「貧而無怨難，富而無驕易。」

孔子說過：「（相對來說，）沒錢的人很難不怨天尤人，有錢人很容易不以嬌氣傲人。」

孔子在這章講貧和富都有難以做到的德行。

這章沒特別難懂的字。道理似乎也很簡單。朱子說：「處貧難，處富易，人之常情。然人當勉其難，而不可忽其易也。」

我們現在「貧窮」或「富貴」連用，可是我記得當初上課時，毓老師就說：「貧是沒錢，窮是沒地位。富是有錢，貴是有地位。」《說文解字》就說：「貧，財分少也。」《說文解字》：「富，備也。」我們現在還講「貧富差距」，意思也還差不多，都是從收入或財產的有無來看。俗話就是「有錢」或是「沒錢」。我記得有年在北京逛北海看到一件T恤上寫了一段文字，讓我在這個越來越健忘的年紀還能記憶至今：「錢不是問題，問題是沒錢。」真是「貧而無怨難」啊！

《論語》中孔子數度拿「貧」「富」對比，有時是用「貧賤」和「富貴」對比：子貢曾經請教過孔子對於「貧而無諂，富而無驕」的看法，孔子只淡淡地說了個「可也」，不如境界更高的「貧而樂道」和「富而好禮」（〈學而15〉），這正好彌補這章沒講到的另一個更高的境界；他主張貧賤富貴都要以道得之並處之泰然（〈學而15〉）；更有甚者，富貴貧賤也和邦國的有道無道是有關聯的：「邦有道，貧且賤焉，恥也；邦無道，富且貴也焉，恥也。」（〈泰伯13〉）前者代表自己無能力，後者代表自己不知進退，都是自己應該覺得羞恥，而且也是別人認為可恥的事。總之，孔子強調的是能力和道德和自己的富貴貧賤應該要相應才是合禮（理）的狀態（《禮記》〈曲禮上11〉、〈坊記2〉、〈3〉、〈7〉和〈中庸14〉）。

孟子把孔子的想法說得更有浩然之氣：「富貴不能淫，貧賤不能移，威武不能屈，此之謂大丈夫。」（《孟子・滕文公下》〈7〉）這麼一個弘大的氣象，到了日本語「大丈夫」一詞就變成「沒關係」或「沒事」的意思。自稱「不是自己好辯，而是不得已」（〈14〉）的孟子如果活著，恐怕會大聲抗議吧！《禮記・儒行》〈19〉也呼應孟子的說法，認為儒的職業道德應該是：「儒有不隕獲於貧賤，不充詘於富貴，不慁君王，不累長上，不閔有司，故曰儒。今眾人之命儒也妄，常以儒相詬病。」從這段引文看來，儒被人看不起，也不是近代的事情。自己不能做到不在乎政治權力（「權」）與經濟權力（「貴」），而讓自身的道德力和知識力受人尊敬，又怪得了誰呢？

我們在〈憲問1〉的時候提過原憲和子貢的故事。這兩人大概可以算是「貧賤」和「富貴」的兩個典型。故事中原憲可以算是「貧而無怨」或「貧而無諂」或「貧而樂道」，而子貢就連孔子認為簡單的「富而無驕」或「富而好禮」都沒做到。

是「富貴讓人迷失」、「絕對的富貴讓人絕對的迷失」？還是「富貴讓人進一步好禮」？（也就是

「倉廩實而知禮節，衣食足而知榮辱」（《管子．輕重甲》〈14〉）」

是「貧窮讓人憤懣」、「絕對的貧窮讓人絕對的憤懣」？還是「貧窮讓人樂道」？為什麼在生活富裕之後，還有人會懷念過去的苦日子？可是，自己生活開始好了，就希望下一代不要像自己這一代一樣吃苦。結果，那種物質生活的苦確實沒吃到，招來的卻是精神上的茫然無主的苦。也正如幾年前台灣流行的話：「窮到只剩下錢」。

孔子這裡沒說的還有「貧而怎樣是容易的」？「富而怎樣是困難的」？

附錄

《禮記》〈曲禮上11〉夫禮者，自卑而尊人。雖負販者，必有尊也，而況富貴乎？富貴而知好禮，則不驕不淫；貧賤而知好禮，則志不懾。

——〈坊記2〉子云：「小人貧斯約，富斯驕；約斯盜，驕斯亂。」禮者，因人之情而為之節文，以為民坊者也。故聖人之制富貴也使民富不足以驕，貧不至於約，貴不慊於上，故亂益亡。

——〈3〉子云：「貧而好樂，富而好禮，眾而以寧者，天下其幾矣。《詩》云：『民之貪亂，寧為荼毒。』」故制：國不過千乘，都城不過百雉，家富不過百乘。以此坊民，諸侯猶有畔者。

——〈7〉子云：「君子辭貴不辭賤，辭富不辭貧，則亂益亡。」故君子與其使食浮於人也，寧使人浮於食。

——〈中庸14〉君子素其位而行，不愿乎其外。素富貴，行乎富貴；素貧賤，行乎貧賤；素夷狄，行乎夷狄；素患難，行乎患難：君子無入而不自得焉。在上位不陵下，在下位不援上，正己而不求於人，則無怨。上不怨天，下不尤人。故君子居易以俟命，小人行險以徼幸。」

《孟子・滕文公下》〈7〉富貴不能淫，貧賤不能移，威武不能屈。此之謂大丈夫。

——〈14〉公都子曰：「外人皆稱夫子好辯，敢問何也？」孟子曰：「予豈好辯哉？予不得已也。」

11

子曰：「孟公綽，為趙、魏老則優，不可以為滕、薛大夫。」

孔子說：「孟公綽如果當趙國和魏國的家臣之長是綽綽有餘，如果去當滕和薛的大夫就不適當。」

這章的主旨說的是一個人的才性應該配置他能發揮能力的地位，也就是「適才適所」的意思。引申來說，孔子在此章展現了「知人」的長才。

「孟公綽」——有時就叫「公綽」，是魯國的大夫，是孔子很尊敬的一位長者（《史記．仲尼弟子列傳》〈2〉），下一章孔子特別提到他的「不欲」（〈憲問12〉）。有關他的記載大致就只有如此。

「老」——孔安國說：「家臣稱老。」皇侃說：「采邑之室老也。」朱子說是「家臣之長」。

「優」——朱子說是「有餘」；「大夫」——朱子說是「任國政者」。

歷來前輩注釋家都遵循孔安國的解釋：「趙，魏皆晉卿也。公綽性寡欲，趙、魏貪賢，家老無職，故優；滕、薛小國，大夫政煩，故不可為。」朱子點明了說：「公綽蓋廉靜寡欲而短於才者也。」他還引用了楊氏的話說：「知之弗豫，枉其材而用之，則為棄人也。此君子所以患不知人也。言此則孔子之用人可知矣！」換句話說，孟公綽是個有君子之德卻無政事之才的人。

這章孔子展現了「愛而知其惡」（《禮記・曲禮上》〈3〉），孔子對於他尊敬的對象並沒有盲目的偶像崇拜行為。

一直到孔子，古人們都強調「知人」的重要性。傳說夏朝時後皋陶就對大禹說過「知人」和「安民」都是施政重點，大禹也說「知人則哲，能官人安民則惠」（《尚書・虞書》〈皋陶謨1〉）。《老子》也強調：「知人者智，自知者明。」這種智慧是不分流派的。

在〈憲問16〉中，孔子說：「不患人之不己知，患不知人也。」在〈顏淵22〉孔子回答樊遲「問知」時，回答：「知人。」在《論語》最後一章的最後一句，編輯者特別也以「不知言，無以知人也」（〈堯曰3〉）當成全書的結尾，恐怕都是繼承古人同樣的關懷。

衛將軍請問子貢孔門弟子中各人的短長時，一開始也說：「知莫難於知人。」（《大戴禮記・衛將軍文子》〈2〉和《孔子家語・弟子行》〈1〉）不過，這位名列孔門言語科的子貢，還是說了一大篇同門弟子的特色，頗能抓住各人特色。

孔子後學的荀子也認為：「主道知人，臣道知事。」（《荀子・大略》〈67〉）君臣各有專長，分工合作，才能成事。

以前毓老師上課也強調學生要學會「知人」。所以就開授劉劭的《人物志》和《冰鑑》。

其他人也知道「知人」的重要性，只是他們從八字、血型、星座、姓名筆畫、面相、手相、骨相等等因素入手，樂此不疲，累世不衰。有些心理學家則從人們臉部的表情變化入手，判斷人是否說謊，孟子也強調過看眼睛來判斷（《孟子・離婁上》〈15〉），目的都在於「知人是否說謊」。有的心理學家從「九型人格」入手，不一而足。孔子則從言語和行動雙方面入手，強調「聽言觀行」（〈公治長10〉）。現代企業徵聘人才，除了要繳交書面資料和面試之外，有的還借重心理測驗，有的還有專人事先在網路上搜尋申請者的基本狀況，真可謂「無所不用其極」。

可是這種種希望「直指人心」的做法，百密總有一疏。俗話說的「知人知面不知心」正是反映了「知人」的困難。

所以孔子在本章是讓適當的人在適當的位置上；人無棄才，就都是人才。就算是雞鳴狗盜之徒，這些平時看似廢材的人，到了需要的時候，就會發揮人才的作用。孟嘗君早知道了（《史記・孟嘗君列傳》〈4〉和〈6〉），你我還不知道嗎？

附錄

《孟子・離婁上》〈15〉孟子曰：「存乎人者，莫良於**眸子**。**眸子**不能掩其惡。胸中正，則**眸子**瞭焉；胸中不正，則**眸子**眊焉。聽其言也，觀其**眸子**，人焉廋哉？」

《史記・孟嘗君列傳》〈4〉**孟嘗君**在薛，招致諸侯賓客及亡人有罪者，皆歸**孟嘗君**。**孟嘗君**舍業厚遇之，以故傾天下之士。食客數千人，無貴賤一與文等。**孟嘗君**待客坐語，而屏風後常有侍史，主記君所與客語，問親戚居處。客去，**孟嘗君**已使使存問，獻遺其親戚。**孟嘗君**曾待客夜食，有一人蔽火光。客怒，以飯不等，輟食辭去。**孟嘗君**起，自持其飯比之。客慚，自剄。士以此多歸**孟嘗君**。**孟嘗君**客無所擇，皆善遇之。人人各自以為**孟嘗君**親己。

——〈6〉齊湣王二十五年，復卒使**孟嘗君**入秦，昭王即以**孟嘗君**為秦相。人或說秦昭王曰：「**孟嘗君**賢，而又齊族也，今相秦，必先齊而後秦，秦其危矣。」於是秦昭王乃止。囚**孟嘗君**，謀欲殺之。**孟嘗君**使人抵昭王幸姬求解。幸姬曰：「妾願得君狐白裘。」此時**孟嘗君**有一狐白裘，直千金，天下無雙，入秦獻之昭王，更無他裘。**孟嘗君**患之，遍問客，莫能對。最下坐有能為狗盜者，曰：「臣能得狐白裘。」乃夜為狗，以入秦宮臧中，取所獻狐白裘至，以獻秦王幸姬。幸姬為言昭王，昭王釋**孟嘗君**。**孟嘗君**得出，即馳去，更封傳，變名姓以出關。夜半至函谷關。秦昭王後悔出**孟嘗君**，求之已去，即使人馳傳逐之。**孟嘗君**至關，關法雞鳴而出客，**孟嘗君**恐追至，客之居下坐者有能為雞鳴，而雞齊鳴，遂發傳出。出如食頃，秦追果至關，已後**孟嘗君**出，乃還。始**孟嘗君**列此二人於賓客，賓客盡羞之，及**孟嘗君**有秦難，卒此二人拔之。自是之後，客皆服。

12

子路問成人。子曰：「若臧武仲之知，公綽之不欲，卞莊子之勇，冉求之藝，文之以禮樂，亦可以為成人矣！」曰：「今之成人者何必然？見利思義，見危授命，久要不忘平生之言，亦可以為成人矣！」

子路請教孔子怎樣才算是做到「人」的境界。孔子說：「如果能像臧武仲這麼有智慧、像〔孟〕公綽這樣將欲望降至最低點、像卞莊子那樣勇敢、像冉求那樣多才多藝，再加上踐行禮樂，這樣也可以算是做到了『人』的境界。」〔孔子接著又〕說：「當今做到人的境界不一定要做到這些吧？看到有物質之利還能想到道義上該不該做，碰到危難而接受長官的命令拯救危亡，跟人的約定也一輩子不會忘記，能這樣做也算是達到做人的基本境界。」

這章孔子強調「知（智）」、「不欲」、「勇」和「藝」當時四個人分別具有的四種德性雖然都重要，但是還是要加上禮樂，才稱得上是個「人」。後來他又指出古今「成人」的標準不同。

這章所提到的四個人，「臧武仲」是魯國大夫臧孫紇，他要脅過魯君（〈憲問14〉），孔子也說他比臧文仲賢能，可是「臧武仲之智，不足以存魯」（《孔子家語·顏回》〈4〉），其他古書記載則看不出他有何特別功績讓孔子誇他「智」。

「孟公綽」也是魯國大夫，孔子說他擔任「趙、魏老」比「滕、薛大夫」要稱職（〈憲問11〉）。這裡說他「不欲」皇侃說是「不貪欲」，朱子說他「廉」，如果用「無欲則剛」來解釋，那麼「不欲」就是「剛」，這也是孔子盛讚的德性。

「卞莊子」是卞邑的大夫。《荀子·大略》〈69〉中說，齊國人原來準備要攻打魯國，聽說卞莊子的勇敢過人，就打消了這個念頭。他和子路的勇是當時齊名，無人不知、無人不曉。另外有故事說他母親在的時候，在戰場上都不敢表現出他的勇，直到母親過世後，三年之喪結束，他才毫無後顧之憂地在戰場上奮勇殺敵（《韓詩外傳·卷十》〈13〉和《新序·義勇》〈15〉）。

「冉求」是孔子的學生，孔子也誇獎過他的多才多藝（〈雍也8〉），不過大家比較記得的恐怕是孔子罵他的話，因為他為季氏搜括民脂民膏，孔子覺得大家可以「鳴鼓而攻之」（〈先進17〉）。孔子也還因為冉求和子路為季氏家臣卻不能阻止季氏藉口攻伐顓臾，而痛斥兩人讓禍起蕭牆（〈季氏1〉）。

孔子顯然認為拿古代標準來要求現代人是不可行的，所以提出了「今之成人」的三個標準：「見利思義、見危授命、久要不忘平生之言」，這些雖然不像前段舉出「人證」，但是大體上是強調「義先利後」、「勇於承擔」和「信守承諾」這幾種基本德行，就算是稱得上是一個人。標準降低，可是千古以來有多少讀書人做到了呢？如果做不到，不就是只有人的軀殼而已嗎？

「成人」不是現代「成年人」的意思，而是「成為一個真正的人」。這些基本德性，都還需要禮樂做最後的畫龍點睛，才能讓一個人「成人」。《禮記・禮器》〈18〉和《孔子家語・曲禮子貢問》〈7〉都說過同樣的話（只是少說了個樂）：「禮也者，猶體也。體不備，君子謂之不成人。」徐幹的《中論・法象》〈3〉也說：「能盡敬以從禮者，謂之成人。」

荀子的說法，雖然沒提到禮樂，但也有類似的想法：要有德操，還要能定能應，才能稱為「成人」（《荀子・勸學》〈18〉）。

《說苑・辨物》〈1〉和《孔子家語・顏回》〈3〉都記載同一個故事：顏淵請教過孔子「成人之行」。孔子回答說：「成人之行達乎情性之理，通乎物類之變，知幽明之故，睹遊氣之源，若此而可謂成人。既知天道，行躬以仁義，飭身以禮樂。夫仁義禮樂成人之行也，窮神知化德之盛也。」這裡對於「成人」的標準又在禮樂之外，還延及「窮神知化」的更高的神祕境界。《管子・樞言》〈9〉說「既仁且智，是謂成人」，則接近孔子強調「仁」「智」並舉，沒有提到「禮樂」。

毓老師曾經問過學生：「你們到底想不想做人？」這應該也就是這裡的「成人」的意思。做人不只要有肉身，要有德性，當然更要有文化。孔子期許自己的「文不在茲乎」（〈子罕5〉）恐怕是所有後代人也都該深思實踐的課題。

附錄

《荀子・大略》〈69〉齊人欲伐魯，忌**卞莊子**，不敢過卞。晉人欲伐衛，畏子路，不敢過蒲。

《韓詩外傳・卷十》〈13〉傳曰：**卞莊子**好勇，母無恙時，三戰而三北，交游非之，國君辱之，

卞莊子受命，顏色不變。及母死三年，魯興師，**卞莊子**請從，至，見於將軍曰：「前猶與母處，是以戰而北也，辱吾身！今母沒矣，請塞責。」遂走敵而鬥，獲甲首而獻之，「請以此塞一北」。又獲甲首而獻之，「請以此塞再北。」將軍止之，曰：「足。」不止，又獲甲首而獻之，曰：「請以此塞三北。」將軍止之，曰：「足，請為兄弟。」**卞莊子**曰：「夫北，以養母也，今母歿矣，吾責塞矣。吾聞之，節士不以辱生。」遂奔敵，殺七十人而死。君子聞之，曰：「三北已塞責，又滅世斷宗，士節小具矣，而於孝未終也。」《詩》曰：「靡不有初，鮮克有終。」

《新序・義勇》〈15〉**卞莊子**好勇，養母，戰而三北，交遊非之，國君辱之，及母死三年，齊與魯戰，**卞莊子**請從，見於魯將軍曰：「初與母處，是以三北，今母死，請塞責而神有所歸。」遂赴敵，役一甲首而獻之。曰：「此塞一北。」又入，獲一甲首而獻之。曰：「此塞再北。」又入，獲一甲首而獻之。曰：「此塞三北。」將軍曰：「毋沒爾家，宜止之，請為兄弟。」莊子曰：「三北以養母也，是子道也，今士節小具而塞責矣。吾聞之節士不以辱生。」遂反敵殺十人而死。君子曰：「三北已塞責，滅世斷宗，於孝未終也。」

《荀子・勸學》〈18〉君子知夫不全不粹之不足以為美也，故誦數以貫之，思索以通之，為其人以處之，除其害者以持養之。使目非是無欲見也，使耳非是無欲聞也，使口非是無欲言也，使心非是無欲慮也。及至其致好之也，目好之五色，耳好之五聲，口好之五味，心利之有天下。是故權利不能傾也，群眾不能移也，天下不能蕩也。生乎由是，死乎由是，夫是之謂德操。德操然後能定，能定然後能應。能定能應，夫是之謂**成人**。天見其明，地見其光，君子貴其全也。

《說苑・辨物》〈1〉顏淵問於仲尼曰：「**成人**之行何若？」子曰：「**成人**之行達乎情性之理，通乎物類之變，知幽明之故，睹遊氣之源，若此而可謂成人。既知天道，行躬以仁義，飭身以禮樂。夫仁義禮樂成人之行也，窮神知化德之盛也。」

《孔子家語・顏回》〈3〉顏回問於孔子曰：「成人之行若何？」子曰：「達於情性之理，通於物類之變，知幽明之故，覩游氣之原，若此可謂成人矣。既能成人，而又加之以仁義禮樂，成人之行也，若乃窮神知禮，德之盛也。」

13

子問公叔文子於公明賈曰：「信乎，夫子不言、不笑、不取乎？」公明賈對曰：「以告者過也。夫子時然後言，人不厭其言；樂然後笑，人不厭其笑；義然後取，人不厭其取。」子曰：「其然，豈其然乎？」

孔子請問衛國大夫公明賈有關他的上司公叔文子這個人：「您的上司真的是像別人所說的那樣，不苟言笑，不收受禮物嗎？」公明賈回答說：「跟您這麼說的人實在是誇張了點。我的上司時機不對是不會開口說話的，所以他講話不會讓人生厭；他真正感到快樂的時候才會笑出來，所以他的笑不會讓人生厭；該拿的禮物他才拿，所以他收禮物也不會讓人生厭。」孔子〔有點懷疑地〕說：「是這樣的啊！真是這樣的嗎？」

這章是公明賈對公叔文子的讚美，孔子很客氣地表達了懷疑的態度。

「公叔文子」是衛國大夫公孫拔，「文」是他的諡號，邢昺認為他「慈惠愛民」才獲得這樣的諡號，這在《禮記・檀弓下》〈169〉有過記載。〈憲問18〉孔子因為他和自己的家臣大夫僎一起升官，而對他的這個諡號有所評論，到時候再細論。公明賈也是衛國人，公叔文子的下屬這章的「夫子」是指「公叔文子」而不是「孔子」。

章尾的「其然！豈其然乎？」皇侃認為有二解：一是將「其然」當成肯定公明賈的說法，「豈其然乎」是懷疑別人的傳說不實；一說是認為「其然」為驚訝竟然是如此，「豈其然乎」則是懷疑公叔文子能夠如實全部做到。照第二種解釋，孔子其實是懷疑公明賈在替長官隱諱的一種場面話或外交辭令。

公叔文子到底怎麼個「不言」、「不笑」、「不取」，其他先秦古籍並沒有具體的事蹟流傳。從《禮記・檀弓下》〈169〉的記載來看，衛國國君肯定他四項功績：一是能夠在國家饑荒時，粥濟餓者；二是衛國有難，他能挺身衛護國君；三是聽國政時，能盡心維護制度；四是對於衛國的外交也有過貢獻。可是這四項和此章所說的「不言」、「不笑」和「不取」無關。

東漢王充曾經兩度論及此章：一次強調俗言加油添醋，誇大事實（《論衡・儒增》〈24—25〉）；一次強調孔子無法「先知」公叔文子的實情，必須透過跟公明賈求證才能得到正解（《論衡・知實》〈2〉）。可是孔子就是這種「每事問」（〈八佾15〉和〈鄉黨14〉）的人，常常求證聽到或學到的事是他的習慣。

有趣的是這章強調公叔文子的因「時」而「言」、「笑」和「取」。孟子曾經誇獎過孔子是「聖之時者也」（《孟子・萬章下》〈10〉），其實照這章的敘述看來，公叔文子好像也可以加入「聖之時者」的行列。

重點當然是孔子說的「豈其然乎？」到底指的是哪個人或是哪件事讓他老人家起疑？我覺得〈憲問18〉是個線索，且看到時候分解。

附錄

《禮記・檀弓下》〈169〉**公叔文子**卒，其子戍請謚於君曰：「日月有時，將葬矣。請所以易其名者。」君曰：「昔者衛國凶饑，夫子為粥與國之餓者，是不亦惠乎？昔者衛國有難，夫子以其死衛寡人，不亦貞乎？夫子聽衛國之政，修其班制，以與四鄰交，衛國之社稷不辱，不亦文乎？故謂夫子『貞惠文子』。」

《論衡・儒增》〈24—25〉《論語》曰：「**孔子問公叔文子於公明賈曰：『信乎，夫子不言、不笑、不取乎？』公明賈對曰：『以告者過也。夫子時然後言，人不厭其言也；樂然後笑，人不厭其笑也；義然後取，人不厭其取也。』子曰：『豈其然乎？豈其然乎？』**」夫公叔文子實時言、時笑、義取，人傳說稱之，言其不言、不笑、不取也，俗言竟增之也。

——〈知實2〉**孔子問公叔文子於公明賈曰：「信乎，夫子不言、不笑、不取？有諸？」對曰：「以告者過也。夫子時然後言，人不厭其言；樂然後笑，人不厭其笑；義然後取，人不厭其取。」孔子曰：「豈其然乎？豈其然乎？」**天下之人有如伯夷之廉，不取一芥於人，未有不言、不笑者也。孔子既不能如心揣度，以決然否，心怪不信，又不能達視遙見，以審其實，問公明賈乃知其情。孔子不能先知，一也。

《孟子・萬章下》〈10〉孟子曰：「伯夷，聖之清者也；伊尹，聖之任者也；柳下惠，聖之和者也；孔子，**聖之時**者也。孔子之謂集大成。集大成也者，金聲而玉振之也。金聲也者，始條理也；玉振之也者，終條理也。始條理者，智之事也；終條理者，聖之事也。智，譬則巧也；聖，譬則力也。由射於百步之外也，其至，爾力也；其中，非爾力也。」

14

子曰：「臧武仲以防求為後於魯，雖曰不要君，吾不信也。」

孔子說：「臧武仲為了自己的後人要求魯君賜與防這個地方作為交換，（別人說他這）不是要脅國君，我才不相信（這些鬼話）。」

這章孔子表明自己對於別人認為臧武仲「不要君」是不以為然的。臧武仲是魯國大夫臧孫紇，孔子在〈憲問12〉提過「臧武仲之知（智）」，這章講的並不是他的智。「防」是「武仲的故邑」（孔安國）或「武仲故食采邑」（皇侃）或「武仲所封邑」（朱子）。「為後」一說是「立後」（孔安國）或「立為己後」（程樹德），一說「為」是人名，指臧武仲的兒子臧為。「要」，是「有挾而求」（朱子），「要君」，就是「不先盡忠而先欺君也」（皇侃），其實也就是「要脅君上」，或是「以某件事和君上做交換條件」。

這個故事的背景朱子說得最簡要：武仲因為被孟氏在魯君面前說了壞話，所以就逃到邾這個地方，後來又從邾轉到防，請魯君立自己的兒子臧做防的繼承者，而且表示若魯君不允許，他就要作亂。這就是「要君」的歷史背景。

《孝經・五刑》〈1〉上說「要君者無上」和「非聖人者無法，非孝者無親」同列為「大亂之道」。這在現代大概就叫「抗命」或「造反」或「革命」了吧？

孔子反對的原因大概是因為武仲的做法是出自私心，而不是公益。他為了自己的孩子著想，可以算是個好爸爸，但是以此要脅國君，卻不是一個好的臣下。

毓老師常常感嘆說：「一個私字害盡天下蒼生。」我們應該也要多多反省。

附錄

《孝經・五刑》〈1〉子曰：「五刑之屬三千，而罪莫大於不孝。要君者無上，非聖人者無法，非孝者無親。此大亂之道也。」

15

子曰：「晉文公譎而不正，齊桓公正而不譎。」

孔子評論說：「晉文公是詭詐而且不走正道的人，齊桓公則是走正道且不詭詐的人。」

這章是孔子以「譎」和「正」兩項標準評論晉文公和齊桓公。「譎」是「詐」（鄭玄）或「權詐」（《說文解字》）或「詭詐」（皇侃）或「詭」（朱子）或「權」（戴望）。王夫之認為如果是「譎」就是「不正」，不必重複說。所以他認為「譎」應該是「以謀取勝」。「正」是「經也」（戴望），相對於「譎」釋為「權」。黃懷信認為「行正法」是相對於「譎」的「權且行詐」而言。

孔子在此是誇獎齊桓公而貶抑晉文公。可是孔門後學的孟子和荀子都說孔門不愛談這兩個人。孟子還說，就因為這樣，所以這兩人的事情後世失傳了（《孟子．梁惠王上》〈7〉），這應該是誇張的說法。這章不就打臉孟子了嗎？孟子不會沒讀到這章吧？

孔門也許無傳，但其他古籍相關的記載還不少。

荀子的解釋略有不同：他也說「仲尼之門，五尺之豎子，言羞稱五伯（即「霸」）」，理由是因為齊桓公「殺兄爭國」、「姊妹不嫁者七人」，私生活不檢點，對外也常有征伐，實在沒有大君子的風範（《荀子・仲尼》〈1〉）。雖然如此，荀子話鋒一轉，認為他任用管仲，而管仲賢能，所以齊桓公才能稱霸（〈仲尼1〉和〈王霸15〉）。這裡沒拿晉文公來和齊桓公對比，也沒提到「正而不譎」的例證。

孔門後學顯然在傳承孔子上有著差異。

何晏的集解中引用到鄭玄解釋晉文公「譎而不正」的例子，是晉文公以臣的身分竟然僭越召喚身為天子的周襄王。孔子只好很隱晦地說是「天王狩於河陽」，沒正面說是晉文公的「譎而不正」。馬融引用齊桓公伐楚用了「楚國不進貢包茅」和「昭王南征不返」兩件事當伐楚的理由，認為這就是「正而不譎」的例子。皇侃的解釋更詳細地描述了這兩個故事。可是，這兩件事同樣是藉口：前者因為臣召君而得到「譎而不正」的罵名；後者替君討回公道而得到「正而不譎」的美名。齊國用了楚國認為「風馬牛不相及」（典故就出自這件事）的理由，就讓楚國成為無辜的受害人。這種「師出無名」的行為怎能被稱為「正」？我不懂！

朱熹的背景解釋比其他古注（特別是邢昺的長注）要簡明些：齊桓公和晉文公都是諸侯盟主，尊王攘夷的提倡者。齊桓公征伐楚國，仗義執言，不由詭道；晉文公伐衛以致楚，是以陰謀取勝。朱子這裡強調了「尊王攘夷」的正面影響，也巧妙地避開了齊國征伐楚國的這件「譎而不正」的事。

如果從人民的立場來看，君王的「譎」與「正」恐怕有另外的標準吧？「足食、足兵、民信」（〈顏淵7〉）或是「庶→富→教」（〈子路9〉）的三個層次，都是評斷的基準吧？

附錄

《孟子．梁惠王上》〈7〉孟子對曰：「仲尼之徒無道**桓**、**文**之事者，是以後世無傳焉。

《荀子》〈仲尼1〉仲尼之門，五尺之豎子，言羞稱乎五伯。是何也？曰：然！彼誠可羞稱也。齊桓五伯之盛者也，前事則殺兄而爭國；內行則姑姊妹之不嫁者七人，閨門之內，般樂奢汰，以齊之分奉之而不足；外事則詐邾襲莒，並國三十五。其事行也若是其險汙淫汰也。彼固曷足稱乎大君子之門哉！

——〈2〉若是而不亡，乃霸，何也？曰：於乎！夫**齊桓公**有天下之大節焉，夫孰能亡之？倓然見管仲之能足以託國也，是天下之大知也。安忘其怒，出忘其讎，遂立為仲父，是天下之大決也。立以為仲父，而貴戚莫之敢妒也；與之高國之位，而本朝之臣莫之敢惡也；與之書社三百，而富人莫之敢距也；貴賤長少，秩秩焉，莫不從**桓公**而貴敬之，是天下之大節也。諸侯有一節如是，則莫之能亡也；桓公兼此數節者而盡有之，夫又何可亡也！其霸也，宜哉！非幸也，數也。

——〈王霸15〉**齊桓公**閨門之內，縣樂、奢泰、游抏之修，於天下不見謂修，然九合諸侯，一匡天下，為五伯長，是亦無他故焉，知一政於管仲也，是君人者之要守也。

16

子路曰：「桓公殺公子糾，召忽死之，管仲不死。」曰：「未仁乎？」子曰：「桓公九合諸侯，不以兵車，管仲之力也。如其仁！如其仁！」

子路問：「齊桓公（為了爭王位）殺了哥哥公子糾，（公子糾的臣子）召忽忠君而死，管仲卻苟活偷生。請問：（管仲）是不是缺乏仁德？」孔子回答說：「齊桓公召集天下諸侯，不靠著武力，這都是因為管仲出力的緣故。還有誰比得上他的仁德啊！還有誰比得上他的仁德啊！」

這章是孔子誇獎管仲的仁德，不像一般人那樣計較他不忠君。

這裡有個必須先說清楚的歷史背景：齊僖公有三個兒子，長子是公子諸兒，次子是公子糾，三子是公子小白。僖公死後，由長子公子諸兒繼位為齊襄公。次弟公子糾和公子小白是同父異母兄弟。齊襄公被從弟公孫無知殺害，管仲和召忽就跟著公子糾逃往魯國，公子小白逃往莒國。等到齊國人把公孫無知殺了，公子糾和公子小白就搶著回來當家。公子小白搶先一步，繼位為齊桓公，把公子糾給殺了，召忽則因為忠君而死。管仲受到鮑叔牙的賞識，說服管仲當齊國的宰相。管仲沒有跟著忠君而死，受到時人的批評。子路這裡的提問，就是根據這樣的意見而引發的，顯然子路把「忠君」當成「仁」的展現。而且子路大概這麼想：孔子批評過管仲「不儉」和「不知禮」（〈八佾3〉），這些「小事」都讓孔子生氣，相信「君君臣臣」的孔子，恐怕也對管仲投效敵營的行為感到不齒吧？

「九合諸侯」的「九」，有人說是實指九次會同之事，有人說只是虛指（汪中和黃懷信）。「合」是「會也，謂合諸侯也」（劉寶楠）。「不以兵車」、諸子說是「不假威力也」。「如」是「乃」（黃式三）。「如其仁」，朱子說是「誰如其仁也」。連說兩次，是深深讚許的意思。

孔子的弟子相信忠君是仁德，孔子則告訴他們忠於天下，不用戰爭就能讓人民享受太平才是人民的最大福利。他批評過管仲「不儉」和「不知禮」（〈八佾3〉），但也誇講過他是個「[仁]人」，讓人心服口服被剝奪土地財產（〈憲問9〉）。荀子也跟著說他是「為政者也」，「未及修禮」（《荀子・王制》〈6〉）。不過《說苑・反質》〈12〉中的故事，是管仲勸告齊桓公要去奢汰，好像和孔子批評他的不儉相矛盾。

《說苑・建本》〈24〉和《韓詩外傳・卷四》〈18〉都記載著這麼一個發人深省的故事：齊桓公問管仲說：「當一個王的人要敬重什麼？」管仲回答說：「要敬重天。」桓公就仰頭看看天。管仲就再說：「我所講的天，並不是抬頭看到的蒼蒼莽莽之天。當領導的人要把百姓當成天。百姓相信你則國家安定，輔助你則國家強盛，如果否定你則國家危難，如果背棄你則會失去政權。」這也是他的民本思想。

此外，《說苑・善說》〈26〉有一段和此章大同小異的故事：子路請教孔子評論管仲的為人。孔子回答「大人也」（或仁也）。子路舉出了很多故事說明管仲「不辯」、「無能」、「不慈」、「無愧」、「不貞」和「無人」來反駁。孔子則反駁說：不是「不辯」而是襄公不知悅也；不是「無能」而是「不遇時」；不是「不慈」而是「知命」；不是「無愧」而是「自裁」；不是「不貞」而是「知權」；不是「無仁」而是他的不死更有利於天下人。《孔子家語・致思》〈9〉的故事與此大同小異。

這都顯示孔子和管仲都是以天下蒼生福祉為念的仁人君子。

所以後來儒家強調「忠君」，恐怕孔子知道也會搖頭嘆息說「非吾徒也」吧？

這章是子路問的，下一章（〈憲問17〉）換子貢問同樣的問題，大概是不相信孔子的答案吧？

附錄

《說苑》〈反質12〉齊桓公謂**管仲曰**：「吾國甚小，而財用甚少，而群臣衣服輿駕甚汰，吾欲禁之，可乎？」**管仲曰**：「臣聞之，君嘗之，臣食之；君好之，臣服之。今君之食也必桂之漿，衣練紫之衣，狐白之裘。此群臣之所奢汰也。《詩》云：『不躬不親，庶民不信。』君欲禁之，胡不自親乎？」桓公曰：「善。」於是更制練帛之衣，大白之冠，朝一年而齊國儉也。

——〈建本24〉齊桓公問**管仲曰**：「王者何貴？」曰：「貴天。」桓公仰而視天，**管仲曰**：「所謂天者，非謂蒼蒼莽莽之天也；君人者以百姓為天，百姓與之則安，輔之則彊，非之則危，背之則亡。」《詩》云：「人而無良，相怨一方。」民怨其上，不遂亡者，未之有也。

《韓詩外傳．卷四》〈18〉齊桓公問於管仲曰：「王者何貴？」曰：「貴天。」桓公仰而視天。管仲曰：「所謂天，非蒼莽之天也。王者以百姓為天，百姓與之則安，輔之則強，非之則危，倍之則亡。《詩》曰：『民之無良，相怨一方。』民皆居一方而怨其上，不亡者，未之有也。」

《說苑．善說》〈26〉子路問於孔子曰：「管仲何如人也？」子曰：「大人也。」子路曰：「昔者管子說襄公，襄公不說，是不辯也；欲立公子糾而不能，是無能也；家殘於齊而無憂色，是不慈也；桎梏而居檻車中無慚色，是無愧也；事所射之君，是不貞也；召忽死之，管仲不死，是無仁也。夫子何以大之？」子曰：「管仲說襄公，襄公不說，管仲非不辯也，襄公不知說也；欲立公子糾而不能，非無能也，不遇時也；家殘於齊而無憂色，非不慈也，知命也；桎梏居檻車而無慚色，非無愧也，自裁也；事所射之君，非不貞也，知權也；召忽死之，管仲不死，非無仁也。召忽者，人臣之材也，不死則三軍之虜也；死之則名聞天下，夫何為不死哉？管仲者，天子之佐，諸侯之相也，死之則不免為溝中之瘠；不死則功復用於天下，夫何為死之哉？由！汝不知也。」

《孔子家語．致思》〈9〉子路問於孔子曰：「管仲之為人如何？」子曰：「仁也。」子路曰：「昔管仲說襄公，公不受，是不辨也；欲立公子糾而不能，是不智也；家殘於齊，而無憂色，是不慈也；桎梏而居檻車，無慚心，是無醜也；事所射之君，是不貞也；召忽死之，管仲不死，是不忠也。」孔子曰：「管仲說襄公，襄公不受，公之闇也；欲立子糾而不能，不遇時也；家殘於齊而無憂色，是知權命也；桎梏而無慚心，自裁審也；事所射之君，通於變也；不死子糾，量輕重也。夫子糾未成君，而管仲未成臣，管仲才度義，管仲不死束縛而立功名，未可非也。召忽雖死，過於取仁，未足多也。」

17

子貢曰：「管仲非仁者與？桓公殺公子糾，不能死，又相之。」子曰：「管仲相桓公，霸諸侯，一匡天下，民到於今受其賜。微管仲，吾其被髮左衽矣。豈若匹夫匹婦之為諒也，自經於溝瀆而莫之知也。」

子貢請問孔子說：「管仲應該算不上是個有仁德的人吧？他主子的死對頭齊桓公殺了他的主子公子糾，他沒有為君而死，甚至還（眛不知恥地）去當了主子死敵的宰相。」孔子回答說：「管仲正是因為當了齊桓公的宰相，才能讓（齊桓公）當上諸侯的霸主，統一天下，人民到現在都還受到這樣天下太平的好處。沒有管仲的貢獻，我現在恐怕早已經（因為戰亂而）成為沒有文化的人了。他哪裡像那些平常百姓那樣，為了不足稱道的小小信諾就（不顧大局地）在田溝裡自殺，沒人知道。」

這章是孔子借由子貢的提問闡明管仲對天下的重大貢獻。這也是《論語》中提及管仲的四章

（〈八佾22〉、〈憲問9〉、〈憲問16〉和本章）中的最後一章。

「霸」是「把，諸侯把天子之政」（邢昺）或「長」（朱子和戴望）。「匡」是「正」（馬融、邢昺、朱子和戴望）或「救」（黃懷信）。「民」是「中國之民」（黃懷信）。「賜」是「惠」（戴望）。「微」是「無」（馬融和朱子）或「非」（戴望）。「吾」是「吾中國」（劉寶楠）。「披」是「髮不結」（皇侃）。「衽」是「衣衿（襟）」（朱子）。「左衽」是「衣前從右來向左」（皇侃）。「被髮左衽」是「夷狄之俗」（朱子），也就是文化倒退或淪喪的悲慘世界。「諒」是「信」（皇侃）或「小信」（朱子）。「經」是「縊」（朱子）。「自經」是「經死於溝瀆中」或「自縊」（皇侃）。「莫之知」是「人不知」（朱子）。

子貢和子路一樣，評論管仲的重點在於他沒有「忠君而死」，反而投靠「敵營」，當了宰相。他們的想法是，管仲沒有君臣的道義，滿腦子想的就是自己個人的升官發財。從「國」的觀點來看，管仲根本就是個忘恩負義的小人，可是孔子是從更大的「天下」觀點來看，管仲的「仁德」就是一個超越政治或政權的偉大貢獻。

孔門兩大弟子都誤將管仲的「不忠」當成「不仁」，孔子在此翻轉了主要的社會價值觀，主張以天下蒼生，甚至是人類文化或文明為念的更高價值，這也是現在討論「全球倫理」主張「把人當人看」的「人道原則」以及「己立立人」、「己達達人」和「己所不欲、勿施於人」的「恕道原則」的先聲，也是傳統智慧可以繼續啟發我們現代人的一個例證。

孔子說過：「言必信，行必果，硜硜然小人哉！」（〈子路20〉）孟子也說過：「大人者，言不必信，行不必果，惟義所在。」（《孟子．離婁下》〈39〉）他們所講的都應該是管仲這種以「天下」大格局出發的「大信」而不是「匹夫匹婦」從個人「身」、「家」，甚至是召忽從「國」的層次來說的「小信」。

在孔子看來，政治是短暫的，文化或天下才是久遠的。他的理想大概是：「斯文在茲，化成天下」。

18

公叔文子之臣大夫僎，與文子同升諸公。子聞之曰：「可以為『文』矣！」

公叔文子的家臣大夫僎（，受到文子的薦舉），一起和文子同時晉升朝廷同班的臣子。孔子聽到這件事之後讚嘆說：「（這樣的行為）可以算得上是『錫民爵位』的文的謚號。」

這章是孔子誇獎公叔文子能提拔賢才，難怪過世之後被謚為「文」。「臣」是「家臣」（朱子）。「升」是「朝」（皇侃）。「諸」是「之」（皇侃）。「公」指的是「衛君」（皇侃）或「公朝」（朱子）。「文」的謚號是因為「錫民爵位」（邢昺和朱子）（其他可以有「文」的謚號的德行還包括：經緯天地、道德博厚、勤學好問、慈惠愛民，和愍民惠禮（《逸周書・謚法解》〈1〉））。

公叔文子是衛國大夫公孫拔，在〈憲問13〉出現過，當時人傳言他有「三不」：「不言、不笑、不取」。可是經過孔子一問，他的下屬公明賈才說其實沒那麼誇張，公叔文子都是「時然後言，樂然後笑，義然後取」。孔子好像不太相信。

《禮記・檀弓下》〈169〉有一個和本章相關的故事：公叔文子過世之後，他的兒子請求衛靈公賜給一個諡號。衛靈公就回想說：「以前衛國鬧饑荒，夫子用粥來賑濟挨餓的人，這不就是慈惠嗎？以前衛國有危難的時候，夫子不惜犧牲性命來保衛我，這不就是忠貞嗎？夫子主持衛國朝政，尊卑長又秩序井然，論功行賞也適度，和鄰國的外交也能做到不讓國家受到不平等的對待，這不就是文德嗎？因此，夫子的諡號就叫做『貞惠文子』。」這個故事沒提到孔子在本章所說的和「臣大夫僎同升諸公」的事蹟，其他先秦古籍也沒有這方面的記載。但是從諡法中對「文」的描述，對照上面衛靈公的說法，公叔文子應該符合的是「慈惠愛民」和「愍民惠禮」兩項。

這算是當時臣下對於君上所能做出的最大貢獻吧？下一章也還是這樣的主題，且聽下回分解。

附錄

《逸周書・諡法解》〈1〉經緯天地曰文。道德博厚曰文。勤學好問曰文。慈惠愛民曰文。愍民惠禮曰文。**錫民爵位**曰文。

《禮記・檀弓下》〈169〉**公叔文子**卒，其子戍請諡於君曰：「日月有時，將葬矣。請所以易其名者。」君曰：「昔者衛國凶饑，夫子為粥與國之餓者，是不亦惠乎？昔者衛國有難，夫子以其死衛寡人，不亦貞乎？夫子聽衛國之政，修其班制，以與四鄰交，衛國之社稷不辱，不亦文乎？故謂夫子『貞惠文子』。」

19

子言衛靈公之無道也，康子曰：「夫如是，奚而不喪？」孔子曰：「仲叔圉治賓客，祝鮀治宗廟，王孫賈治軍旅。夫如是，奚其喪？」

孔子評論衛靈公失德。季康子就問（孔子）：「既然這樣，為什麼衛國還不亡國呢？」孔子回答說：「仲叔圉掌管外交賓客，祝鮀掌管宗廟的祭祀，王孫賈掌管軍事。有這三位大臣當家，怎麼會亡國呢？」

這章孔子認為就算是君上失德，但是有賢臣輔佐，還是可以維持一個局面不至於政權崩壞。「無道」是「失德」（戴望）。「奚」是「為什麼」。「喪」是「亡」（皇侃）或「失位」（朱子）。「仲叔圉」就是「孔文子」，也就是〈公冶長15〉中提到的「敏而好學，不恥下問」的那一位。

這章的道理雖然令季康子困惑，但是注釋家都很清楚孔子這樣說話背後的道理。孔安國就說：「言雖無道，所任者各當其才，何為當亡乎？」皇侃認為：「或是先人老臣未去者也，或靈公少時可得良臣，而後無道，故臣未去也。」朱子說：「三人皆衛臣，雖未必賢，而其才可用，靈公用之又各當其才。」戴望別出心裁認為：「舉衛三臣，以諷康子也。康子為魯上卿，所任非才，以啟蠻夷之侮，至吳伐我，幾喪其國，其視三臣猶不若焉。」如果是這樣，孔子的用心真是良苦。

大概正因為衛靈公因為能夠「亂而不損」（《逸周書・謚法解》〈1〉），所以才依照謚法稱他為衛「靈」公。

孔子嚮往的當然是聖主明君在位，這是最佳狀態。退而求其次，就算是昏君，只要還能有賢才當國，局面也還可以撐住一時。「上梁不正下梁歪」，畢竟不是長久治國之道。

附錄

《逸周書・謚法解》〈1〉死而志成曰靈。亂而不損曰靈。極知鬼神曰靈。不勤成名曰靈。死見神能曰靈。好祭鬼神曰靈。

20

子曰：「其言之不怍，則為之也難。」

孔子說：「講話大言不慚的人，做起事來大概很難像說的那麼好。」

這章講的是言和行之間的關係。

「怍」是「慚」（馬融）或「慙」（同慚）（《說文解字》和皇侃）。「為」是「作」或「行」（黃懷信）。例來的注釋家都認為這有著社會心理的背景。馬融認為「內有其實，則言之不慚」。朱子說：「大言不慙，則無必為之志，而不自度其能否矣，欲踐其言，豈不難哉？」

《論語》中就至少出現十次討論言行關係的章節：孔子提醒子貢要「先行其言，而後從之」（〈為政13〉）；孔子提醒子張要「慎言」和「慎行」才能有當官的基本資格（〈為政18〉）；孔子也強調話說不好沒關係，行動可要深思熟慮（〈里仁24〉）；孔子也因為宰我的言行不一，而感嘆現在他都要先聽聽一個人怎麼說，再觀察這個人怎麼做，才會相信一個人（〈公冶長10〉）；孔子強調治國要說到做到，不可亂開支票（〈子路3〉）；孔子強調不管政治情況如何，言論可以因時制宜，但是行為一定要守正（〈憲問3〉）；孔子討厭說大話而不做事的人（〈憲問27〉）；他強調就算到文明程度不高的地方，都要說話講信用，行為要謹慎並且尊重對方（〈衛靈公6〉）；他也希望學生效法天道，勤於行動而不發一語（〈陽貨19〉）。以上是就一般狀況來說的，如果碰到特殊狀況，孔子強調權變，就不一定要言行相符（〈子路20〉），孟子也有同樣的表述，指出判斷標準是「義」（《孟子・離婁下》〈39〉），荀子則作負面表述，認為言行不一如果是因為「利」，那就是小人（《荀子・不苟》〈11〉）。

其他先秦古籍也多有這類的敘述，特別是《禮記》：〈中庸〉中強調言行相顧（〈中庸13〉）、君子要能言行都成為天下人的表率（〈中庸30〉）、言行要讓人民相信並感到愉悅（〈中庸32〉）；〈緇衣〉也有多處強調謹言慎行（〈緇衣7〉、〈緇衣8〉和〈緇衣24〉）；〈儒行5〉中強調「言必先信，行必中正」。

荀子對於言行的不同狀況有更細緻而且有趣的區分：說得到也做得到的是「國寶」；不說就能做到的是「國器」；說得到卻做不到的是「國用」；好話說絕，壞事幹盡的是「國妖」。他提醒治國者要「敬其寶，愛其器，任其用，除其妖」（《荀子・大略》〈51〉）。

《說苑・正諫》〈25〉提到孔子說的話：「良藥苦於口，利於病；忠言逆於耳，利於行。」這是強調忠言的特性。另外〈談叢50〉提到君子有「五恥」，其中第二和第三項就和言行有關：在朝廷不議論朝政；身居高位卻沒諫言；說得頭頭是道，就是自己做不到；患得患失；國土廣大卻沒有足夠的人民。

《大戴禮記》的〈曾子立事〉中也有多處相關的論述：少說話多做事，做事搶先做，說話讓人來（〈5〉）；說了就要去做，做的時候要想想自己說過的話，要說到做到，這才叫做「慎」（〈10〉）；君子講話要正直，做事要謹慎（〈43〉）。

以上引用的古籍雖然繁多，講的卻是和本章同一個道理。可是，看看自己，環顧四周，幾人能夠？

古人有智慧流傳給我們，只怕我們這些子孫不肖，沒有智慧來吸收、接納，甚至踐行。

附錄

《荀子．不苟》〈11〉言無常信，行無常貞，唯利所在，無所不傾，若是則可謂小人矣。

《禮記》〈中庸13〉子曰：「道不遠人。人之為道而遠人，不可以為道。《詩》云：『伐柯伐柯，其則不遠。』執柯以伐柯，睨而視之，猶以為遠。故君子以人治人，改而止。忠恕違道不遠，施諸己而不願，亦勿施於人。君子之道四，丘未能一焉：所求乎子以事父，未能也；所求乎臣以事君，未能也；所求乎弟以事兄，未能也；所求乎朋友先施之，未能也。庸德之行，庸言之謹，有所不足，不敢不勉，有餘不敢盡；言顧行，行顧言，君子胡不慥慥爾！

——〈30〉子曰：「吾說夏禮，杞不足徵也。吾學殷禮，有宋存焉；吾學周禮，今用之，吾從周。」王天下有三重焉，其寡過矣乎！上焉者雖善無徵，無徵不信，不信民弗從；下焉者雖善不尊，不尊不信，不信民弗從。故君子之道本諸身，徵諸庶民，考諸三王而不繆，建諸天地而不悖，質諸鬼神而無疑，百世以俟聖人而不惑。質諸鬼神而無疑，知天也；百世以俟聖人而不惑，知人也。是故君子動而世為天下道，行而世為天下法，言而世為天下則。遠之則有望，近之則不厭。《詩》曰：「在彼無惡，在此無射；庶幾夙夜，以永終譽！」君子未有不如此而蚤有譽於天下者也。

——〈32〉唯天下至聖，為能聰明睿知，足以有臨也；寬裕溫柔，足以有容也；發強剛毅，足以有執也；齊莊中正，足以有敬也；文理密察，足以有別也。溥博淵泉，而時出之。溥博如天，淵泉如淵。見而民莫不敬，言而民莫不信，行而民莫不說。是以聲名洋溢乎中國，施及蠻貊；舟車所至，人力所通，天之所覆，地之所載，日月所照，霜露所隊；凡有血氣者，莫不尊親，故曰配天。

——〈緇衣7〉子曰：「王言如絲，其出如綸；王言如綸，其出如綍。故大人不倡游言。可言也，不可行，君子弗言也；可行也，不可言，君子弗行也。則民言不危行，而行不危言矣。《詩》云：『淑慎爾止，不愆於儀。』」

——〈8〉子曰：「君子道人以言，而禁人以行。故言必慮其所終，而行必稽其所敝；則民謹於言而慎於行。《詩》云：『慎爾出話，敬爾威儀。』《大雅》曰：『穆穆文王，於緝熙敬止。』」

——〈24〉子曰：「言從而行之，則言不可飾也；行從而言之，則行不可飾也。故君子寡言，而行以成其信，則民不得大其美而小其惡。《詩》云：『自圭之玷，尚可磨也；斯言之玷，不可為也。』《小雅》曰：『允也君子，展也大成。』《君奭》曰：『昔在上帝，周田觀文王之德，其集大命於厥躬。』」

——〈儒行5〉儒有居處齊難，其坐起恭敬，言必先信，行必中正，道塗不爭險易之利，冬夏不爭陰陽之和，愛其死以有待也，養其身以有為也。其備豫有如此者。

《荀子．大略》〈51〉口能言之，身能行之，國寶也。口不能言，身能行之，國器也。口能言之，身不能行，國用也。口言善，身行惡，國妖也。治國者敬其寶，愛其器，任其用，除其妖。

《說苑・談叢》〈50〉君子有五恥：朝不坐，燕不議，君子恥之；居其位，無其言，君子恥之；有其言，無其行，君子恥之；既得之又失之，君子恥之；地有餘而民不足，君子恥之。

《大戴禮記・曾子立事》〈5〉君子博學而孱守之，微言而篤行之，行必先人，言必後人，君子終身守此悒悒。

——〈10〉君子慮勝氣，思而後動，論而後行，行必思言之，言之必思復之，思復之必思無悔言，亦可謂慎矣。

——〈43〉君子出言以鄂鄂，行身以戰戰，亦殆勉於罪矣。

21

陳成子弒簡公。孔子沐浴而朝，告於哀公曰：「陳恆弒其君，請討之。」公曰：「告夫三子！」孔子曰：「以吾從大夫之後，不敢不告也。君曰『告夫三子』者。」之三子告，不可。孔子曰：「以吾從大夫之後，不敢不告也。」

齊國的陳恆把自己的君上簡公給殺了。孔子（知道消息之後）就馬上洗了澡換了身乾淨的朝服上朝稟告魯哀公說：「陳恆殺了他的君上，請馬上派兵討伐（這種殺君的敗類）。」魯哀公說：「你去告訴仲孫氏、季孫氏和叔孫氏三家吧！」孔子說：「我身為大夫，不敢不將這樣（嚴重）的事情稟告。您（既然）讓我去跟三家報告（，我就奉命去和三家報告）。」然後就往三桓家報告，結果他們都拒絕出兵。孔子說：「我身為大夫，不敢不將這樣（嚴重）的事情稟告。」

這是發生在魯哀公十四年（西元前四九一年）的事情。孔子表現出自己作為大夫該有的作為。

「陳成子」是齊國的大夫陳恆。齊簡公被謚為「簡」，要不就是「壹德不解」，要不就是「平易不疵」（《逸周書．謚法解》〈1〉），劉寶楠認為應該是後者。「從大夫之後」就是「身為大夫」，皇侃認為孔子這麼說是謙虛的說法。

這件事情在《春秋左傳．哀公十四年》〈2〉有更詳細地記載：六月初五日，齊國的陳恆在舒州把他的君上給殺了。孔子齋戒了三天，而且也三次請求攻打齊國。魯哀公說：「魯國被齊國削弱已經有一段時間了，你攻打他們，打算怎麼辦？」孔子回答說：「陳恆殺了他的君上，有一半人民並沒有參加，如果以魯國的人民再加上齊國的一半人民，是可以打贏這場仗的。」魯哀公說：「你去告訴季孫氏吧！」孔子告辭後，就退出來告訴人說：「我因為身為大夫，所以不敢不據實以告。」根據這裡的記載，孔子是認為有打勝仗的可能性的。

齊國國君被臣子殺，為什麼對於用兵很謹慎的孔子認為魯國該派兵討伐？皇侃認為這是因為「魯、齊同盟，分災救患，故齊亂則魯宜討之」。朱子則認為：「臣弒其君，人倫之大變，天理所不容，人人得而誅之，況鄰國乎？故夫子雖已告老，而猶請哀公討之。」

當時魯國實際政治權力掌握在仲孫、叔孫和季孫三家手中，所以魯哀公才讓孔子跟他們報告，他們才有權力決定要不要派兵。孔子依照程序向魯哀公報告完畢，又遵從魯哀公的命令向三桓報告。這是孔子「思不出其位」（〈憲問26〉）的表現和無奈，而這件事情也就這麼不了了之。孔子白忙了一場。心中的悵惘可想而知。

這個故事還有其他相關的記載：一則故事是當時願意加入陳恆叛變的人家都可以保全家人性命，不願意配合的都被殺了。有一位叫「石他人」的人就覺得深陷兩難困局：「如果不答應配合叛變，父

母性命就會不保；如果加入叛變，就是違背君臣之禮。」幾經思量，最後他決定「忠君」自殺而死。（《新序・義勇》〈1〉）

第二則故事是：陳恆叛變時，找了六名勇士脅迫一個叫「子淵棲」就範。子淵棲就說：「你們想要我參加就是因為覺得我有智慧嗎？可是臣子殺了君上，怎麼算得上有智慧？認為我有仁德嗎？見到對自己有好處就背叛了國君，這樣的人怎麼算得上有仁德呢？認為我很勇敢嗎？用軍隊脅迫我，我怕死，這算什麼勇？我要是這三種德行都沒有，對您又有什麼用呢？如果我有這三種仁德，又怎麼會加入你們叛變的行列呢？」於是他們就把子淵棲給放了。（《新序・義勇》〈2〉）

以上這兩個故事，一生一死。如果是孔子，他會做怎樣的抉擇呢？

附錄

《春秋左傳・哀公十四年》〈2〉甲午，齊陳恆弒其君壬於舒州。孔丘三日齊，而請伐齊三。公曰：「魯為齊弱久矣！子之伐之，將若之何？」對曰：「陳恆弒其君，民之不與者半。以魯之眾加齊之半，可克也。」公曰：「子告季孫。」孔子辭，退而告人曰：「吾以從大夫之後也，故不敢不言。」

《新序・義勇》〈1〉**陳恆**弒簡公而盟，盟者皆完其家，不盟者殺之。石他人曰：「昔之事其君者，皆得其君而事之，今謂他人曰：『舍而君而事我。』他人不能，雖然，不盟則殺父母也，從而盟，是無君臣之禮也。生於亂世，不得正行；劫於暴上，不得道義。故雖盟，不以父母之死，不如退而自殺，以禮其君。」乃自殺。

——〈2〉**陳恆**弒君，使勇士六人劫子淵棲，子淵棲曰：「子之欲與我，以我為知乎？臣弒君，非知也！以我為仁乎？見利而背君，非仁也！以我為勇乎？劫我以兵，懼而與子，非勇也。使吾無此三者，與何補於子？若吾有此三者，終不從子矣！」乃舍之。

22

子路問事君。子曰：「勿欺也，而犯之。」

> 子路請問孔子要怎麼替君王辦事。孔子回答說：「不要欺瞞，而且要能直白說出君上所犯的錯誤。」

這章是孔子回答子路事君之道。

「欺」是「誑」（戴望），也就「欺瞞」或「欺騙」。「而」是「能」（俞樾）或「與」（戴望）。「犯」是犯顏諫爭（孔安國、皇侃、邢昺和朱子）。

孔安國解釋得很簡要：「事君之道，義不可欺，當能犯顏諫爭。」

《論語》中還有多處討論到「事君」的問題。孔子很無奈地認為：「事君盡禮，人以為諂也。」（〈八佾18〉）他也強調君臣相互的對待之禮：「君使臣以禮，臣事君以忠」（〈八佾19〉）；他還認為所謂的「大臣」是「以道事君，不可而止」（〈先進24〉），其實和本章所說是一致的；他也主張：「事君要盡其事而後食。」（〈衛靈公38〉）盡心盡力做事，這樣拿俸祿才心安；他甚至也認為讀《詩經》對於「事君」也是有幫助的（〈陽貨9〉），大概也是可以徵引《詩經》的相關段落來諷諫國君的施政錯誤；他還提醒事君不能像鄙夫那樣患得患失（〈陽貨15〉）。從這些段落綜合來看，正面的事君要以禮、道、忠，負面的事君則要諍諫。

子夏認為學的項目必須包括「事君能致其身」（〈學而7〉），這強調的是「盡己」或「盡忠」；子游說：「事君數，斯辱矣！」（〈里仁26〉）也強調諫爭在次數上也要有個限度。

《禮記》中對於不同的關係有著不同的規定：「事親」要「有隱而無犯」，「事君」則要「有犯而無隱」，「事師」則「無犯無隱」（《禮記．檀弓上》〈2〉）。除了最後一項之外，都符合孔子的教誨。〈表記〉中還有不少孔子的見解：「事君遠而諫，則諂也；近而不諫，則尸利也」（〈表記35〉）；「事君慎始而敬終」（〈表記40〉）；「事君可貴可賤，可富可貧，可生可殺，而不可使為亂」（〈表記41〉），這是為臣不可吃裡扒外的基本職業倫理吧！另外，臣要聽命於君的安排：「事君，軍旅不辟難，朝廷不辭賤；處其位而不履其事則亂也。」（〈表記42〉）

《說苑．談叢》〈57〉也有著類似本章的說法：「君子比義，農夫比穀。事君不得進其言，則辭其爵；不得行其義，則辭其祿。」這更是明顯地表達「君臣以義合」，沒有「賣命」的合同。另外一章是一個叫做「齊高廷」的人請教孔子「事君」，孔子回答說：「貞以幹之，敬以輔之，待人無倦，見君子則舉之，見小人則退之；去爾惡心而忠與之，敏其行，修其禮，千里之外親如兄弟；若行不敏，禮不合，對門不通矣。」（《說苑．雜言》〈54〉）這算是孔子最詳盡的說法，也和《論語》中的說法是一致的。

講究「修身→齊家→治國→平天下」的《禮記・大學》主張「孝者，所以事君也」（〈大學11〉），將家領域中的德行擴充成為國領域的德行，讓「事君」成為「孝親」的目標，徹底扭轉了孔子親親唯大的思想，也開啟了後代「忠君為上」的價值觀。《孝經・開宗明義》〈1〉章就說：「夫孝，始於事親，中於事君，終於立身。」這個「中於事君」恐怕和上述〈大學〉的說法也是一脈相承的。《孝經》還特別闢有〈事君〉一章。到了《大戴禮記・曾子大孝》〈2〉中說：「事君不忠，非孝也！」恐怕讀者對於曾子的這種對孔子「孝最大」的觀念讓位給「忠君最大」，也不會太訝異了。曾子真是被老爸打壞了腦子！悲哀的是後代讀書人好像也遺傳了這個壞腦子的想法。

在《說苑・修文》〈23〉和《韓詩外傳・卷七》〈1〉中有一個相同的喪君和喪親哪個比較重要的討論：齊宣王問田過說：「儒者喪親和喪君都要三年，請問君與父哪個對儒者比較重要？」田過就說：「君當然不如父親重要！」齊宣王大怒，反問說：「既然父親比君王重要，幹嘛當初還要離開父親來侍奉君王？」田過說：「因為沒有君王賜我土地，就沒辦法養我的父親，沒有君王給我的俸祿，就沒辦法養活我的父親，沒有君王給我的爵位，就沒有可以光耀門楣的東西。從君王那裡給我的東西，我都奉給父親。所以侍奉君王就是為了父親的緣故。」齊宣王聽完啞口無言。

晏嬰也說過一些讓君王不爽的話：齊侯有一次問晏嬰忠臣事君的問題。晏嬰竟然說：「有難不死，出亡不送。」齊後說：「我給臣子封地、爵位，怎麼君王有難臣子不為君王赴死，君王死了也不送葬，這樣算是忠臣嗎？」晏嬰不疾不徐地回答說：「如果臣子的意見被君王採用，就會終身免於災難，臣子就沒有必要為君王而死；臣下的諫諍如果被採納，君王也會終身不亡，臣子就不會有要替君王送葬的事？反過來說，如果臣下的諫諍不被採納，一旦大難臨身，君王就會妄死；一旦諫諍不被採納，臣下就有可能會要將君王送葬。所以盡忠的臣子是要能讓國君走上善道，不能讓國君陷於危難。」（《新序・雜事五》〈132〉）

晏嬰還說過：「古代人侍奉君王，要看自己能盡多少力，才敢拿多少俸祿。如果自己德行深厚，就光明正大接受俸祿，如果德行不夠，就應該辭卸俸祿。因為前者是要彰顯君主的知人善任，後者是要給下面的人當廉潔的榜樣（《晏子春秋・雜下》〈晏子老辭邑景公不許致車一乘而後止〉）。晏嬰身為人臣的自我要求，和孔子的想法並無差別。

被歸為法家的商鞅，也認為人臣之事君都是看君主的喜好來行事的。（《商君書・修權》〈3〉）這種現實主義的政治觀，大概不會期待有勇於諫諍的臣下。這種「投君所好」也成為後來為人臣下的進身之階和護身符。

孔門後學的荀子以事君內容的不同，將臣下分成上、中、下三等：「下臣事君以貨，中臣事君以身，上臣事君以人」（《荀子・大略》〈48〉）。他後來有專門講「臣道」的一章，將臣下區分成四種：態臣、篡臣、功臣和聖臣（〈臣道1〉）。這就更進一步區分不同的人臣的事君之道，超越了孔子的說法，很值得大家細細翫味。

附錄

《說苑・修文》〈23〉齊宣王謂田過曰：「吾聞儒者喪親三年，喪君三年；君與父孰重？」田過對曰：「殆不如父重。」王忿然怒曰：「然則何為去親而事君？」田過對曰：「非君之土地無以處吾親，非君之祿無以養吾親，非君之爵位無以尊顯吾親；受之君，致之親，凡**事君**所以為親也。」宣王邑邑無以應。

《韓詩外傳・卷七》〈1〉齊宣王謂田過曰：「吾聞：儒者親喪三年。君與父孰重？」過對曰：「殆不如父重。」王忿然曰：「曷為士去親而**事君**？」對曰：「非君之土地，無以處吾親；非君之祿，無以養吾親；非君之爵，無以尊顯吾親；受之於君，致之於親，凡**事君**以為親也。」宣王悒然，無以應之。《詩》曰：「王事靡盬，不遑將父。」

《新序・雜事五》〈132〉齊侯問於晏子曰：「忠臣之**事君**，何若？」對曰：「有難不死，出亡不送。」君曰：「列地而與之，疏爵而貴之，君有難不死，出亡不送，可謂忠乎？」對曰：「言而見用，終身無難，臣奚死焉？諫而見從，終身不亡，臣奚送焉？若言而不見用，有難而死，是妄死也；諫不見從，出亡而送，是軸為也。故忠臣也者，能盡善與君，而不能陷於難。

《晏子春秋・雜下》〈晏子老辭邑景公不許致車一乘而後止〉晏子對曰：「嬰聞古之**事君**者，稱身而食；德厚而受祿，德薄則辭祿。德厚受祿，所以明上也；德薄辭祿，可以潔下也。嬰老薄無能，而厚受祿，是掩上之明，污下之行，不可。」

《商君書・修權》〈3〉凡人臣之**事君**也，多以主所好**事君**。君好法，則臣以法**事君**；君好言，則臣以言**事君**。君好法，則端直之士在前；君好言，則毀譽之臣在側。公私之分明，則小人不疾賢，而不肖者不妒功。

《荀子》〈大略48〉下臣**事君**以貨，中臣**事君**以身，上臣**事君**以人。

——〈臣道1〉人臣之論：有態臣者，有篡臣者，有功臣者，有聖臣者。內不足使一民，外不足使距難，百姓不親，諸侯不信；然而巧敏佞說，善取寵乎上，是態臣者也。上不忠乎君，下善取譽乎民，不卹公道通義，朋黨比周，以環主圖私為務，是篡臣者也。內足使以一民，外足使以距難，民親之，士信之，上忠乎君，下愛百姓而不倦，是功臣者也。上則能尊君，下則能愛民，政令教化，刑下如影，應卒遇變，齊給如響，推類接譽，以待無方，曲成制象，是聖臣者也。故用聖臣者王，用功臣者彊，用篡臣者危，用態臣者亡。態臣用則必死，篡臣用則必危，功臣用則必榮，聖臣用則必尊。故齊之蘇秦，楚之州侯，秦之張儀，可謂態臣者也。韓之張去疾，趙之奉陽，齊之孟嘗，可謂篡臣也。齊之管仲，晉之咎犯，楚之孫叔敖，可謂功臣矣。殷之伊尹，周之太公，可謂聖臣矣。是人臣之論也，吉凶賢不肖之極也。必謹志之！而慎自為擇取焉，足以稽矣。

23

子曰：「君子上達，小人下達。」

孔子說：「君子的目標是效法老天爺的行健不息和無私尚公，小人的目標只在顧全自己的生命和生活。」

這也是《論語》中將君子和小人對照的十七章之一。

何晏以「本末」來解：「本為上，末為下。」皇侃以「義利」來分：「上達者，達於仁義。下達，謂達於財利。」邢昺遵照皇侃的說法。朱子從「天理」和「人欲」來分：「君子循天理，故日進乎高明。小人循人欲，故日究乎汙下。」戴望則以分工來看：「作君作師，上通天道，故曰君子；小人務工，作力田野，下通物性而已。」劉寶楠只說前半：「君子德能與天合也。」

以上古注都沒說明關鍵的「達」是什麼意思。「達」、黃式三說是「通曉」，劉寶楠說是「通」。如果是這樣，「君子上通」和「小人下通」，又是什麼意思？黃懷信說：「達」是「致也、至也」，

「上達」就是「向上看齊」，「下達」就是「向下看齊」。這也像台灣有一陣子流行的一句話：「向上提升」和「向下沉淪」。

《說文解字》說：「達，行不相遇也。」看來是不適合此章的解釋。孔子唯一解釋過的：「夫達也者，質直而好義，察言而觀色，慮以下人。」（〈顏淵20〉）也沒有區分上下，應該也不適用。〈憲問35〉算是最接近的，因為裡面說到「下學而上達」，可是「下學」並不是「下達」，而且所謂的上下，恐怕和前面說的「天」和「人」有關。所以，「上達」應該是「法天」，也就是「行健不息」和「尚公」的精神，「下學」就是「修己安人」的具體行為。其餘「達」字出現的場合都沒有「上」「下」之分：孔子誇過子貢「達」（〈雍也8〉），也說過「己欲達而達人」（〈雍也30〉）；他曾說過自己對於藥性「不達」，所以不敢吃季康子送的藥（〈鄉黨11〉），孔子回答樊遲問「知」的時候回答「知人」也讓樊遲「未達」（〈顏淵22〉）；孔子也說過背了一堆《詩經》的話，卻在外交場合派不上用場的這種「不達」，也是沒有用的（〈子路5〉），以及他告誡子夏為政切記「欲速則不達」（〈子路17〉）。李運益主編的《論語詞典》中提到「達」的五種意思也不能解決此處「上達」和「下達」的問題：通達人情事理、遇事行得通、徹底明白、達到目的、表達。

上和下除了空間的意義之外，應該還有意志上的意義。我不覺得特別有道德上的意義。因為「達」字並沒有貶意，所以不管「上達」或「下達」都是「達」，至少都是正向的。君子的志向恢弘些，小人的志向就是平安過日子。

24

子曰：「古之學者為己，今之學者為人。」

孔子說：「以前的學生都是為了修己而學先王之道，現代的學生則是為了能說好話，讓君王給他自己一官半職。」

這章是孔子比較古今學者的差異。

「學者」是「學生」而不是現在讀很多書有學位的「學者」。「為己」和「為人」的區分，古人的了解也不是像我們現在人對字面上的了解：「為了自己」和「為了別人」。孔安國說：「為己履而行之，為人徒能言之。」是拿「行」和「言」來區分，這也符合孔子平常的教誨。皇侃的解釋也差不多：「古人所學，己未善，故學先王之道，欲以自己行之，成己而已也；今之世學，非復為補己之行闕，正是圖能勝人，欲為人言己之美，非為己行不足也。」強調的也是「行」和「言」的區隔。朱子自己沒解，引用的是程子的話：「為己，欲得之於己；為人，欲見之於人也。」強調的是自我反省和他人肯認的區別。

荀子引用過這章的話，是用來對比「君子之學」和「小人之學」：前者是：「入乎耳、著乎心，布乎四體，行乎動靜。端而言，蝡而動，一可以為法則。」也就是學做人，學而行；後者則是：「入乎耳，出乎口；口耳之間，則四寸耳，曷足以美七尺之軀哉。」只強調口耳之間，沒有身體力行（《荀子・勸學》〈13〉）。《後漢書・桓榮丁鴻列傳》〈32〉中也提到這章，解釋就是：「為人者，憑譽以顯物；為己者，因心以會道。」

其實孔子早感嘆過：「三年學，不至於穀，不易得也。」（〈泰伯12〉）許多學生都是像子張一樣來跟孔子學干祿（〈為政18〉），反而像顏淵這樣的學生真的是千載難逢的啊！可是，回過頭來想，孔子自己的教學，不也有「為己」和「為人」兩個部分嗎？他強調的「修己安人」或是「誠意→正心→修身→齊家→治國→平天下」不就是這種從「己」到「人」的逐步展現嗎？

孔子在〈陽貨16〉比較過古今人民的缺點：「古者民有三疾，今也或是之亡也。古之狂也肆，今之狂也蕩；古之矜也廉，今之矜也忿戾；古之愚也直，今之愚也詐而已矣！」這種古今的比較，應該沒有誰比誰好的道德評斷，只有展現形式的不同。所以孔子在本章應該也沒有對古今學者有明白的褒貶之意，古注家卻都自動看成是「崇古非今」，應該是有待商榷的。

此外，孔子更強調「中庸之道」，也就是在「古今」的「為己」和「為人」之間弄出個前後順序，再以「未來」（超越古今）為目標，求的一個新的平衡點，而不在「古今」的「為己」和「為人」的兩極之間擺盪。這種「超勝古今」的孔子，恐怕是我們今後可以考慮的角度和立場。

另外一個相關的證據，是我們以前提過多次的原憲和子貢在孔子死後相見的故事也提到「為人」

和「為己」：「學以為人，教以為己」（《韓詩外傳・卷一》〈9〉、《新序・節士》〈16〉和《莊子・讓王》〈9〉）好像也只是側重點的不同，而不是道德的高下評斷。

古今學者的為己或為人，是他們為學之初的目的，受身旁家人和社會價值的影響比較深。一旦入了師門，就看老師平日的身教和言教，怎麼讓學生體悟到一個比自己原先設定的標準還要更高的知識和智慧的境界，這是當老師（或任何上司）的人應該念茲在茲的問題。

附錄

《韓詩外傳・卷一》〈9〉原憲居魯，環堵之室，茨以蒿萊，蓬戶甕牖，桷桑而無樞，上漏下濕，匡坐而絃歌。子貢乘肥馬，衣輕裘，中紺而表素，軒不容巷，而往見之。原憲楮冠黎杖而應門，正冠則纓絕，振襟則肘見，納履則踵決。子貢曰：「嘻！先生何病也！」原憲仰而應之曰：「憲聞之：無財之謂貧，學而不能行之謂病。憲貧也，非病也。若夫希世而行，比周而友，學以**為人**，教以**為己**，仁義之慝，車馬之飾，衣裘之麗，憲不忍為之也。」子貢逡巡，面有慚色，不辭而去。原憲乃徐步曳杖，歌商頌而反，聲淪於天地，如出金石。天子不得而臣也，諸侯不得而友也。故養身者忘家，養志者忘身，身且不愛，孰能忝之。《詩》曰：「我心匪石，不可轉也；我心匪席，不可卷也。」

《新序・節士》〈16〉原憲居魯，環堵之室，茨以生蒿，蓬戶甕牖，揉桑以為樞，上漏下濕，匡坐而弦歌。子贛聞之，乘肥馬，衣輕裘，中紺而表素，軒車不容巷，往見原憲。原憲冠桑葉冠，杖藜杖而應門，正冠則纓絕，衽襟則肘見，納履則踵決。子贛曰：「嘻，先生何病若夫希世而行，比周而交，學以為人，教以為己，仁義之慝，輿馬之飾，憲不忍為也。」子贛逡巡，面有愧色，不辭而去。原憲曳杖拖履，行歌商頌而反，聲滿天地，如出金石，天子不得而臣也，諸侯不得而友也。故養志者忘身，身且不愛，庸能累之。《詩》曰：「我心匪石，不可轉也；我心匪席，不可卷也。」此之謂也。

《莊子．讓王》〈9〉原憲居魯，環堵之室，茨以生草，蓬戶不完，桑以為樞而甕牖，二室，褐以為塞，上漏下溼，匡坐而弦。子貢乘大馬，中紺而表素，軒車不容巷，往見原憲。原憲華冠縰履，杖藜而應門。子貢曰：「嘻！先生何病？」原憲應之曰：「憲聞之：『無財謂之貧，學而不能行謂之病。』今憲，貧也，非病也。」子貢逡巡而有愧色。原憲笑曰：「夫希世而行，比周而友，學以為人，教以為己，仁義之慝，輿馬之飾，憲不忍為也。」

25

蘧伯玉使人於孔子。孔子與之坐而問焉，曰：「夫子何為？」對曰：「夫子欲寡其過而未能也。」使者出。子曰：「使乎！使乎！」

衛國大夫蘧伯玉派的使者來探望孔子。孔子請他坐下，就問他說：「您家主人都在做什麼呢？」使者回答說：「我家主人想要少點過失，可是老做不到。」使者退出後，孔子說：「好一個〔說話得體的〕使者啊！好一個〔說話得體的〕使者啊！」

這章是孔子評論蘧（音衢）伯玉的使者的說話應對。

蘧伯玉是衛國的大夫，姓蘧名瑗。孔子到衛國的時候住過他家。孔子回到魯國後，蘧伯玉派使者來探望孔子。在〈衛靈公7〉中孔子誇獎他是個君子，因為他進退得宜：「邦有道則仕，邦無道則可卷而懷之」。這和其他古籍說他：「外表寬容而內心正直，不彰顯自己的才能，嚴格要求自己而不要求別人，就算不見用也不會心懷怨恨」（《韓詩外傳・卷二》〈15〉、《大戴禮記・衛將軍文子》〈22〉和《孔子家語・弟子行》〈1〉），以及孔子自詡並誇獎顏淵的「用之則行、舍之則藏」（〈述而11〉）有異曲同工之妙。

「夫子」指的是蘧伯玉。這章說的「欲寡其過而未能」的這種嚴格律己的行為，在其他古籍中也有類似的記載：《莊子・則陽》〈8〉說他六十歲時就反省五十九歲所做錯的事情；《淮南子・原道訓》〈13〉把年齡提前了十歲，說他五十歲時反省四十九歲所做錯的事。除此之外，他的賢能也都記載在古籍之中：他從觀察使用工具（觀其器）和原始創意（觀其發）就可以深入了解一個人（《禮記・禮器》〈29〉）；子貢問他治理衛國的心法，他回答說「以不治治之」（《論衡・自然》〈4〉）；他也曾經在出使楚國時，誇獎楚國人才之勝，也用故事提醒楚國國君留下人才，避免「楚材晉用」（《說苑・善說》〈15〉），這特別是對組織領導人重要的提醒。

蘧伯玉是孔子很尊敬的對象（《史記・仲尼弟子列傳》〈2〉），他治理衛國的時候，碰到司徒敬之過世，他因為考量到衛國的喪禮太過鄙俗，就請孔子來辦一場合禮的喪事，孔子沒有大張旗鼓就辦妥了喪事，弟子子游質疑老師沒有遵從當地的喪禮的風俗習慣，孔子回答說：「不能這麼說，我是遵從樸質的原則來治喪的。」（《孔子家語・曲禮子貢問》〈11〉）這個故事也符合〈八佾4〉所強調的「禮之本」：「喪，與其易也，寧戚。」

孔子這裡的評論說：「使乎！使乎！」到底是正面的評價（用驚嘆號）還是負面的（用問號）？古人有不同的說法：東漢的王充在《論衡・問孔》〈59〉中說是負面的，理由是「不可以代替主人謙虛」。可是這和〈憲問13〉公明賈說自己的上司公叔文子是「時然後言、樂然後笑、義然後取」，這種謙虛中帶著點驕傲的態度，和這裡其實也沒太大的差異。朱子的看法不同，他認為：「使者之言愈自卑約，而其主之賢益彰，益可謂深知君子之心而善於辭令者矣！故夫子再言使乎以重美之。」我認為從上述引證的資料來看，朱子的解釋比較正確。

附錄

《韓詩外傳・卷二》〈15〉外寬而內直，自設於隱括之中，直己不直人，善廢而不悒悒，**蘧伯玉**之行也。

《大戴禮記・衛將軍文子》〈22〉外寬而內直，自設於隱栝之中，直己而不直於人，以善存，亡汲汲，蓋**蘧伯玉**之行也。

《孔子家語・弟子行》〈1〉外寬而內正，自極於隱括之中，直己而不直人，汲汲於仁，以善自終，蓋**蘧伯玉**之行也。

《禮記・禮器》〈29〉禮也者，反其所自生；樂也者，樂其所自成。是故先王之制禮也以節事，修樂以道志。故觀其禮樂，而治亂可知也。**蘧伯玉**曰：「君子之人達，故觀其器，而知其工之巧；觀其發，而知其人之知。」故曰：「君子慎其所以與人者。」

《史記・仲尼弟子列傳》〈2〉孔子之所嚴事：於周則老子；於衛，**蘧伯玉**；於齊，晏平仲；於楚，老萊子；於鄭，子產；於魯，孟公綽。數稱臧文仲、柳下惠、銅鞮伯華、介山子然，孔子皆後之，不並世。

《孔子家語・曲禮子貢問》〈11〉孔子在衛，司徒敬之卒，夫子弔焉。主人不哀，夫子哭不盡聲而退。**蘧伯玉**請曰：「衛鄙俗，不習喪禮。煩吾子辱相焉。」孔子許之。掘中霤而浴，毀竈而綴足，襲於床；及葬，毀宗而躐行；出於大門，及墓，男子西面，婦人東面，既封而歸，般道也。孔子行之。子游問曰：「君子行禮，不求變俗，夫子變之矣。」孔子曰：「非此之謂也。喪事則從其質而矣。」

《論衡・問孔》〈59〉**蘧伯玉**使人於孔子，孔子曰：「夫子何為乎？」對曰：「夫子欲寡其過而未能也。」使者出，孔子曰：「使乎！使乎！」非之也。說《論語》者曰：「非之者，非其代人謙也。」

26

子曰：「不在其位，不謀其政。」曾子曰：「君子思不出其位。」

孔子說：「不在那個位置上，就不應該去謀畫那個位置的人該做的事情。」曾子說：「作為一個君子，就要做到對於職務上的事情，不要超過自己該有的本分。」

這章講的是要在自己的崗位上做好自己的事，別去管和自己職位不相稱的事。有的版本將後段曾子的話別立一章。

這章沒有難字。孔安國說得簡要：「不越其職。」皇侃說：前半段是「誡人各專己職，不得濫謀圖他人之政也」，後半段是：「君子思慮當己分內，不得出己之外而思他人之事。思於分外，徒勞不可得。」

《易經・艮卦》〈1〉有和曾子說的相同的話，講的是要「知止」。《禮記・大學》〈1〉說：「知止而後有定，定而後能靜，靜而後能安，安而後能慮，慮而後能得。」「知止」是「定↓靜↓安↓慮

↓得」的起始點。

《禮記．中庸》〈14〉更把「不在其位，不謀其政」發揮到其他人間情況：富貴、貧賤、夷狄和患難。總之，君子在各種情況之下都是「無入而不自得」，特別還強調「居上位的人不欺負在下位的人，在下位的人也不越權」的這種「正己而不求於人」，能這樣，就不會怨天尤人。這和前面引到〈大學1〉的最後目標都是一樣的「得」。「得」什麼？得道，自得其樂，求仁得仁。

《莊子．逍遙遊》〈4〉有個「越俎代庖」（其實是強調「不要」越俎代庖）這個成語的典故：堯準備將天下讓給許由，講了許由的許多好話，認為他一出來掌理國政，就會天下大治。許由趕忙拒絕，認為堯已經將天下治理得很好了，他是絲毫沒有用武之地。然後他就說了「廚師就算不煮飯，也不能叫掌管祭典的巫祝來代替他掌廚吧！」這裡是強調能力和位置的適配問題，而不是本章的位置和職掌問題。

話再說回來，孔子自己是什麼位？他又是不是能做到自己所說的「不在其位，不謀其政」呢？他周遊列國，不都是「不在其位而謀其政」嗎？至少當時有人是這麼懷疑的：〈學而10〉中子琴就問子貢：「夫子至於是邦也，必聞其政。求之與？抑與之與？」〈憲問32〉中微生畝也不客氣地說孔子：「丘何為是栖栖者與？無乃為佞乎？」這兩則文本中，孔子都被誤會是「不在其位而謀其政」。

綜合來看，在社會上有地位的人，有些人是因為自己的德行，有些人是因為自己的能力，有些人則是因為自己的「關係」，不管因為什麼得位，在位置上能不能盡責，又是另一個問題。有德的人往往知所進退，有能力的人往往會越俎代庖，有關係的人往往肆無忌憚。孔子恐怕是講給後面兩種人聽的。可是他們聽得進去嗎？

還有，這裡強調的應該是各司其職、分工合作，強調的是團隊合作，而不是只管自己做好，不管其他人是否配合。

附錄

《易經・艮卦》〈1〉象傳：兼山，艮；君子以**思不出其位**。

《禮記・中庸》〈14〉君子**素**其**位**而行，不愿乎其外。**素**富貴，行乎富貴；**素**貧賤，行乎貧賤；**素**夷狄，行乎夷狄；**素**患難，行乎患難：君子無入而不自得焉。在上**位**不陵下，在下**位**不援上，正己而不求於人，則無怨。上不怨天，下不尤人。故君子居易以俟命，小人行險以徼幸。」

《莊子・逍遙遊》〈4〉堯讓天下於許由，曰：「日月出矣，而爝火不息，其於光也，不亦難乎！時雨降矣，而猶浸灌，其於澤也，不亦勞乎！夫子立而天下治，而我猶尸之，吾自視缺然，請致天下。」許由曰：「子治天下，天下既已治也。而我猶代子，吾將為名乎？名者，實之賓也，吾將為賓乎？鷦鷯巢於深林，不過一枝；偃鼠飲河，不過滿腹。歸休乎君！予無所用天下為。**庖**人雖不治**庖**，尸祝不越樽俎而代之矣。」

27

子曰：「君子恥其言而過其行。」

孔子說：「一個身〔或立志〕為君子的人最感到羞恥的是自己說的話自己做不到。」

這章是孔子談論言行和恥感的關係。

這裡的「其」是指「自己」。朱子說：「恥者，不敢盡之意。過者，欲有餘之辭。」說白了就是「說得太多，做得太少，沒有言行合一」。

這章和〈里仁22〉說的「古者言之不出，恥躬之不逮也」是一樣的意思。《禮記．雜記下》〈122〉提到的君子有「五恥」中的第二項提到「有其言、無其行，君子恥之」〔其他還包括：「居其位，無其言」、「既得之而又失之」、「地有餘而民足」和「眾寡均而倍焉」〕。《說苑．談叢》〈50〉也有同樣的說法。

這裡的「君子」應該是指有位的人，可是如果當成有德的人來看，對當今的讀者更能產生正能量。

在言行關係上，孔子提倡的要不是「言行合一」，就是「行勝於言」，絕沒有「言勝於行」的餘地：子貢問君子。子曰：「先行其言，而後從之。」（〈為政13〉）子曰：「君子欲訥於言，而敏於行。」（〈里仁24〉）「君子名之必可言也，言之必可行也。君子於其言，無所苟而已矣。」（〈子路3〉）孔子也強調言行都要謹慎（〈為政18〉），而且還主張「言忠信，行篤敬」（〈衛靈公6〉），討厭「言不及義，好行小慧」（〈衛靈公17〉）。

不過孔子也強調：言行要看政治情況的有道和無道而調整。子曰：「邦有道，危言危行；邦無道，危行言孫。」（〈憲問3〉）有道時要正言正行，無道時，言可溫順，但行事還是要居正。孔子也強調因特殊情況下，可以「言不必信、行不必果」（〈子路20〉）。

對於別人的言行，也因為宰我這種善於言語的人的經驗，而從「聽言信行」轉向「聽言觀行」（〈公冶長10〉）。

子貢請教過孔子可以一生行事的準則，孔子就說過：「己所不欲，勿施於人。」（〈顏淵2〉和〈衛靈公24〉）不過，我們提過幾次的那個故事中，飛黃騰達的子貢顯然誤解了老師的意思，所以面對隱居鄉野的師弟原憲的時候，高傲地以為衣衫襤褸的學弟是「病」了。這位請教過孔子「恥」的原憲回答說：「我聽老師說過，沒有錢叫做貧，學了道不知運用才叫做病，我是貧，不是病。」這句話給了子貢一個當頭棒喝，以後都覺得自己說話說過了頭而感到羞恥（《孔子家語・七十二弟子解》〈6〉和《史記・仲尼弟子列傳》〈71〉）。子貢也許認為自己不想貧困一生，所以就希望學弟也不要貧困，這也許就是他當時理解的「己所不欲，勿施於人」，所以才犯下這個「言過其行」的過錯。

孔門的人不是不犯錯，而是「不貳過」。這還真不容易。

附錄

《說苑．談叢》〈50〉君子有五恥：朝不坐，燕不議，君子恥之；居其位，無其言，君子恥之；**有其言，無其行，君子恥之**；既得之又失之，君子恥之；地有餘而民不足，君子恥之。

《孔子家語．七十二弟子解》〈6〉端木賜，字子貢，衛人。少孔子三十一歲，有口才著名，孔子每詘其辯。家富累千金，常結駟連騎，以造原憲。憲居蒿廬蓬戶之中，與之言先王之義，原憲衣弊衣冠，並日蔬食，衎然有自得之志。子貢曰：「甚矣！子如何之病也。」原憲曰：「吾聞無財者謂之貧，學道不能行者謂之病。吾貧也，非病也。」子貢慚。終身**恥**其言之過。子貢好販，與時轉貨，歷相魯衛而終齊。

《史記．仲尼弟子列傳》〈71〉孔子卒，原憲遂亡在草澤中。子貢相衛，而結駟連騎，排藜藿入窮閻，過謝原憲。憲攝敝衣冠見子貢。子貢**恥**之，曰：「夫子豈病乎？」原憲曰：「吾聞之，無財者謂之貧，學道而不能行者謂之病。若憲，貧也，非病也。」子貢慚，不懌而去，終身**恥**其言之過也。

28

子曰：「君子道者三，我無能焉：仁者不憂，知者不惑，勇者不懼。」子貢曰：「夫子自道也。」

孔子說：「君子之道有三種，我都無能為力：仁者的行事（合乎禮），所以不會憂心；智者的情緒處理（合乎禮），所以不會困惑；勇者的行事（合乎禮），所以不會畏懼。」子貢（不以為然地）說：「老師，您（平常都是這樣的，）這是謙虛吧！」

這章是孔子承認自己無法做到三種君子之道，子貢認為這是孔子謙虛。這章中的「仁者不憂、知者不惑、勇者不懼」曾經在〈子罕29〉出現過，只是「仁者」和「智者」的順序不同。「知」就是「智」。「夫子自道」的「道」，朱子說是「言也」。「自道」——朱子說是「謙辭」，劉寶楠說是「夫子身能備道」。黃懷信認為本章的兩個「道」，都應該做「說」來解。

皇侃解釋「仁者不憂」是因為「樂天知命，內省不疚」；「智（知）者不惑」是因為「智者以昭了微用，是無疑惑」；「勇者不懼」是因為「既有才力，是以捍難衛侮，是無懼敵也」。

孔子這麼說，朱子認為是孔子「自責以勉人」。最後子貢說的話，皇侃認為這是為了表明「孔子曰無而實有也」。

下面的解釋是從當初〈子罕29〉（編注：收於夏之卷）搬過來的，只改了幾個字：

〈中庸20〉稱「知」、「仁」、「勇」為三達德。〈中庸21〉還說：「好學近乎知，力行近乎仁，知恥近乎勇。知斯三者，則知所以修身；知所以修身，則知所以治人；知所以治人，則知所以治天下國家矣。」所以，這三者是「修己安人」的基礎德行。可是，孔子認為徒然具有「知（智）、仁、勇」三達德，還是要以「好學」來約束，否則就會產生「蕩」、「愚」和「亂」的弊端（〈陽貨8〉）。《禮記》中也有三者相提並論的記載，特別是在用人方面：「用人之知去其詐，用人之勇去其怒，用人之仁去其貪。」這裡也可看出三者各自的流弊：知者有詐、勇者有怒，仁者有貪。這三者都應該「約之以禮」，所以我的翻譯才加上「合乎禮」的「潛台詞」。

《荀子．大略》〈95〉也辨明有些行為貌似「知、仁、勇」：「藍苴路作，似知而非。懦弱易奪，似仁而非。悍戇好鬥，似勇而非。」前面提到〈中庸21〉的「好學」、「力行」和「知恥」三項都只是「近乎」三達德，而不是就是三達德。

另外，孔子自己說自己「四十而不惑」，如果參照此章，此時他應該已經達到智者的境界。〈憲問28〉說自己「無能」，顯然是謙辭，不可當真。「不惑」——古注的解釋已在上面提及，毓老師特別說是「不惑於欲」。如果從「依經解經」來看，孔子有兩處解釋過「惑」：「愛之欲其生，惡之欲其死。既欲其生，又欲其死，是惑也。」（〈顏淵10〉）「一朝之忿，忘其身，以及其親，非惑與？」（〈顏淵21〉）其中的「愛」、「惡」和「忿」都和「情緒管理」有關。因此，「知者不惑」應該是已經學會情緒管理的高情商（EQ）狀態才是。

「仁者不憂」也不是通則；仁者有憂，只是內容不同：「德之不修，學之不講，聞義不能徙，不善不能改，是吾憂也」（〈述而3〉）。此外，孔子也「憂道不憂貧」（〈衛靈公32〉），這些都是「孔子的仁者之憂」。孔子的不憂，應該因為是「內省不疚」（〈顏淵4〉）。

「勇者不懼」也不是通則。孔子就告誡「孔門第一勇」的子路要「臨事而懼，好謀而成」（〈述而11〉），所以「勇者懼無謀」並非一無所懼。

荀子多事，將勇者分為三等：「上勇」搭配「仁」和「智」，並以天下為念；「禮恭而意儉，大齊信焉，而輕貨財；賢者敢推而尚之，不肖者敢援而廢之：是中勇也」；「輕身而重貨，恬禍而廣解苟免，不恤是非然不然之情，以期勝人為意：是下勇也。」（《荀子・性惡》〈23〉）

三達德展現出「不惑」、「不憂」和「不懼」的行為表現。《申鑒・雜言下》〈7〉對此早有解釋：「君子樂天知命故不憂，審物明辨故不惑，定心致公故不懼。若乃所憂懼則有之，憂已不能成天性也，懼己惑之，憂不能免，天命無惑焉。」

朱熹在〈子罕29〉解釋時曾說過這三者是「學之序」，可是古人卻把這三達德當成「戰之序」：「夫戰，智為始，仁次之，勇次之。不智，則不知民之極，無以銓度天下之眾寡；不仁，則不能與三軍共饑勞之殃；不勇，則不能斷疑以發大計。」（《國語・吳語》〈9〉）這是講打仗的特殊狀況，而不是平時狀況。

其他先秦兩漢古籍中也提到這些德性。楚莊王就以打獵來鑑定「士」的三達德：他從「士」的刺殺虎豹行為可以看出「勇」；從他跟犀牛的搏鬥，可以看出他的「力」；從他分配賞賜的行為可以看出他的「仁」。（《說苑．君道》〈22〉）打不過猛虎犀牛的，下場就不必談了。

我個人覺得有趣的是有古人認為「玉」的諸多德行中，就包含著這三達德：《管子．水地》〈4〉列舉了「九德」：仁、知、義、行、潔、勇、精、容、辭；《荀子．法行》〈4〉減成「七德」：仁、知、義、行、勇、情、辭；《說文解字》更減為「五德」：仁、義、智、勇、絜。

如果連塊玉石都至少有此三達德，人可以不如玉石嗎？

附錄

《說苑．君道》〈22〉楚莊王好獵，大夫諫曰：「晉楚敵國也，楚不謀晉，晉必謀楚，今王無乃耽於樂乎？」王曰：「吾獵將以求士也，其榛藂刺虎豹者，吾是以**知**其勇也；其攫犀搏兕者，吾是以**知**其勁有力也；罷田而分所得，吾是以**知**其**仁**也。」因是道也而得三士焉，楚國以安。」故曰：苟有志則無非事者，此之謂也。湯之時大旱七年，雒坼川竭，煎沙爛石，於是使人持三足鼎，祝山川，教之祝曰：政不節耶？使人疾耶？苞苴行耶？讒夫昌耶？宮室營耶？汝謁盛耶？何不雨之極也，蓋言未已而天大雨，故天之應人，如影之隨形，響之效聲者也。《詩》云：「上下奠瘞，靡神不宗。」言疾旱也。

29

子貢方人。子曰：「賜也賢乎哉？夫我則不暇。」

子貢批評人。孔子說：「你自己比你批評的人優秀嗎？我才沒你這樣的閒功夫。」

這章是孔子批評子貢。

「方」有三解：一是「比方」（孔安國、皇侃）或「比」（朱子），皇侃進一步就是「以甲比乙，論彼此之勝劣者也」；二是「正」（《廣雅》、俞樾和戴望）；三是「謗」（劉寶楠引用盧氏之說）。《說文解字》把「方」解釋成「併船」，在此並不適用。

第一種解釋（把「方」當成「比方」或「比較」）和《論語》中的其他事例不合：〈公冶長9〉中孔子問過子貢，拿自己和顏回相比；〈先進16〉子貢請教過孔子「子張和子夏誰比較賢能」，當時孔子也沒指正他，反而告訴他「過猶不及」。這都是子貢拿自己和學弟來相互比較的例子。如果孔子不喜歡子貢拿人比較，早就該糾正子貢了，不該這時候才說。所以「方」當成「謗」似乎才比較正確。

孔子強調朋友有規勸之義，所以應該不會反對子貢批評別人。至於「毀謗」是指沒有具體證據的言論，孔子反對子貢如此才顯得合乎大多數人的經驗。這是「依經解經」之外的「依經驗解經」。

孔子自己說過：「我對於人，有毀謗過誰？有褒獎過誰？如果是我褒獎的人，我一定測試過他的值得褒獎的德行。這些被我褒獎過的人，都是古人中篤守中道的人。」（〈衛靈公25〉）孔子褒獎過的人有「堯」（「大哉！堯之為君也」（〈泰伯19〉））和「舜」（「巍巍乎」（〈泰伯18〉）、「恭己、正南面」的「無為而治」（〈衛靈公5〉））。但是他也說過兩次「堯舜其猶病諸」（就是堯舜都做不到啊）（〈雍也30〉和〈憲問42〉）。還有伯夷和叔齊（「求仁得仁」（〈述而15〉）、「民到於今稱之」（〈季氏12〉）和「不降其志，不辱其身」（〈微子8〉）），以及「管仲」（「九合諸侯，不以兵車」（〈憲問16〉）和「管仲相桓公，霸諸侯，一匡天下，民到於今受其賜。微管仲，吾其被髮左衽矣！」（〈憲問17〉））。

孔子也批評人：他看不起當時的政治人物，他認為他們是「斗筲之人」（〈子路20〉）；他也嚴厲譴責過冉求，讓門人「鳴鼓而攻之」（〈先進17〉）；罵過上課打瞌睡的宰我（〈公冶長10〉）。

如此看來，孔子自己好像還是有「閒功夫」的。

30

子曰：「不患人之不己知，患其不能也。」

孔子說過：「上司不知道我有才而不用我不是問題，問題是我沒可用之才。」

這章講的是自己要先培養用世能力，才是一個人被任用的先決條件。

「人」是指「貴族」或是「上司」。「知」是「知用」，也就是「發現才能而加以運用」。

《論語》中類似的章節不少：〈衛靈公19〉說的基本上是一樣的意思：「君子病無能焉，不病人之不己知也」；〈學而1〉說：「人不知而不慍，不亦君子乎？」強調的是不被知用的時候，自己要做好情緒管理，別只顧著生氣，氣壞自己；〈學而16〉的「不患人之不己知，患不知人也」，主張這種「人我相知」的雙向性，提醒人不要替不走正道的老闆做事，免得一起遭殃；〈衛靈公8〉的「可與言而不與之言，失人；不可與言而與之言，失言。知者不失人，亦不失言」和〈堯曰3〉的「不知言，無以知人也」，都強調「知言」和「知人」的重要性，以免造成「失言」和「失人」的雙失後果。

孔子雖然這麼說，但他自己也抱怨過君上都不知用他：「不怨天，不尤人。下學而上達。知我者，其天乎！」（〈憲問35〉）真是只有「天知道」。他曾經誇下海口說：「苟有用我者。期月而已可也，三年有成。」（〈子路10〉）

人有本事，誰也拿不走。但是，有本事不被人用，就算英雄，也只能繼續等待伯樂了。或者，自己就當自己的伯樂，走出自己的一片天，別再仰賴別人關愛的眼神。

31

子曰：「不逆詐，不億不信。抑亦先覺者，是賢乎？」

孔子說：「不要還沒見到對方就認為對方會訛詐你，不要還沒見到對方就懷疑對方不相信你。就算是別人還沒騙你你就事先察覺，可是這算是個賢者該有的行為嗎？（或者：別人沒騙你你就事先察覺，真是個賢人啊！）」

這章是教人待人以誠，不要先把對方預想成壞人。

「逆」是「迎」（皇侃）或「未至而迎之也」（朱子）；「詐」是「人欺己」（朱子），如果從〈子罕12〉孔子批評子路「詐」的理由來看，「詐」就是欺騙，在〈陽貨16〉孔子批評當時的愚人「詐」；「逆詐」是「以詐逆度人」（戴望），也就是「預先設想別人會訛詐自己」。「億」是「億必也」（皇侃）或「未見而意之也」（朱子）或「疑也」（戴望），其實應該做「猜測」，正如〈先進19〉孔子誇獎子貢投資做生意很精準，「億則屢中」。「不信」是「人疑己」（朱子）。「抑」是「語辭」（邢昺）或「反語辭」

（朱子）。

最後一句話有三解：孔安國和皇侃認為「逆詐」和「億不信」都是少數人的自私行為，怎麼能算是個賢者呢？這是把「乎」當成疑問辭；朱子認為：「雖不逆不億，而於人之情偽自然先覺，乃為賢也。」這是把「乎」字當成驚嘆辭；王夫之認為不管怎樣，都不是賢者。

我們從依經解經的立場來看，或許能得到一些解答：《大戴禮記・曾子立事》〈16〉說：「君子不先人以惡，不疑人以不信。」強調的是不先把別人當壞人；《荀子・非相》〈7〉說：「以人度人，以情度情，以類度類，以說度功，以道觀盡，古今一也。」強調的是「以同理心（共情）」來「將心比心」，也就是「人同此心，心同此理」的「普世倫理」。這裡也蘊含著「己所不欲，勿施於人」（〈顏淵2〉和〈衛靈公24〉）或「恕道」（〈衛靈公24〉）或「絜矩之道」（《禮記》〈大學12〉）的基本道理。

話雖如此，可是我們在日常生活之中就常常懷疑別人要騙我們，特別是在詐騙集團橫行的時代。古人就說過：「害人之心不可有，防人之心不可無。」這比孔子這章的教誨更深入人心。

這種對彼此的不信賴就是社會問題的根源。沒有基本的信賴，社會是無法運行的。有些社會制度不被信賴，恐怕也得好好反省原因，怪不得別人。我們也許困惑於「人際信賴」，可是好像對於網路金錢交易這種「制度信賴」卻深信不疑，特別是年輕的一代。

從這章的教誨來看，孔子也許喜歡現在的年輕世代。

附錄

《禮記・大學》〈12〉所謂平天下在治其國者：上老老而民興孝，上長長而民興弟，上恤孤而民不倍，是以君子有絜矩之道也。所惡於上，毋以使下；所惡於下，毋以事上；所惡於前，毋以先後；所惡於後，毋以從前；所惡於右，毋以交於左；所惡於左，毋以交於右。此之謂絜矩之道。《詩》云：「樂只君子，民之父母。」民之所好好之，民之所惡惡之，此之謂民之父母。《詩》云：「節彼南山，維石巖巖。赫赫師尹，民具爾瞻。」有國者不可以不慎，辟則為天下戮矣。

32

微生畝謂孔子曰：「丘何為是栖栖者與？無乃為佞乎？」孔子曰：「非敢為佞也，疾固也。」

微生畝批評孔子說：「小丘呀！為什麼急著〔周遊列國〕到處奔走？這不是就為了說些好聽話讓人賞識你嗎？」孔子說：「我哪敢說好聽話為了讓人賞識呢？我就是見不得人固陋不長進。」

這是孔子針對別人誤會他「說好聽話是為了求官做」的辯駁。

微生畝的身分不詳，邢昺說是「隱士之姓名也」。朱子認為他敢這麼直接稱呼孔子的名諱，應該是比孔子年長的隱者。劉寶楠也認為他直呼孔子名諱，應該是孔子的長輩。有人說「微生畝」就是〈公治長24〉出現過去借醋的那個「微生高」，可是劉寶楠不以為然。其他先秦古籍也找不到微生畝的其他記載，所以也難有定論。

「棲棲」是「皇皇」（邢昺）或「依依」（朱子），黃懷信說是「不定居之貌」，就是孔子周遊列國，到處奔波，忙得不可開交的樣子。「佞」是「諂」（戴望），就是「說好聽話」或「辯才無礙」，「為佞」是「言其務為口給以悅人也」（朱子）。「疾」是「惡」（朱子）或「痛」（戴望）。「固」是「執一而不通」（朱子）。

「佞」是孔子極為憎恨的一種行為：〈公冶長5〉孔子在別人批評仲雍「人而不佞」時，就指出「與人以口給，屢憎於人」，也就是說「佞」是「自以為說話好聽，其實反而讓人討厭」的狀況；〈雍也16〉說「祝鮀之佞」就是說他口才好，暗指他有口無心；〈先進25〉孔子對於子路的強詞奪理也不以為然地說他討厭「佞者」；〈衛靈公11〉顏淵請問為邦，孔子就提醒要「遠佞人」，因為這種人全靠一張嘴，沒有實力，十分危險。總之，佞是說話言不由衷，讓人聽了覺得噁心。很不幸，我們可能都有過這種經驗。

李運益主編的《論語詞典》指出「固」有四種意思：一、鞏固、堅固；二、鄙陋、寒傖；三、頑固、固執；四、固然、本來。他把這章的「固」用在第三種意思。

古注都以嚴肅模式來看待孔子的回答，所以正經八百地解釋說孔子說自己討厭別人固陋（〈子罕4〉）。可是我喜歡用幽默模式來看孔子的回答：「我就是有『佞』的老毛病。」（我的「疾」就是「固」，「君子不重則不威，學則不固」的「固」）這也是用自嘲來化解別人誤解的方法之一。

33

子曰：「驥不稱其力，稱其德也。」

孔子說：「千里馬不是因為力氣而著稱，而是因為他〔有勇往直前，行健不息〕的德行。」

這章說的是千里馬，其實是鼓勵人要像千里馬的德行學習。

「驥」是「千里馬」（《說文解字》）或「馬之上善者」（皇侃）或「馬之才良者」（戴望）。「稱」是「稱道」（黃懷信）。

皇侃說：「於時輕德重力，故孔子引譬抑之也。」邢昺的說法也類似：「疾時尚力取勝，而不重德。」

至於「驥」有怎樣的「德」，孔子並沒有說明。劉寶楠引用的古書都說有「五御」或「五馭」之德，這是《周禮．地官保氏》〈113〉和《中論．藝紀》〈1〉中提到保氏所教導的「六藝」之一，鄭玄的注解是：「五馭：鳴和鑾、逐水曲、過君表、舞交衢、逐禽左。」根據「古典新知」網站的白話解釋，這是五種駕車的技術：「和、鑾皆是車鈴。和鈴在軾，鑾鈴在衡。鳴和鑾，謂車行時馭者使和鑾鳴聲相應。逐水曲，謂車奔馳於水邊屈曲之路而不墜水。過君表，謂駕車過君之表而致敬之駕車術，其儀未聞。舞交衢，謂車行至交叉路口，驂服合作協調，車身轉彎自如，若應舞節。逐禽左，謂駕車驅逐禽獸於車左邊，便於人君在車左射殺。」

可是畢竟這是駕車者的技術，和千里馬的德行無關。劉寶楠的注解等於是多此一舉。

因為孔子和古注都沒說，所以我只好大膽猜測「驥之德」和「天之德」的「行健不息」可能是有關係的。到現在廣東人還在過年時祝賀人有「龍馬精神」，大概也是延續著孔子這裡的意思。總不會是要人做牛做馬做到死吧？

附錄

《周禮・地官保氏》〈113〉保氏：掌諫王惡，而養國子以道。乃教之六藝：一曰五禮，二曰六樂，三曰五射，四曰**五馭**，五曰六書，六曰九數。乃教之六儀：一曰祭祀之容，二曰賓客之容，三曰朝廷之容，四曰喪紀之容，五曰軍旅之容，六曰車馬之容。凡祭祀、賓客、會同、喪紀、軍旅，王舉則從；聽治亦如之。使其屬守王闈。

《中論・藝紀》〈1〉藝之興也，其由民心之有智乎？造藝者將以有理乎？民生而心知物，知物而欲作，欲作而事繁，事繁而莫之能理也。故聖人因智以造藝，因藝以立事，二者近在乎身，而遠在乎物，藝者所以旌智飾能統事御群也。聖人之所不能已也。藝者，所以事成德者也；德者，以道率身者也。藝者，德之枝葉也；德者，人之根榦也，斯二物者不偏行，不獨立。木無枝葉則不能豐其根榦，故謂之瘣；人無藝則不能成其德，故謂之野。若欲為夫君子，必兼之乎！先王之欲人之為君子也，故立保氏，掌教六藝：一曰五禮，二曰六樂，三曰五射，四曰五御，五曰六書，六曰九數。教六儀：一曰祭祀之容，二曰賓客之容，三曰朝廷之容，四曰喪紀之容，五曰軍旅之容，六曰車馬之容。大胥掌學士之版，春入學舍，采合萬舞，秋班學合聲，諷誦講習，不解於時，故《詩》曰：「菁菁者莪，在彼中阿；既見君子，樂且有儀。」美育材，其猶人之於藝乎！既修其質，且加其文，文質著然後體全，體全然後可登乎清廟，而可羞乎王公。故君子非仁不立，非義不行，非藝不治，非容不莊。四者無愆，而聖賢之器就矣。《易》曰：「富有之謂大業。」其斯之謂與！

34

或曰：「以德報怨，何如？」子曰：「何以報德？以直報怨，以德報德。」

有人請問孔子：「（您覺得）用恩德來回報別人對我們的仇怨，怎麼樣？」孔子說：「（那麼，你有沒有想過）要怎麼回報別人對我們的恩德呢？（我覺得還是應該）根據直道來回報別人對我們的仇怨，根據恩德來回報別人對我們的恩德。」

這章討論「報怨」的問題：以「德」還是以「直」？「德」是「恩惠之德」（何晏）或「恩惠」（朱子）。「報」是「復也」（劉寶楠引《廣雅》）或「酬也、答也」（劉寶楠引《玉篇》）。

提問者說的「以德報怨」，和今本《老子》的「報怨以德」是一樣的意思。老子主張「不爭」和「柔弱勝剛強」，所以這樣的看法是不足為奇的。後來的佛家不主張冤冤相報，也覺得這是一個終止無止盡仇怨的方法。變成通俗的話就是「忍字頭上一把刀」。韓信忍受胯下之辱，就是一個中國人盡皆知的故事。

這是一個基本的社會交換關係。簡單來說，這種關係涉及兩個行動者：施行者和回報者。雙方各有「德」和「怨」兩種選擇，這樣就會出現四種可能性：「以德報德」、「以德報怨」，「以怨報德」和「以怨報怨」。《禮記．表記》中就分別提到這四種關係：「以德報德，則民有所勸；以怨報怨，則民有所懲」（〈11〉）、「以德報怨，則寬身之仁也；以怨報德，則刑戮之民也」（〈12〉）。

可是本章提問者的前提是「有人施怨於我在先」，所以回報者就只有「以德報怨」和「以怨報怨」兩種選擇。這是一種負面的情況。

「報怨」有兩種可能的極端狀況：一是「以怨報怨」，也就是舊約《聖經》〈出埃及記〉（21：24）說的：「以牙還牙，以眼還眼，以手還手，以腳還腳。」一是「以德報怨」，也就是不和對方計較，用恩德來提升對方的道德高度，以就是新約《聖經》〈馬太福音〉（5：39）說的：「有人打你的右臉，連左臉也轉過來由他打。」孔子在這兩個極端中選取了「中道」：「以直報怨」。這裡說的「直」，可以是法律，或是禮儀，或是習俗，也就是雙方可以接受的「公平合理」的條件。

孔子的回答先把前提從「報怨」擴大到「報德」的更大層面，讓提問者能上升到一個原先沒有想到的道德高度。這是孔子令人敬佩的高明處。

《韓詩外傳．卷九》〈7〉有一個相關的故事。孔子的三位弟子各表明了各自的立場：子路說：「人對我好，我也對他好；人對我不好，我也對他不好。」子貢說：「人對我好，我也對他好；人對我不好，我則引導他走向正途。」顏回說：「人對我好，我也對他好；人對我不好，我還是對他好。」孔子評論三個人的立場：「子路的立場像是野蠻人的話；子貢的立場像是朋友之間的話；顏回的話就像是親屬之間的話。」這個故事沒有出現「以直報怨」的想法，顯然是盛讚「以德報怨」。和此章孔子所言有所不同。

《說苑・權謀》〈21〉中有一個「報怨以德」的故事：齊桓公要討伐山戎、孤竹之前，請人出使到魯國請求協助。結果魯國口頭答應，卻沒有實際行動。後來齊國討伐成功，想回過頭來討伐當初背信忘義的魯國。〔這算是「以怨報怨」〕結果管仲出來說話，認為該友善鄰國才是霸王之道，建議將戰利品都進獻給魯國的周公廟。後來齊國再度征戰，魯國就全力協助。故事最後引用了孔子的話：「聖人轉禍為福，報怨以德。」這是誤把老子的話當成孔子的話。看下面的故事就更清楚了。

《新書・卷七》〈退讓1〉和《新序・雜事四》〈88〉都有一個同樣的故事：梁國和楚國的邊境上，梁國種的瓜比楚國的長得好。楚國的長官忌妒，就派人去弄死梁國的瓜。梁國的人本來要報復，可是梁國的縣令宋就阻止這種做法，反而派人夜裡到楚國幫楚國的瓜澆水，結果楚國的瓜長得很好。後來楚國發現了梁國的這種做法，很慚愧地去和對方和好。故事最後引用了老子「報怨以德」的話總結。

對日抗戰勝利之後，當時蔣委員長最後決定對日本採行「以德報怨」的做法。到現在都還是個引起爭議的話題。

如果當初是「以直報怨」，那麼又會如何呢？怎麼樣才算是「直」呢？恐怕這又是另一場爭議的開始。

附錄

《韓詩外傳・卷九》〈7〉子路曰：「人善我，我亦善之；人不善我，我不善之。」子貢曰：「人善我，我亦善之；人不善我，我則引之進退而已耳。」顏回曰：「人善我，我亦善之；人不善我，我亦善之。」三子所持各異，問於夫子。夫子曰：「由之所持，蠻貊之言也；賜之所言，朋友之言也；回之所言，親屬之言也。」《詩》曰：「人之無良，我以為兄。」

《說苑・權謀》〈21〉齊桓公將伐山戎、孤竹，使人請助於魯。魯君進群臣而謀，皆曰：「師行數十里，入蠻夷之地，必不反矣。」於是魯許助之而不行。齊已伐山戎、孤竹，而欲移兵於魯。管仲曰：「不可。諸侯未親，今又伐遠而還誅近鄰，鄰國不親，非霸王之道，君之所得山戎之寶器者，中國之所鮮也，不可不進周公之廟乎？」桓公乃分山戎之寶，獻之周公之廟。明年起兵伐莒。魯下令丁男悉發，五尺童子皆至。孔子曰：「聖人轉禍為福，**報怨以德**。」此之謂也。

《新書・卷七》〈退讓1〉梁大夫宋就者為邊縣令，與楚鄰界。梁之邊亭與楚之邊亭皆種瓜，各有數。梁之邊亭劬力而數灌，其瓜美。楚窳而希灌，其瓜惡。楚令固以梁瓜之美怒其亭瓜之惡也，楚亭惡梁瓜之賢己，因夜往竊搔梁亭之瓜，皆有死焦者矣。梁亭覺之，因請其尉，亦欲竊往報搔楚亭之瓜。尉以請，宋就曰：「惡，是何言也！是講怨分禍之道也。惡，何稱之甚也！若我教子，必誨莫令人往，竊為楚亭夜善灌其瓜，令勿知也。」於是梁亭乃每夜往竊灌楚亭之瓜，楚亭旦而行瓜，則此已灌矣。瓜日以美，楚亭怪而察之，則乃梁亭也。楚令聞之，大悅，具以聞。楚王聞之，恕然醜以志自惛也。告吏曰：「微搔瓜，得無他罪乎？」說梁之陰讓也，乃謝以重幣，而請交於梁王。楚王時則稱說梁王，以為信，故梁楚之驩由宋就始。語曰：「轉敗而為功，因禍而為福。」老子曰：「報怨以德。」此之謂乎！夫人既不善，胡足效哉。

《新序．雜事四》〈88〉梁大夫有宋就者，嘗為邊縣令，與楚鄰界。梁之邊亭，與楚之邊亭，皆種瓜，各有數。梁之邊亭人，劬力數灌其瓜，瓜美。楚人窳而稀灌其瓜，瓜惡。楚令因以梁瓜之美，怒其亭瓜之惡也。楚亭人心惡梁亭之賢己，因往夜竊搔梁亭之瓜，皆有死焦者矣。梁亭覺之，因請其尉，亦欲竊往報搔楚亭之瓜，尉以請宋就。就曰：「惡是何可構怨禍之道也，人惡亦惡，何偏之甚也。若我教子必每暮令人往竊為楚亭夜善灌其瓜，勿令知也。」於是梁亭乃每暮夜竊灌楚亭之瓜，楚亭旦而行瓜，則又皆以灌矣，瓜日以美，楚亭怪而察之，則乃梁亭之為也。楚令聞之大悅，因具以聞楚王，楚王聞之，惄然愧以意自閔也，告吏曰：「微搔瓜者，得無有他罪乎？此梁之陰讓也。」乃謝以重幣，而請交於梁王，楚王時則稱說，梁王以為信，故梁楚之歡，由宋就始。語曰：「轉敗而為功，因禍而為福。」老子曰：「報怨以德。」此之謂也。夫人既不善，胡足效哉！

35

子曰：「莫我知也夫！」子貢曰：「何為其莫知子也？」子曰：「不怨天，不尤人，下學而上達。知我者，其天乎！」

> 孔子〔很感嘆地〕說：「〔這個世界上〕沒有人了解我啊！」子貢問道：「怎麼就沒有人了解您呢？」孔子說：「〔我對於不能行道〕我既不怨恨天，也不責怪別人。我還是努力學習人間的事務希望能夠效法聖賢的作為。我這樣的做法，大概只有老天爺會了解我吧！」

這章是孔子認為只有老天爺了解他。

「莫」是「無」（皇侃）。「尤」是「責」（皇侃）或「非」（鄭玄和邢昺）。「下學」是「學人事」（皇侃）或「刪訂贊修之事」（黃式三）。「上達」是「達天命」（皇侃）或「所學通於天也」（黃式三）。黃懷信認為「下」是指庶民，「上」是指「聖賢」，似乎比較合理。

「不怨天，不尤人」——古注有幾種解釋。皇侃的解釋是：「人不見知而我不責人，天不見用我亦不怨天。」朱子的解釋是：「不得於天而不怨天，不合於人而不尤人。」朱子特別看出：「深味其語意，則見其中自有人不及知而天獨知之之妙。」可是如果是皇侃說的「天不見用」或是朱子說的「不得於天」，不就和「知我者其天乎」相矛盾了嗎？老天爺如果了解孔子，為何又會讓孔子不見用呢？孔子自己說「不怨天」，恐怕也只是說說吧？天何言哉？不過孔子覺得老天爺是個更高的、有意志的權威：「獲罪於天，無所禱也！」（〈八佾13〉）、「予所否者，天厭之！天厭之！」（〈雍也28〉）、「天生德於予」（〈述而23〉）、「天之將喪斯文……天之未喪斯文」（〈子罕5〉）、「吾誰欺？欺天乎？」（〈子罕12〉）、「天喪予！天喪予！」（〈先進9〉）、「天何言哉？」（〈陽貨19〉）別人也認為老天爺特別厚愛孔子：甜嘴的子貢，就說老師是「天縱之將聖」（〈子罕6〉），儀封人也欲言：「天將以夫子為木鐸。」（〈八佾24〉）

記載此章的孔門弟子並沒有同時將孔子說話的脈絡記下來，不過《說苑．至公》〈9〉說得比較詳細：孔子周遊列國，希望能讓人民過上更好的生活，可惜沒有人聽他的。所以他回到家鄉，修訂《春秋》，闡揚善行，貶斥惡行，讓人都知道禮，認清王道和理想中的聖王體制。這是老天爺對孔子的厚愛。孔子很感嘆地說：「老天爺光明普照，沒能遮蔽嗎？可是為什麼還是有日蝕？大地很安全而沒有危險嗎？為什麼還是有地震？天地都還不能完全大行其道，聖賢不能行其道就不足為奇了，所以聖賢在世，還是會有災異的。」故事的最後就引用了本章當成結尾。

《史記．孔子世家》〈71〉認為本章是在「魯哀公十四年春」西狩獲麟之後，孔子感嘆「吾道窮矣」之後所說的話。這時候懂他的顏淵和常常讓他生氣的子路都已經過世了，陪在孔子身邊的就剩下「只聽得懂夫子文章，卻聽不懂夫子言行與天道」（〈公治長13〉）的子貢。這時候「再怨天」也無濟於事。

其實，君子貴在自知和勿自欺，不管別人或老天爺知不知。這就是「慎獨」：《禮記・中庸》〈1〉：「君子戒慎乎其所不睹，恐懼乎其所不聞。莫見乎隱，莫顯乎微。故君子慎其獨也。」〈大學3〉：「所謂誠其意者，毋自欺也，如惡惡臭，如好好色，此之謂自謙，故君子必慎其獨也！小人閑居為不善，無所不至，見君子而後厭然，揜其不善，而著其善。人之視己，如見其肺肝然，則何益矣！此謂誠於中，形於外，故君子必慎其獨也。」這兩段分別從正反兩面來看君子的「慎獨」。

自己本身反省的力量，得之靠自己，失之也不必怨天尤人。下學上達，也只是日日努力，提升自己。

附錄

《說苑．至公》〈9〉夫子行說七十諸侯無定處，意欲使天下之民各得其所，而道不行。退而修春秋，采毫毛之善，貶纖介之惡，人事浹，王道備，精和聖制，上通於天而麟至，此天之知夫子也。於是喟然而歎曰：「天以至明為不可蔽乎？日何為而食也？地以至安為不可危乎？地何為而動？」天地尚有動蔽，是故賢聖說於世而不得行其道，故災異並作也。夫子曰：「**不怨天，不尤人，下學而上達，知我者其天乎！**」

《史記．孔子世家》〈71〉魯哀公十四年春，狩大野。叔孫氏車子鉏商獲獸，以為不祥。仲尼視之，曰：「麟也。」取之。曰：「河不出圖，雒不出書，吾已矣夫！」顏淵死，孔子曰：「天喪予！」及西狩見麟，曰：「吾道窮矣！」喟然嘆曰：「莫知我夫！」子貢曰：「何為莫知子？」子曰：「**不怨天，不尤人，下學而上達，知我者其天乎！**」

36

公伯寮愬子路於季孫。子服景伯以告，曰：「夫子固有惑志於公伯寮，吾力猶能肆諸市朝。」子曰：「道之將行也與？命也。道之將廢也與？命也。公伯寮其如命何！」

孔子弟子魯國的公伯寮在季孫氏面前說子路的壞話。魯國的大夫子服何忌跑去告訴孔子，說：「我的上司季氏好像被公伯寮說了以後動搖了對子路的信心，〔如果您覺得需要的話，〕我還有點權力可以〔替子路澄清，然後〕把毀謗人的公伯寮在街市口給殺了示眾。」孔子說：「唉！何必呢！我主張的道如果能〔透過子路來〕普及，這是天命；我主張的道如果〔透過子路〕也普及不了，這也是天命。公伯寮說的話怎麼會比命運的影響來得大呢？」

這章孔子認為道的行或廢都有天命，人力是無法改變的。

「公伯寮」——馬融說他是魯國人，也是孔門弟子，《史記・仲尼弟子列傳》〈89〉說：「公伯繚，字子周。」可是《孔子家語・七十二弟子解》中卻沒提到這個人。劉寶楠說明朝的程敏政認為公伯寮是聖門敗類，應該趕出孔廟的陪祀。所以我在台灣的眾多孔廟中都沒看到他陪祀在孔廟的兩廡中。「子服景伯」——是魯國大夫「子服何忌」（馬融）或「子服何」（朱子）。「愬」是「譖」（馬融、皇侃），也就是「打小報告」或「背後說人壞話」。這裡的「夫子」是指季孫氏，不是指孔子。「固」是「故」（戴望）。「惑」是「疑」（戴望），「惑志」是「季孫信讒，恚子路也」（馬融）。「肆」是「有罪既刑，陳其尸」（鄭玄）或「殺而陳尸」（皇侃）或「陳尸」（朱子和戴望），就是行刑之後，將屍體展示給眾人看，以茲警惕。

因為這裡先提到子路，所以孔子後來說的「道之將行」或「道之將廢」指的都應該是孔子平日教誨的「正道」或「中道」或「治國平天下之道」。這裡不能解釋作「天道」。「道之將行」指的是子路得到季氏的信賴，可以遂行孔子平日教誨之道；「道之將廢」則是季氏聽信公伯寮的話不用子路，孔子之道也因此在魯國斷絕。

朱子認為孔子這裡這麼說，是：「言此以曉景伯、安子路而警伯寮耳。聖人於利害之際，則不待決於命而後泰然也。」換句話說，聖人不是什麼都不做，就等著天命，而是積極地「盡人事」，然後「聽天命」。

孔子的弟子伯牛臨死之前，孔子感嘆地說「命矣夫」（〈雍也10〉）；當時也流行一段俗語：「死生有命，富貴在天。」（〈顏淵5〉）這些都代表了人力所無法超越的境界，也許這就是人類生活的「止」，人類的至善也只能在這個生活領域中「止」。不知「止」而做物質上和心靈上的無盡追求，都是徒勞無功的。知道這個「止」，才能產生接下來的「定→靜→安→慮→德」（《禮記．大學》〈1〉）。所以孔子讚許「命」（〈子罕1〉），也強調要「知命」，否則當不了君子（〈堯曰3〉）。孔子有時也說「天命」，意思應該是差不多的。他要人「知天命」（〈為政4〉），也要人「畏天命」（〈季氏8〉），不要以為自己是天地間的老大而胡亂糟蹋天地之美善。生態破壞後的地球反撲，不就是人不知天命，不畏天命的惡果嗎？這個「生態」的教訓，恐怕我們已經付出太大的代價，如果我們還不知止，恐怕很難看到明天，遑論後天了。

話說回頭，道之行廢在人，命也者是個無奈的說法。我還是相信：「人能弘道，非道弘人。」（〈衛靈公29〉）

附錄

《禮記．大學》〈1〉大學之道，在明明德，在親民，在止於至善。知止而後有定，定而後能靜，靜而後能安，安而後能慮，慮而後能得。物有本末，事有終始，知所先後，則近道矣。

37

子曰：「賢者辟世，其次辟地，其次辟色，其次辟言。」子曰：「作者七人矣。」

孔子說：「（若逢天下無道則）賢者隱居不仕，其次避亂國，其次因為（君上）禮貌漸衰而去，其次因為（君上）顧左右而言他而去。」孔子說：「這樣的人總共有七位。」

這章孔子討論賢者的四種作為。我採用《毓老師說論語》中的解釋，他以朱子的為準再加上了一些變化，很能掌握要旨。朱子原來是這麼解釋「四辟」：「辟世，天下無道而隱，伯夷、太公是也。辟地，去亂國，適治邦。辟色，禮貌衰而去。辟言，有違言而後去也。」「辟」或作「避」，《說文解字》說是「回」，劉寶楠引用《蒼頡篇》說是「去」，也就是「離開」。

「作」是「為」（包咸）或「起」（朱子引李氏（李郁））或「見機而作」（戴望）。

孔子這裡只說了「七人」，沒有具體舉出人名，所以引起了古注家的猜謎遊戲：包咸列舉了「長沮、桀溺、丈人、石門、荷蕢、儀封人和接輿」（邢昺也採行這種說法），這些除了儀封人（〈八佾24〉）之外，都是後面幾章會出現的隱士。皇侃引用王弼的說法，提到的是另外七個人：「伯夷、叔齊、虞仲、夷逸、朱張、柳下惠、少連」，這是〈微子8〉中提到的七位「逸民」。皇侃還引用鄭玄比較細緻的說法：「伯夷、叔齊、虞仲，避世者；荷蓧、長沮、桀溺，避地者；柳下惠、少連，避色者；荷蕢、楚狂接輿，避言者。」朱子引用李氏的說法，認為這些猜測都是穿鑿附會。

皇侃認為，聖人和賢人不同：聖人自律甚嚴，磨也磨不穿，染也染不黑，無可無不可，不因治亂而有所改易；賢者的去就順時，若天地閉塞則賢人隱，天子諸侯也拿他沒辦法。所以我們現在「聖賢」並稱，其實兩者的境界是有很大的差別。

我覺得這可能就是孔子在〈里仁6〉中提到的他沒見過「惡不仁者」，這些人是不想讓「不仁」的事情和自己沾上邊，有道德上的潔癖，所以一旦發現不仁的事情，就會求去。這也就是孔子用來和「狂者」對舉的「狷者」，相對於狂者的進取，狷者是有所不為的（〈子路21〉）。

接下來兩章，顯然《論語》的編輯者認為和這章有關聯，所以放在一起。且看下兩回的分解。

38

子路宿於石門。晨門曰：「奚自？」子路曰：「自孔氏。」曰：「是知其不可而為之者與？」

子路在石門這個地方過夜。（第二天早上進魯國城門，）看守城門的人問他說：「您從哪裡來啊？」子路說：「我是孔老師的學生。」（看守城門的人回答）說：「就是那個明明知道他的道不可行，卻還是努力要推行他的道的那個孔老師嗎？」

這是藉別人之口來說孔子是「知其不可而為的人」。

「石門」或說是「地名」（皇侃和朱子）或說是「城門」（程樹德）。「晨門」是「閽人」（何晏）或「守石門晨昏開閉之吏」（皇侃）或「掌晨啟門，蓋賢人隱於抱關者也」（朱子）或「掌晨夜開閉者」（戴望），也就是掌管城門開啟和關閉的工作人員。「自」是「從」（皇侃和朱子）。

這章孔子沒有出現，卻是大名鼎鼎到連個看守城門的工作人員都知道，而且還了解他是一個「知其不可而為的人」，這和孔子自我感覺的「無可無不可」（〈微子8〉）不太一樣。

孔子是一個積極朝著他相信的大同之道邁進的人，他相信「人能弘道，非道弘人」（〈衛靈公29〉），他也舉過「為山」和「平地」的兩個極端例子，強調「前進」或「停止」都是自己的決定，怪不得別人（〈子罕19〉）。他覺得他最心愛的弟子顏淵和他一樣也具有這種「進不而止」的個性（〈子罕21〉）。他一定也暗自認為自己是「孔則天」的：尚公、行健不息，所以他感嘆地說：「知我者其天乎？」（〈憲問35〉）

孔子這種個性是眾多「知其不可而不為的人」所不能理解的。他很早就在執行一項「不可能的任務」。

可是這項任務不能只靠他一個人，要代代相傳、棒棒相接。

39

子擊磬於衛。有荷蕢而過孔氏之門者，曰：「有心哉！擊磬乎！」既而曰：「鄙哉！硜硜乎！莫己知也，斯己而已矣。『深則厲，淺則揭。』」子曰：「果哉！末之難矣。」

孔子在衛國的時候，有一天擊磬〔發抒心情〕。有一個人背著竹簍子經過孔子下榻的地方，〔聽見了孔子擊磬的聲音〕就說：「真是有滿肚子的理想〔或牢騷〕啊！這個擊磬的人！」然後，又〔聽了一會兒〕說：「〔這人的心裡想的是〕這些人真是鄙陋啊！都是像石頭一樣固執不通的小人！可是你為什麼要擔心別人不重用你？不被重用就反省自己吧！〔《詩經》裡不是說：〕『一個人要涉水過河，如果河水深，〔反正衣服都會弄濕〕就乾脆穿著衣服過河，如果河水淺，就提起衣服過河，免得弄濕了衣服。』」孔子〔聽了以後〕回應說：「說得真好！真要這麼〔隨時應變〕也不難。」

這章和上章一樣，都是借別人的口中來稱述孔子。

「磬」是「樂器」（朱子），材質可以是玉石，也可以是鐵器，是打擊樂器。「荷」是「擔揭」（皇侃）。「蕢」是「草器」（何晏）或「織草為器，可貯物也」（皇侃）。「有心」是「契契然」（何晏）。「既」是「終也、卒也」（劉寶楠），「既而」是「既畢」（皇侃），就是「沒多久」。「鄙」是「遠」（戴望）或「粗野」（黃懷信）。「硜硜」是「鄙見貌」（邢昺）或「石聲，亦專確之意」（朱子）。「末」是「無」（邢昺）。「斯」是「此」（邢昺）。「揭」是「揭衣」（包咸和戴望）或「褰衣涉水」（皇侃）或「攝衣涉水」（朱子）。「厲」是「以衣涉水」（皇侃和朱子）或「履石渡水」（戴望）。「果」是「敢」（皇侃）或「果敢」（邢昺）或「難其果於忘世也」（朱子）或「信」（戴望）或「果斷」（黃懷信）。「末」是「無」（皇侃、邢昺和朱子）。「之」是「往」（戴望）。「難」是「駁難」（黃懷信）。

傳統的解釋都認為是荷蕢的人聽到孔子的擊磬聲，諷刺孔子不知「深則厲，淺則揭」的道理。其實這恐怕是有問題的。

荷蕢的人第一次說的是：「有心哉！擊磬乎！」是從孔子的擊磬聲聽出孔子的心意，才說「有心哉」，應該是「讚美」而不是「諷刺」孔子。荷蕢的人第二句話的：「鄙哉！硜硜乎！」是在解釋孔子的擊磬聲所透露出的心聲，而不是他評論孔子的擊磬聲，這樣才充分表達了他前面說的：「有心哉！」否則這個荷蕢的人好像變臉一樣，馬上就把孔子譏諷了一頓。「莫己知也，斯己而已矣」應該是荷蕢的人對孔子的勸說，也是孔子自己說過的「不患莫己知，求為可知也」（〈里仁14〉），「不患人之不己知，患其不能也」（〈憲問30〉），「君子病無能焉，不病人之不己知也」（〈衛靈公19〉），還有「不怨天，不尤人。下學而上達。知我者，其天乎！」（〈憲問35〉），總不是孔子忘了自己說過的話吧！如果孔子是個言行不一的人，後世會稱他為「聖人」嗎？荷蕢的人的第三句話「深則厲，淺則揭」是引用《詩經・國風・邶風》〈匏有苦葉〉的話，其實也符合孔子自評的「無可無不可」（〈微子8〉）或是「用行舍藏」（〈述而11〉）。怎麼會是諷刺孔子呢？

而且當時能引用《詩經》的人又豈是普通人呢？

按上面這樣逐句分解，孔子最後的回答當然也不能以諷刺或「不知我」來看。我覺得孔子應該將荷蕢的人當成「知音」所以才會感謝並謙虛回答「深則厲，淺則揭」確實是不難。只是孔子沒和荷蕢的人做同樣「避世」的選擇，還是寧願做一個「知其不可而為的人」的「開天闢地」的人。他考慮的不是個人的成敗或家國的興衰，是以天下興亡或文化興亡為己任的人，這是他和其他隱士的最大不同之處。

順便說一下，孔子能擊磬，這是他強調的「禮樂」之教，也顯示出他的多才多藝。這是許多人都沒注意到的真正的「中國好聲音」。

最後在此把〈匏有苦葉〉略做白話翻譯：

葫蘆葉已枯黃，渡口水也變深。水深就穿衣渡河，水淺就提衣渡河。
渡口的水張潮，野雞也在鳴叫。漲高的河水沒有浸濕軸頭，雌野雞也求偶鳴叫。
雁鳥在鳴叫，太陽出來照四方。武士想娶妻，要趁河水還沒解凍。
船夫向我招手，別人渡河我沒有。別人渡河我沒有，我在等待我朋友。

附錄

《詩經・國風・邶風》〈匏有苦葉〉

匏有苦葉，濟有深涉。**深則厲，淺則揭。**

有瀰濟盈，有鷕雉鳴。濟盈不濡軌，雉鳴求起牡。

雝雝鳴鴈，旭日始旦。士如歸妻，迨冰未泮。

招招舟子，人涉卬否。人涉卬否，卬須我友。

40

子張曰：「《書》云：『高宗諒陰，三年不言。』何謂也？」子曰：「何必高宗，古之人皆然。君薨，百官總己以聽於冢宰三年。」

子張請問〔孔子〕說：「《書經》上說過：『〔商朝〕高宗〔就是「武丁」〕父親過世繼承王位的三年間，不談論政事。』這是為什麼？」孔子說：「不只是高宗而已，古代的君王都是這樣的。君王過世了，自己就將政事交付給其他負責的官員，然後由冢宰來主事，這樣至少要持續三年。」

這是講王位繼承人在守喪三年期間不能更改前朝的做法，以維持政權穩定。

「高宗」是「殷之中興王武丁」（孔安國）。「諒」是「信」（孔安國、陸德明和皇侃）。「陰」是「猶默也」（孔安國、陸德明和皇侃）。「諒陰」《尚書・周書》〈無逸2〉和《尚書・商書》〈說命上1〉作「亮陰」，是「天子居喪之名，未詳其義」（朱子）或「當言梁闇。梁闇，為凶廬也」（戴望）。「三年」是

「喪期」（劉寶楠）。「不言」是「不言政事」（劉寶楠）而不是「不說話」，這裡「言」也是「正事」，相對於「語」的「非正事」。「古之人」是「古之新君，非天子至庶人」（黃懷信）。「薨」（音轟），諸侯死叫做「薨」，天子死叫作「崩」（《禮記・曲禮下》〈121〉）。「總己」是「總攝己職」（朱子）或「率己」（劉寶楠）。「冢宰」是「天官卿佐王治者」（孔安國）或「上卿」（皇侃）或「大宰」（朱子）。

這章主要表示孔子的想法，是家領域中的父子關係遠高過國領域的君臣關係。就算是貴為一國之君，還是要在父親過世後守喪三年，以兒子的角色優先，放下繼位君王的角色。君王的角色可以由家宰來暫代，可是為人兒子的角色是無可取代的。這是後世儒家，甚至中華文化，以「親親」為大的重要思想淵源。可惜的是只提到父親和兒子，沒有提到母親和女兒。

除了三年之外，這種對於性別的差異要求，恐怕也不符合現代的生活價值，就當歷史故事聽聽算了。

41

子曰：「上好禮，則民易使也。」

孔子說：「當人君上的人如果自己遵守禮，那麼人民就容易聽候君上的差使。」

這章可以和上章配合來看。如果君上可以做好自己的兒子角色，在喪禮和葬禮中扮演好自己的角色，那麼上行下效的結果，可以讓民德歸厚。

「使」是「從」（戴望）。《論語》中的「使民」往往和人民服勞動服務（徭役）有關，好像不只是一種受到控制的順從行為而已：孔子說過「小人學道則易使也」（〈陽貨4〉），「學道」和這裡的「好禮」是差不多意思；他也說過「使民以時」（〈學而5〉），這也是要看外在的因素；他也曾經告訴季康子「使民敬、忠以勸」（〈為政20〉）的方法；他也讚美子產的「使民也義」（〈公冶長16〉）；他在回答仲弓問仁的時候，就回答「使民如承大祭」（〈顏淵2〉），這也是要恭敬謹慎。

這章是如此的直白易懂，所以古注都顯然有點不知所措而繞圈圈：何晏說：「民莫敢不敬，故易使。」皇侃說：「禮以敬為主。君既好禮，則民莫敢不敬，故易使也。」朱子引用「謝氏」（謝良佐）的話說：「禮達而分定，故民易使。」戴望說：「禮以定民志，故易從。」

魯定公曾經請教過孔子君臣相處之道，孔子回答說：「君使臣以禮，臣事君以忠。」（〈八佾19〉）這還不是指一般的人民，而是指大臣。可見君上要有禮，不管是對誰都一樣，這是孔子強調「君臣或君民互動以禮」的基本主張。不能因為當了君上就胡作非為。孔子提倡的是「禮樂文明」。君上能從自身做起，就能帶動其他人的「回禮」行為。

〈子路4〉中孔子教誨樊遲，提到的不只是「上好禮」，還要「上好義」和「上好信」：「上好禮，則民莫敢不敬；上好義，則民莫敢不服；上好信，則民莫敢不用情。」所以本章只是一個簡單的說法，並不是對君上的全面要求。

配合上一章來看，君上影響臣下或人民的行為，通常不只在於和臣民互動之時，而且還包括他在和自己的家人或其他人互動之時，也常常會被臣民看在眼裡、放在心裡。這些都具有「風行草偃」（〈顏淵19〉），以及「民德歸厚」（〈學而9〉）的效果。

獨尊儒術的大設計師，漢朝的董仲舒在他的《春秋繁露・立元神》〈1〉中對這個主題也有比較詳細的論述：他強調君上是「國之元」，所以「發言動作」都要「謹本詳始，敬小慎微」，還要「虛心下士，觀來察往，謀於眾賢，考求眾人」，他也說：「君人者，國之本也。」特別是要「崇本」，也就是要注意「天地人」這三種「萬物之本」：「天生之，地養之，人成之。天生之以孝悌，地養之以衣食，人成之以禮樂，三者相為手足，合以成禮，不可一無也。無孝悌則亡其所以生，無衣食則亡其所以養，無禮樂，則亡其所以成也。」如果君上放任大家：「各從其欲，家自為俗。父不能使子，君不能使臣，雖有城郭，名曰虛邑。如此，其君枕塊而僵，莫之危而自危，莫之喪而自亡，是謂自然之罰。」為了避免這種「自然之罰」就要「肅慎三本」，也就是：「郊祀致敬，共事祖禰，舉顯孝悌，表異孝行，所以奉天本也。秉耒躬耕，采桑親蠶，墾草殖穀，開闢以足衣食，所以奉地本也。立辟雍庠序，修孝悌敬讓，明以教化，感以禮樂，所以奉人本也。」這樣才能獲得「自然之賞」。這算是對於本章最清楚的闡述。

如果不分上下，人人好禮，大家不就會活得更好嗎？

42

子路問君子。子曰：「脩己以敬。」曰：「如斯而已乎？」曰：「脩己以安人。」曰：「如斯而已乎？」曰：「脩己以安百姓。脩己以安百姓，堯舜其猶病諸！」

子路請問孔子君子之道。孔子說：「用敬來修身。」（子路又）問說：「就這樣了嗎？」〔孔子補充〕說：「修身然後讓家人和國人覺得安全安心。〔子路又〕問說：「就這樣了嗎？」〔孔子回答〕說：「修身來讓天下人都感到安全和安心。修身讓天下人都感到安全和安心，這就連堯舜都很難做到啊！」

這章是孔子回答子路問君子之道，到最高境界是連孔子盛讚的「聖人」都很難做到。

「斯」是「此」（皇侃）。「病」是「難」（皇侃）。「諸」是「之」（皇侃）。

「敬」除了此處的「敬己」之外，還要「敬父母」（〈為政7〉、〈里仁18〉）、「敬上」（〈公治長16〉、〈衛靈公33〉和〈衛靈公38〉）、「敬朋友」（〈公治長17〉和〈先進15〉）、「敬鬼神」（〈雍也22〉）、「敬天」（〈顏淵5〉）、「敬事」（〈學而5〉、〈子路19〉、〈季氏10〉）、「敬行」（〈衛靈公6〉）、「敬禮」（〈八佾26〉和〈子張1〉），和「使民」（〈為政20〉、〈雍也2〉和〈子路4〉）各方面。

「人」和「百姓」有範圍上的差別，邢昺只約略區分了前者是「朋友九族」而後者「親族」。朱子也說得模糊：「人者，對己而言；百姓則盡乎人也」。這是從道德上來講君子的。毓老師把「人」當成「官員」，「百姓」當成「人民」來解。

清朝的黃式三認為這裡的「君子」講的是「上位之君子」，而「人」則是指「臣」，而且他還舉了《尚書》的例證說明：「人」是相對於「民」來說的。戴望也同意「人」是指「臣」，但是「百姓」則是只「眾族姓」。劉寶楠也認為「君子」是指在位者。「修己」是「修身」，「以敬」是「禮無不敬」，「安人」是「齊家」，「安百姓」則是「治國平天下」。我認為這章所講的就是《禮記・大學》裡所說的「身」、「家」、「國」和「天下」的層層擴大，只是我認為「家」和「國」都在「安人」的範圍內，「天下」則是最廣的概念，所以說「難」也是因為如此。

〈雍也30〉也說過：「堯舜其猶病諸。」那是子貢請教孔子：「如果有在位者能夠『博施於民而能濟眾』的話，這種人能夠稱為『仁者』了吧？」孔子回答曰：「這哪才是『仁人』而已，應該算是『聖人』了吧！這連堯舜這樣的在位者都做不到呢！一個仁者，自己想要以禮立身於社會，也會想到別人也同樣以禮立身於社會，自己想要能夠在社會上行道順利，也希望別人同樣在社會上行道順利。能這樣從己身來想然後擴及別人，這就是行仁的方法。」這裡提到的「己立立人」和「己達達人」就是一個「修身→齊家→治國→平天下」的層層擴大的「朋友圈」。

我想古代人要有這樣的政治地位才能發揮這樣的影響力，現代人雖無顯赫的社會地位，只要想法有正能量，透過網路的傳播，也可以發揮「安人」和「安百姓」的效果。活在這個處處令人心不安，又沒有生存安全感的時代，孔子覺得君子要先能「敬」，其實也就是「安己」，有了這個基礎才能進一步去讓人和百姓都「安」。

心安、身安、我安、你安、大家安、天下安，這些都是「安」的大智慧！

43

原壤夷俟。子曰：「幼而不孫弟，長而無述焉，老而不死，是為賊！」以杖叩其脛。

（和孔子一起長大的同鄉老友）原壤蹲坐著。孔子（看了就開他玩笑）說：「小時候頑皮不聽話，長大了也沒做出什麼可以供鄉黨稱述的事業，到了這麼一大把年紀還浪費人間的糧食，這就是（對人類沒有回饋貢獻的）賊啊！」（說完就）拿手杖敲了敲原壤的小腿。

這章是描述孔子碰到老朋友，說話比較輕鬆的情景。

「原壤」是「魯人，孔子故舊」（馬融）或「方外之聖人，不拘禮敬，與孔子為朋友」（皇侃）或「孔子之故人，母死而歌，蓋老氏之流，自放於禮法之外者」（朱子）或「孔子幼少之舊故」。「夷」是「踞」（馬融和皇侃）或「蹲踞」（黃懷信）。「俟」是「待」（馬融和皇侃），「夷俟」應該就是「蹲坐」。「述」是「稱」（朱子）。「賊」是「賊害」（何晏）或「害人」（朱子）。「叩」是「擊」（孔安國）。「脛」（音敬）是「腳脛」（孔安國和皇侃）或「足骨」（朱子），應該是指「小腿」。

這章古注都用「嚴肅模式」來看待，認為這是孔子責罵原壤。這樣一來孔子的形象就是一個不苟言笑的老先生，甚至還罵人「老而不死」，不是不夠厚道嗎？「溫良恭儉讓」的孔子怎麼會說這種話？這句話後來在台灣民主政治史上變成讓「老國代」下台的一句口號。有效，但仍然不夠厚道，特別是沒有「開玩笑關係」之時。

我認為，既然原壤是他從小一起長大的朋友，他們兩個之間就有著人類學家所說的「開玩笑關係」，如果從這個觀點來解讀這章，就可以看出他在和老友談笑之間，輕鬆表達了自己的想法。因為從小一起長大，所以能從原壤小時候說到兩人都變老的各階段經歷；因為兩人有「開玩笑關係」，所以可以說出這樣外人看來是「罵人」其實是表達兩人有著特殊的友誼。

先秦古籍中還記載著兩人的這麼一段故事：原壤的母親過世之後，孔子幫原壤製作棺材。子路說：「我以前聽過老師您說：『不要和那些道德上不如自己的人交朋友；有了錯誤就不要怕改正。』老師您好像有點怕改正錯誤。為什麼不停止對原壤這種人的協助呢？」孔子回答說：「（有古話說過）『凡是別人遭逢喪事，我們都應該盡力予以協助』，更何況是老朋友家的喪事呢！就算不是朋友，我也該去。」等到孔子整理棺材的時候，原壤竟然「登木」（或譯成「爬上棺材」或譯成「叩擊木頭」）說：「我好久沒有唱歌發抒我的心情了！」於是開始唱：「這木頭的紋理就像是貍首一樣斑爛，像女子的手一樣滑潤。」孔子裝做沒聽見。孔子的隨從認為原壤的做法不合禮法，問孔子說：「你不是該跟他絕交了嗎？」孔子說：「我曾聽前人說過，對親人不能失去對親人的禮儀，對老朋友不能失去對老朋友應有的禮儀。」（《孔子家語・屈節解》〈4〉；《禮記・檀弓下》〈207〉無子路問話那一段，比較精簡，此處參考台北三民書局出版的姜義華注譯的《新譯禮記讀本》及羊春秋注譯的《新譯孔子家語》）

孔子當時不好在別人母親的喪禮上開玩笑，這章終於讓孔子逮著機會，順便用開玩笑這種委婉的方式告知原壤這樣是不對的。這是孔子對老朋友的諫諍。

這一章出場的是孔子故鄉老友，下一章碰到的則是故鄉的下一代，也就是所謂的「後生」。讓我們一起來看看，孔子是怎麼看待「可畏的後生」（〈子罕23〉）。

附錄

《孔子家語．屈節解》〈4〉孔子之舊曰**原壤**，其母死，夫子將助之以木槨。子路曰：「由也昔者聞諸夫子，無友不如己者，過則勿憚改。夫子憚矣。姑已，若何？」孔子曰：「凡民有喪，匍匐救之，況故舊乎？非友也，吾其往。」及為槨，**原壤**登木，曰：「久矣，予之不託於音也。」遂歌曰：「狸首之斑然，執女手之卷然。」夫子為之隱佯不聞以過之。子路曰：「夫子屈節而極於此，失其與矣。豈未可以已乎？」孔子曰：「吾聞之，親者不失其為親也，故者不失其為故也。」

《禮記．檀弓下》〈207〉孔子之故人曰**原壤**，其母死，夫子助之沐槨。**原壤**登木曰：「久矣予之不托於音也。」歌曰：「狸首之斑然，執女手之卷然。」夫子為弗聞也者而過之，從者曰：「子未可以已乎？」夫子曰：「丘聞之：親者毋失其為親也，故者毋失其為故也。」

44

闕黨童子將命。或問之曰：「益者與？」子曰：「吾見其居於位也，見其與先生並行也。非求益者也，欲速成者也。」

> 和孔子同鄉的小青年找了個傳達主人命令給客人的工作。有人問孔子：「〔這小青年〕很知道長進吧？」孔子〔回答〕說：「我看到他站在不該站的位子上，也看到他和長輩並肩而行〔這些都是不合禮法的事〕。我看他不是一個要求上進的人，只是急著想要成為成年人。」

上一章是講孔子同鄉老友，這章是講和孔子同鄉的小青年。恐怕這上下兩代都不成材。「黨」是有五百人聚居的地方。「闕黨」就是「闕里」，也就是「孔子所居」（劉寶楠）。「童子」是「未冠者之稱」（皇侃）。「將命」是「傳賓主之辭」（皇侃）或「奉傳主人之命」（黃懷信）。「益」是「進益、上進」（黃懷信）。「位」是「賓位」（戴望），「居於位」是「居於成人位」（劉寶楠）或「居主人之位」（黃懷信）。「先生」是「成人，謂先己之生也，非謂師也」（皇侃）或「年二十以上成人」（戴望）。

這章孔子並沒有明說童子「居於位」和「與先生並行」都是不合將命者的身分，大概這是當時人所共知的事情。如果是這樣，問題恐怕出在童子的主管沒有好好教導童子將命者該有的禮法。如果孔子認為「以不教民戰是謂棄之」（〈子路30〉），那麼這裡的解決之道就是教童子將命者該有的禮法。

當老師常會碰到學生因不懂而感到慚愧，甚至不敢發問，可是不就是因為學生不懂才要請教老師嗎？如果不懂又不請教老師，那怎麼能懂呢？有些老師也很奇怪，學生就是不懂才要發問，學生發問了，老師反而生氣，這樣惡性循環，當然就讓師生之間彼此都有這種「學生不懂又不問」和「發問會被罵」的心理陰影。

有些問題很好解決，罵人或是逃避都不是解決問題的辦法。

當代名家

論語365：越古而來的薰風，徐迎人生四季好修養——秋之卷

2019年2月初版　　定價：新臺幣400元

著者　孫中興
叢書編輯　黃淑真
校對　吳美滿
內文排版　極翔企業
封面設計　謝佳穎
編輯主任　陳逸華

出版者　聯經出版事業股份有限公司
地址　新北市汐止區大同路一段369號1樓
編輯部地址　新北市汐止區大同路一段369號1樓
叢書編輯電話　(02)86925588轉5322
台北聯經書房　台北市新生南路三段94號
電話　(02)23620308
台中分公司　台中市北區崇德路一段198號
暨門市電話　(04)22312023
台中電子信箱　e-mail：linking2@ms42.hinet.net
郵政劃撥帳戶第0100559-3號
郵撥電話　(02)23620308
印刷者　世和印製企業有限公司
總經銷　聯合發行股份有限公司
發行所　新北市新店區寶橋路235巷6弄6號2樓
電話　(02)29178022

總編輯　胡金倫
總經理　陳芝宇
社長　羅國俊
發行人　林載爵

行政院新聞局出版事業登記證局版臺業字第0130號

本書如有缺頁，破損，倒裝請寄回台北聯經書房更換。　ISBN 978-957-08-5248-6 (平裝)
電子信箱：linking@udngroup.com

國家圖書館出版品預行編目資料

論語365：越古而來的薰風，徐迎人生四季好修養
——秋之卷/孫中興著．初版．新北市．聯經．2019年2月
（民108年）．432面．14.8×21公分（當代名家）
ISBN 978-957-08-5248-6（平裝）

1.論語 2.研究考訂

121.227 107022867